Mi niño se muere de tristeza

Mi niño se muere de tristeza: memorias de migración desde la frontera

Efrén C. Olivares

Traducción de Bernardo Izaza Capdevielle

Edición de Rossy Evelin Lima

Westphalia Press
An Imprint of the Policy Studies Organization
Washington, DC

MI NIÑO SE MUERE DE TRISTEZA

Westphalia Press
An imprint of Policy Studies Organization
1367 Connecticut Avenue NW
Washington, D.C. 20036
info@ipsonet.org

ISBN: 978-1-63723-595-9

Cover and interior design by Jeffrey Barnes
jbarnesbook.design

Daniel Gutierrez-Sandoval, Executive Director
PSO and Westphalia Press

Updated material and comments on this edition
can be found at the Westphalia Press website:
www.westphaliapress.org

Para mi familia. Y para los millones de familias que se han atrevido a recorrer el mundo en busca de seguridad y oportunidades.

Índice

Y el lamento
Del coyote convirtiéndose
En el llanto de un bebé, lleno
De un anhelo que me hizo preguntarme
A qué país había entrado.

—Del poema *Búho,* de José Antonio Rodríguez

Prólogo

Las fronteras separan. Las fronteras dividen y aíslan. Hacen sentir seguros a algunos y atrapados a otros. Las fronteras se alzan y se disuelven, a veces lentamente a lo largo de décadas y hasta siglos, otras veces de la noche a la mañana. El Río Bravo, que demarca parte de la frontera entre México y Estados Unidos, cambió su curso una y otra vez, llevando a la frontera consigo, hasta la década de 1970, cuando ambos países decidieron fijar una línea de una vez por todas mediante coordenadas en un tratado. El río que había servido como límite natural resultó no ser suficiente para lograr el propósito político de una frontera: separar. La frontera entre México y Estados Unidos, escribe Gloria Anzaldúa en las primeras líneas de su obra *Borderlands/La Frontera*, es "una herida abierta donde el Tercer Mundo se raspa con el primero y sangra. Y antes de que se forme la costra, vuelve la hemorragia."

Este libro explora esta "hemorragia" desde una perspectiva sumamente personal. Una hemorragia que a veces brota violentamente, como en 2018, y que a veces se vuelve apenas un goteo, pero que nunca se detiene.

En el verano de 2018, sin esperarlo, terminé representando a cientos de familias migrantes que fueron separadas en la frontera entre Texas y México por la política de Tolerancia Cero del gobierno del presidente Trump. Esta política decía que toda persona que cruzara la frontera sin autorización sería acusada penalmente del delito menor conocido como "entrada ilegal" o, si ya habían sido deportados antes, "entrada ilegal agravada". Esto tuvo como resultado que cientos de menores fueran separados de sus padres y madres en la frontera. Personalmente entrevisté a docenas de ellos y escuché de primera voz cómo los agentes de la migra—la Patrulla Fronteriza— les arrebataron a sus hijos con engaños, enredos y en ocasiones hasta con violencia.

Veinticinco años antes, yo también estuve apartado de mi papá cuando se fue a los Estados Unidos en busca de trabajo. Se fue él solo; mi mamá, mis hermanos y yo nos quedamos. Lo veíamos nada más cuando podía visitarnos, pero sin su presencia en nuestra vida diaria en México. Durante los siguientes cuatro años lo vimos de vez en cuando, hasta que pudimos estar juntos otra vez. Años más tarde, en 2018, me tomó muchos meses apreciar cuánto la separación que viví de niño ha influido en la labor que he hecho y sigo haciendo por las familias migrantes.

Aunque estar sin mi papá durante esos años no fue fácil, mi experiencia está muy lejos de lo que he escuchado de muchos de mis clientes. Igual que millones de personas antes que nosotros, mi familia emigró por necesidad económica, buscando trabajo y un mejor futuro. No veníamos huyendo de la violencia, de amenazas de muerte o de persecución. Si irnos a Estados Unidos fue una elección, se podría decir que mi familia "eligió" separarse voluntariamente. Las circunstancias nos obligaron a migrar y las leyes nos separaron; pero si en realidad fue una elección, tuvimos la "suerte" de elegir estar apartados. En contraste, los cientos de familias que conocí en el juzgado federal de McAllen, Texas, no tuvieron ninguna elección en su separación: el gobierno de los Estados Unidos los separó cruelmente. Lo que mi familia y yo vivimos durante cuatro largos años, estas familias lo vivieron en una ruptura intensa, forzada y violenta. Y no pudieron hacer nada para evitarla.

En las siguientes páginas he hecho mi mejor esfuerzo por contar sus historias tal y como ellos me las contaron, siendo lo más fiel posible a cómo viví esos días, semanas y meses. Al contar sus historias, también cuento parte de la mía y reflexiono sobre lo que una frontera significa para las familias. Ya sea durante muchos años o en un instante, los efectos de las fronteras sobre las personas que separan son duraderos. A veces es la frontera física, geográfica, a veces es la frontera legal y psicológica, la frontera indeterminable entre identidades, culturas y estatus que Anzaldúa explora de manera tan profunda, "en el borde donde la tierra roza con el océano / donde ambos se traslapan / una unión apacible / otras veces y en otros lugares un choque violento".

Este libro trata sobre el sufrimiento y la resiliencia de quienes están separados por una frontera. Espero que nos lleve a cuestionar las bases de las leyes migratorias y nos anime a reconsiderar nuestro entendimiento de las fronteras políticas y de quienes las cruzan. También espero que nos inspire a cambiar este entendimiento por uno que sea más humano para las personas, las familias y las comunidades en ambos lados.

1

Tolerancia Cero

(24 de mayo de 2018)

Georgina y yo entramos a la sala del juzgado y nos topamos con Azalea hojeando la lista del día, buscando entre sus apuntes hechos a mano, escritos en tinta azul en el margen derecho. Azalea era abogada en la oficina del defensor público federal de McAllen, Texas, y esa mañana llevaba puesto un traje color rosa pastel impecable que contrastaba con el desorden que reinaba en el juzgado.

—Sólo tenemos cinco hoy —dijo, refiriéndose a los padres y madres separados ese día. Un par de mamás, ambas de Guatemala, una de ellas con tres hijos, de siete, ocho y once años de edad; y tres papás, cada uno con un hijo. —Éste es de El Salvador —añadió, como pensando en voz alta, mientras seguía hojeando apresuradamente los documentos que llevaba en sus manos.

La tuve que interrumpir antes de que continuara. —¿Dónde podemos hablar con ellos?

—Aquí.

No sé dónde más pensaba que podíamos entrevistarlos. De cierta manera me parecía inapropiado hablar sobre algo tan delicado como dónde estaban sus hijos y cómo los habían separado de ellos en medio de este caos lleno de gente. Volteé para todos lados y ubiqué una esquina junto al estrado de los testigos.

—Okey—le dije a Georgina—, vamos allá.

Íbamos a empezar a hablar con ellos y averiguar cómo hacerlo sobre la marcha. Los inmigrantes estaban ya bastante confundidos. La mayoría pensaba que estábamos en un tribunal de inmigración, que iban a hablar con el juez y que él decidiría su caso migratorio o su petición de asilo. Muchos de ellos no entendían que éste era un tribunal penal federal. Georgina y yo tendríamos que explicarles que no éramos sus abogados de migración ni sus defensores penales. Estábamos aquí únicamente para hablar sobre la separación, sobre sus hijos, para tratar de localizarlos.

—Trata de obtener la mayor cantidad de detalles posible para la sección narrativa —le dije a Georgina—. Estas van a ser nuestras declaraciones oficiales.

Había entrevistado a bastantes clientes potenciales, tanto en inglés como en español, así como a muchas víctimas de derechos humanos en el estado de Chiapas y hasta más al sur, en Guatemala. Durante mi primer verano en la facultad de derecho fui pasante en una ONG y fui observador civil una comunidad en los Altos de Chiapas, cerca de Acteal, donde ocurrió en la masacre de 1997 en la que un grupo de paramilitares presuntamente ligado al ejército mexicano asesinó a cuarenta y cinco hombres, mujeres y niños indígenas mientras oraban. Después de graduarme fui parte de la delegación de la Comisión Interamericana de Derechos Humanos que visitó Guatemala en 2013. En ambas situaciones, las entrevistas tenían como propósito documentar abusos o violaciones de derechos humanos y siempre había oportunidad de reunirse con la persona una segunda o tercera vez para aclarar algún detalle, verificar una fecha o corregir cualquier error. Esas entrevistas normalmente se llevaban a cabo en un lugar privado, callado, ya sea en una casa o en una oficina. La situación de hoy era muy diferente. Íbamos a tomar declaraciones escritas a mano, en menos de diez minutos, y no había margen de error. Si algo salía mal, las declaraciones podrían ser inadmisibles por algún defecto técnico y entonces no habría nada que hacer.

Empecé con Dagoberto, el primer padre que se levantó cuando pregunté a los "acusados"—la etiqueta que les pone el sistema penal— si alguien viajaba con un niño. Alto y con un porte que imponía, su disposición contrastaba profundamente con la preocupación que invadía su rostro esta mañana. Comencé a llenar el formulario, apoyándome sobre un legajo de hojas que sostenía con el antebrazo izquierdo, y lo primero que anoté fue su número A. El sistema de justicia penal catalogaba a Dagoberto como "acusado", pero para el sistema migratorio era simplemente un "alien". Desde el momento de su aprehensión, el sistema le asigna a cada migrante un número único de nueve dígitos llamado *Alien Registration Number*, conocido comúnmente como "número A". En los tribunales de migración, cuando el juez llama el caso en turno, normalmente lo hace leyendo los tres últimos dígitos del número A y no el nombre de la persona. La pérdida del nombre es una de las maneras más visibles e inmediatas en que los migrantes pierden parte de su ser cuando llegan a este país. La persona se convierte en alien y el alien se convierte en un número más.

Le expliqué a Dagoberto que era abogado de derechos humanos y que estaba ahí para hacerle algunas preguntas sobre su hijo para tratar de localizarlo. Me aseguré de decirle que no lo podía representar en su caso de migración, a lo que asintió con la cabeza, decepcionado, pero dijo que entendía. Comprendí su decepción.

—¿Cuándo cruzó?

—¿Cuándo lo detuvieron?

—¿Es la primera vez que viene a los Estados Unidos?

—¿Y venía con su….?

Por lo menos me apegué a esta buena práctica de la abogacía: nunca darle información al entrevistado.

Apenas había anotado el nombre y fecha de nacimiento del hijo de Dagoberto cuando escuché que alguien sollozaba detrás de mí. El llanto iba y venía entre pausas cortas, durante las cuales la mujer hacía su mayor esfuerzo por contenerlo. Pero no lo lograba. Era el tipo de llanto que es fuerte y suave a la vez, ese llanto que no te deja hablar entre sollozos. La mujer trataba de llevarse las manos a la cara para limpiarse las lágrimas, pero las esposas no se lo permitían.

—Me está diciendo que asesinaron a su esposo —me dijo Georgina y se me quedó viendo, confundida, como si su mirada me quisiera preguntar qué hacer. Le regresé la misma mirada, como diciendo *no tengo la menor idea.* —En febrero—, añadió, como si ese detalle particular fuera útil. Georgina se había unido a nuestro equipo apenas hacía seis meses y esta mañana la situación la rebasaba. Igual que a mí.

Semanas después escucharíamos los terribles detalles del asesinato: al esposo de Viviana lo golpearon brutalmente hasta que le quitaron la vida en un terreno baldío, los asesinos ahora estaban tras Viviana y su hijo y ella no había tenido más opción que huir para salvarlo. Pero en ese momento, a media entrevista y con menos de treinta minutos restantes, no había tiempo para detenernos y abrazarla.

—Okey, a ver, un segundo... disculpe, ¿me da un momentito, por favor? —le dije a Dagoberto y ni siquiera esperé a que me respondiera. Entre Georgina y yo tratamos de calmar a Viviana, su cara redonda ya enrojecida de tanto llorar. Teníamos que terminar su declaración para que la firmara. La audiencia penal iba a empezar a las 9 en punto, con o sin Viviana llorando, con o sin su declaración firmada.

Georgina logró calmar a Viviana y redactar el resto de la declaración. Le faltaba un mes para cumplir los treinta años y era la primera vez que había estado separada de su hijo Sandro, de once años, desde el asesinato de su esposo. Cuando por fin llegaron a Estados Unidos, el lugar donde creía que ella y su hijo iban a estar seguros, unos agentes de verde se lo habían quitado. No sabía a dónde lo habían mandado y hacía dos días que no lo veía.

NARRATIVA/NARRATIVE Cuando los detuvieron les preguntaron para donde iban. Vilma les dijo a los agentes que salieron del país por la razon de que asesinaron a su esposo (el 12 de febrero 2018) Esposo nombre: Remigio Coc Choc. Salieron del país para salir adelante. Tambien su esposo antes de morir lo amenazaron y lo golpiaron y murio en consecuencia de la golpiza que le dieron. Vilma le dijo al agente de estos datos. El agente le dijo que dejaba estos datos. Le dijieron que su hijo estava en el mismo lugar que Vilma pero no lo podia ver. No le dijieron si su hijo va a regresar con ella a su pais

This declaration is made pursuant to 28 U.S.C. §1746. I hereby declare under penalty of perjury under the laws of the United States that the foregoing is true and correct. / Esta declaración se realiza de conformidad con 28 U.S.C. §1746. Por la presente declaro bajo pena de perjurio bajo las leyes de los Estados Unidos que lo anterior es verdadero y correcto.

FIRMA/SIGNATURE: [firma]

(Declaración jurada de Viviana Martínez Juc.)

Aunque Azalea ya me había advertido sobre las separaciones, escucharlo directamente de Viviana me impactó. Escucharla describir entre sollozos que el rostro de su esposo había quedado tan destrozado que no lo pudo reconocer, me hizo detenerme, respirar hondo y perder la concentración. Escucharla contar que agentes de la Patrulla Fronteriza le habían dicho que si a ella la deportaban, no estaban seguros de que Sandro sería deportado con ella, me hizo temer lo peor: tal vez no lo volvería a ver. Escuchar todo esto de la voz de Viviana me hizo sentir la desesperanza que ella misma sentía.

Una vez que terminamos con Viviana, regresé con Dagoberto a completar su declaración, la cual no era tan trágica como la de Viviana, pero también contenía el mismo deseo de salvar a su hijo. Con treinta y nueve años había huido de El Salvador para salvar a su hijo adolescente de los maras, las pandillas tan lamentablemente conocidas en ese país, y se dirigían a Los Ángeles, donde vivía su cuñado. Resumí y parafraseé algunas de sus respuestas y luego le leí la declaración completa para confirmar que todo estaba en orden. Él simplemente se ajustó las esposas y firmó al pie de la hoja.

Le pregunté si recordaba el número de teléfono de su cuñado. En lugar de darme una respuesta, Dagoberto se arremangó la manga izquierda de la camisa de mezclilla para mostrarme la parte inferior de su antebrazo. Allí, escrito en tinta azul, pude ver un número de teléfono que comenzaba con 626, la lada de Los Ángeles. Lo copié, me agradeció y, batallando para caminar con los grilletes en sus tobillos, se dirigió lentamente a su lugar, dando pequeños pasitos. Mientras lo hacía, sus tenis ya sin agujetas azotaban contra el piso con cada paso que daba. Probablemente era la primera vez en su vida que tenía que caminar con grilletes, tal vez la primera vez que llevaba esposas. Quizás también era la primera vez que veía el interior de un juzgado.

Después de Dagoberto, hice contacto visual con el siguiente padre de familia y le hice una señal para que pasara. Antonio Bol Paau había viajado con su hijo de doce años, de nombre Rivaldo, desde El Quiché, en Guatemala. Con más de dieciséis millones de habitantes, Guatemala es el país más poblado de Centroamérica y, dependiendo de la fuente que se consulte, entre el 40 y el 60 por ciento de su población es indígena. Más de veinte pueblos indígenas de orígenes maya, garífuna y xinca han habitado el territorio que hoy conocemos como Guatemala. Se hablan por lo menos veintitrés idiomas mayas y, algunos de ellos, como el Mam, cuentan con múltiples dialectos y variaciones regionales. Los pueblos indígenas más numerosos en el país son los K'iche', Kaqchikel, Mam, Q'eqchi', Achí, e Ixil, aunque este último fue diezmado durante el genocidio ixil a principios de los años 80, cuando el ejército guatemalteco, con apoyo de los Estados Unidos, asesinó a más de 200.000 personas indígenas, de acuerdo con la comisión histórica establecida después del genocidio.

Existe cierta controversia al respecto, pero al parecer el nombre del país se deriva del náhuatl *cuauhtēmallān*, lugar de muchos árboles. A mediados de los años 80, como parte del movimiento anticolonialista que buscaba reclamar los orígenes e identidad indígenas del país, los pueblos indígenas se distanciaron de la versión hispanizada, Guatemala, y adoptaron otra palabra indígena para referirse al país: *Iximulew*, que significa "tierra del maíz" en k'iche' y otros idiomas de origen maya. Hoy en día, es común que personas indígenas, así como defensores de derechos humanos, se refieran al país simplemente como Iximulew.

Cuando Antonio me dijo que era de Guatemala, le sonreí y dije, —*Iximulew*—. También sonrió, un tanto sorprendido al escucharme decirlo, y asintió con la cabeza en señal de entendimiento mutuo.

—¿Quién lo separó de su hijo? —le pregunté a Antonio.

—¿Usaban uniforme verde o azul?

—¿Le dijeron por qué lo iban a separar?

—¿Le dijeron a dónde se lo llevarían?

—¿Le dijeron cuándo lo volvería a ver?

Antonio había sido separado de su hijo dos días antes. Unos agentes de verde lo habían encerrado en una celda mientras su hijo permanecía afuera. Cuando Antonio salió de la celda, Rivaldo ya no estaba. Los agentes no le dijeron que lo iban a separar, no le dieron siquiera la oportunidad de despedirse, pero no había tiempo que perder en esta crueldad rutinaria. Al igual que Viviana, no tenía familia en Estados Unidos.

—Me dijeron que volvería a ver a mi hijo "mañana", pero eso fue hace dos días y todavía no me lo devuelven.

NARRATIVA/NARRATIVE Los agentes de la Patrulla Fronteriza que me detuvieron me separaron de mi hijo. No me dijeron por qué me separaron de él. Me metieron a una celda, y cuando salí, mi hijo ya no estaba. No me pude despedir de él. Desde que me separaron no he vuelto a ver a mi hijo. Yo lo único que quiero es reunirme con mi hijo. No sé por qué me separaron de él. Si a mi me deportan, mi hijo se quedaría solo acá en EE.UU, porque no tenemos a nadie aquí en este país. Los agentes me dijeron que "mañana" voy a ver a mi hijo, pero eso fue hace dos días y no lo he visto. No sé cuándo lo volveré a ver.

This declaration is made pursuant to 28 U.S.C. §1746. I hereby declare under penalty of perjury under the laws of the United States that the foregoing is true and correct. / Esta declaración se realiza de conformidad con 28 U.S.C. §1746. Por la presente declaro bajo pena de perjurio bajo las leyes de los Estados Unidos que lo anterior es verdadero y correcto.

FIRMA/SIGNATURE: [firma]

(Declaración jurada de Antonio Bol Paau.)

En ese momento, empecé la primera de muchas conversaciones que se convertirían en las más difíciles que he tenido en toda mi carrera como abogado. Cuando Antonio me dijo que pensaba que vería a su hijo al día siguiente, le dije lo mismo que acabaría diciéndole a docenas de padres como él durante las semanas siguientes:

—Bueno, espero que su hijo esté en la estación de procesamiento cuando usted regrese hoy por la tarde y que lo pueda ver mañana —me obligué a hacer una pausa—. Pero es posible que no esté ahí.

En realidad, estaba casi seguro de que su hijo no estaría ahí. Fue uno de esos momentos en los que los engranes de la cabeza no te giran bien. Yo sabía que su hijo no estaría ahí, pero no tenía el corazón para decírselo. Y tampoco le quería mentir. Lo volví a mirar. El traqueteo de sus grilletes al mover sus pies me recordó que había poco tiempo.

—Es posible que no lo vea hoy, o mañana, que esté en una casa hogar, con otros niños—. Utilicé el término "casa hogar" deliberadamente, y no la traducción literal de *shelter* en inglés, el cual comúnmente se traduce como "albergue". "Casa hogar" suena mucho mejor, más reconfortante y, por lo menos para mí, evoca un sentimiento hogareño, un lugar cálido, donde hay alguien que te cuida, alguien que quizás hasta te prepara algo calientito de comer, un lugar en el que quieres estar. *Shelter* o albergue, en cambio, es a donde vas en un momento de crisis, cuando se aproxima un huracán, cuando no tienes a dónde más ir. Es un lugar en el que nadie quiere estar.

Cuando le decía a cada padre o madre que tal vez su hijo no estaría en la estación donde los vieron por última vez y que tal vez no los verían esa misma tarde, la mayoría ni se inmutaba. Invariablemente su siguiente pregunta era, bueno, y si no es hoy, ¿cuándo lo voy a volver a ver?

Era imposible responder a esa pregunta. Cuando Antonio me la hizo, estoy casi seguro de que no pude contener mi reacción. Sé que por lo menos tartamudeé. La respuesta más honesta era que no tenía la menor idea. Podrían pasar muchos meses. Estábamos a finales de mayo; la cobertura de las separaciones en los medios había sido mínima. Ni yo ni nadie sabíamos cuándo volverían a ver a sus padres estos niños. Ni siquiera sabía si los volverían a ver algún día, pero trataba de reprimir esa opción. Sencillamente no podía considerar la posibilidad de que estos niños se pudieran perder, atrapados para siempre en un laberinto burocrático de agencias migratorias, trabajadoras sociales y orfanatos.

Conforme pasó el tiempo mis respuestas mejoraron. Pero la primera vez no fue así. Seguramente respondí algo así como, —Bueno, estamos haciendo nuestro mejor esfuerzo, todo lo que podemos para que vuelva a ver a su hijo… para que lo vuelva a ver lo más pronto posible… —Me encontré con una mirada de confusión, pero seguí balbuceando—. Puede ser que pase un día, varios días… Puede ser una semana, o no sé, varias, varias semanas… tal vez un mes, o… —Y fue en ese momento que Antonio, y casi todo padre y madre después de él, ya no se pudo contener, y empezó a llorar.

Tuve un sinnúmero de conversaciones como esta durante los siguientes días y semanas con padres y madres separados de sus hijos. Me di cuenta de que los agentes les habían hecho creer que los tenían que separar porque los niños no podían acompañarlos al juzgado y que, una vez que su audiencia terminara, serían reunificados ese mismo día por la tarde o, como en el caso de Antonio, "mañana". Pero esto era, en el mejor de los casos, una verdad a medias; en la mayoría de los casos era una vil mentira.

Aunque había tenido algo de advertencia previa sobre lo que estaba sucediendo, no estaba preparado para lo que descubrí en el juzgado esa mañana. El día anterior, por la tarde, cuando llegaba al estacionamiento de Costco, recibí una llamada a mi celular. Azalea y yo habíamos estado tratando de comunicarnos por varios días, pero ese miércoles por la tarde, con mi hijo Julián de apenas 15 meses sentado en su sillita de coche en la parte trasera, por fin conectamos.

Lo que Azalea me contó era difícil de creer. Padres y madres detenidos luego de cruzar la frontera sin autorización estaban siendo separados de sus hijos, de todas las edades, y ni los padres ni los niños sabían dónde estaba el otro, ni cuándo se volverían a ver o si se volverían a ver.

Mi mente era un torbellino. No podía concebir que los fiscales no supieran dónde estaban los niños o que sus padres no hubieran recibido ninguna información sobre el paradero de sus hijos, quién los estaba cuidando o cuándo los volverían a ver.

—¿Hay algo que ustedes puedan hacer? —preguntó Azalea. "Ustedes" se refería a mí, el único abogado, Georgina, nuestra asistente legal, y Roberto, nuestro coordinador comunitario, quien trabajaba con nosotros medio tiempo. Que "nosotros" pudiéramos hacer algo me pareció una exageración dada la magnitud de la tarea que enfrentábamos. Pero Azalea no sabía nada de eso.

Mi mente de abogado se activó inmediatamente. Le pregunté si podría escribir una declaración jurada con la información que me estaba contando, la cual podríamos utilizar en una acción legal para tratar de poner un alto a las separaciones.

—Déjame preguntar y te aviso —me respondió.

Menos de diez minutos más tarde, mientras caminaba por los pasillos de Costco con el teléfono celular pegado al oído, la escuché decir que no podía firmar una declaración así. Tenía algo que ver con la confidencialidad entre cliente y abogado. Pero su jefe, el director de la oficina de los defensores públicos en McAllen, le había dicho que yo mismo podía ir al juzgado— a la "corte", como a menudo se le llama aquí en la frontera— y entrevistar directamente a los padres afectados durante los minutos previos a su audiencia.

—¿A qué hora podemos llegar? —le pregunté.

En cuanto colgamos, llamé a Georgina inmediatamente. Me ajusté los audífonos al pasar por el pasillo de la comida congelada, al lado de más de diecisiete variedades de café marca *Kirkland Signature*. Mientras esperaba impaciente a que me contestara, Julián jalaba el cordón de los audífonos y saboreaba su tercera muestra de *dumpling* de verduras.

—¿Estás en la oficina todavía? —Por supuesto que ahí seguía—. —Tenemos que crear un formulario de entrevista. ¿Podrías crear uno de volada? —Empecé a explicar mientras pensaba en voz alta qué debíamos incluir en ese formulario. En el fondo se escuchaba el tecleo de Georgina transfiriendo a la pantalla lo que estaba escuchando. Empecé con la fecha de la entrevista, el nombre de la persona, número A, fecha de nacimiento, país de origen, lugar de nacimiento.

—¿Qué más?

Le dije que necesitaríamos toda esa información también para los menores. Nombre. Fecha de Nacimiento. País de Origen. No me imaginé en ese momento que esos tres datos se volverían nuestra Estrella del Norte aquel verano.

También lugar de nacimiento. Por alguna razón pensé que ese dato nos podría resultar útil. Necesitábamos espacios en blanco para escribir las respuestas a mano. Luego, en la parte inferior de la hoja, incluiríamos todos los renglones que cupieran para escribir ahí la narrativa sobre cómo sucedió la separación. ¿Quién se llevó a la niña? ¿Cuándo? ¿Le dijeron por qué? ¿Le dijeron a dónde la llevarían? ¿Le dijeron por cuánto tiempo?

—Vamos a entrevistar a padres y madres separados mañana en el juzgado de McAllen. Te veo ahí a las siete y media.

Estaba ansioso por llegar al juzgado y entrevistar a los padres, pero a la vez me sentía inseguro al no saber qué encontraría. No dormí bien, estuve despertando y dando vueltas toda la noche. La humedad del sur de Texas no ayudaba para nada, aun con el aire acondicionado. Cada vez que despertaba sentía la sábana húmeda en mi espalda.

Al día siguiente, antes de que dieran las 7:40 a. m., Georgina y yo bajamos del elevador en el octavo piso de la *Bentsen Tower*, el edificio que alberga los juzgados federales en McAllen. Con sus once pisos, fachada negra y de vidrio, la Torre Bentsen fue construida en 1985 en la esquina de la calle Bicentennial y la carretera 83. "La 83" fue por muchos años la arteria principal que conectaba los pueblos y ciudades a lo largo de la frontera en el Valle del Río Grande, hasta que se construyó una autopista, el *Expressway* 83, y la carretera 83 se convirtió en la "83 vieja". Las salas del tribunal están en el octavo, noveno y décimo piso, y ofrecerían unas postales únicas del centro de McAllen si tan solo abrieran las persianas.

Al salir del elevador, caminamos a la derecha y entramos a la sala principal. Encontramos justo lo que Azalea me había dicho el día anterior. Los acusados seguían llegando y entrando a la sala, aun cuando parecía que ya no cabían más. La audiencia iba a empezar a las 9 en punto. Había más de un centenar de personas en la sala y todavía más seguían entrando, cada vez más y más apretados.

Nunca había estado en esta sala en particular, una de tres salas de juzgados auxiliares, llamadas *magistrate courts* en inglés. La alfombra azul marino le daba un aire de antigüedad que contrastaba con el color marfil de sus paredes. Todo estaba hecho de madera: las dos mesas para los abogados, las bancas para el público, la banca para el juez y hasta las persianas eran de madera, todo del mismo color, brillante e impecable.

La sala tenía capacidad para unas noventa personas—quince cabrían cómodamente en cada una de las seis bancas de madera sin estar muy amontonadas. Pero hoy había más de veinte en cada una. Todos los acusados llevaban grilletes en los tobillos, esposas en las muñecas y una cadena que ataba las esposas a una correa alrededor de sus cinturas. Cansados e incómodos, permanecían sentados y en silencio en su lugar designado. El único sonido que hacían era el rechinar de las esposas y las correas cada vez que se acomodaban en su lugar.

No me quedaba claro por qué todos llevaban esposas y grilletes. Ninguno me parecía particularmente peligroso para nadie y, al estar restringidos de esta manera, casi no podían ni caminar. Cada persona tenía que caminar de lado para entrar y salir de su fila, topando con quienes permanecían sentados. Me daba la impresión de que si les quitaban los grilletes sería más fácil para todos.

Además de los inmigrantes, también había dos agentes de la Patrulla Fronteriza vistiendo su característico uniforme verde militar. Ambos de unos treinta y tantos años y, para mí, parecían estar un poco pasados de peso para oficiales cuyo trabajo se supone que requiere corretear a quien cruce la frontera furtivamente en temperaturas que suelen sobrepasar los cuarenta grados en el Valle de Texas. También había otro hombre, de traje —era un oficial de los U.S. Marshals, portando orgullosamente un prendedor en la solapa izquierda de su saco color carbón, apenas arriba del pisacorbatas— y cuatro guardias de seguridad privada de la empresa GEO Group, de uniforme y con parches en los hombros que los identificaban a la distancia. GEO Group es dueña de los autobuses para transportar a los migrantes al juzgado y de regreso a la estación de la Patrulla Fronteriza. En ese entonces, esta empresa también tenía contratos con el gobierno federal para administrar docenas de centros de detención por todo el país, en los que miles de migrantes estaban detenidos. GEO es la segunda empresa privada de detención más grande del país, basada en el número de instalaciones, sólo por detrás de CoreCivic (anteriormente conocida como *Corrections Corporation of America*, o CCA). Los guardias le hablaban en español a los migrantes e inglés entre ellos. Todos eran latinos, probablemente mexicanos o mexicoamericanos; uno nunca puede estar seguro en el Valle. Estoy seguro de que uno de ellos era del norte de México: reconocí su acento inmediatamente, igual al mío. Si les cambiaran los uniformes por ropa de civil algo sucia, fácil se podrían confundir con los migrantes esposados.

Los defensores públicos y sus asistentes habían ocupado todas las sillas en las mesas para los abogados. Entre ellos había decenas de carpetas y expedientes, cada una de ellas con el caso de una persona. Se estaban preparando para entrevistar a los acusados. En la pared del lado norte, dos intérpretes acomodaban sus equipos, probando los audífonos y receptores que habían organizado en un carrito con ruedas. El secretario del juez y demás personal administrativo no habían llegado todavía. Sus asientos eran los únicos que permanecían vacíos.

Los inmigrantes estaban a punto de enfrentar cargos bajo una ley que criminaliza cruzar la frontera sin autorización. En mis primeros diez años como abogado, incluyendo los últimos cinco en el Proyecto de Derechos Civiles de Texas, no me había tocado lidiar directamente con esta ley, que hasta entonces se invocaba muy poco y que muchos conocen simplemente como la Sección 1325 o 13-25, un caso *thirteen twenty-five.* Durante años había debatido fervientemente con personas opuestas a la migración que cruzar la frontera sin autorización era una infracción civil, no un delito. Ahora estaba dándome cuenta de que había estado equivocado todo ese tiempo. Según esta ley, cruzar el Río Bravo nadando es un delito.

Con orígenes que datan de 1929, la Sección 1325 penaliza la entrada a los Estados Unidos "en cualquier tiempo y lugar que no sean los designados por los agentes de migración", lo cual en Texas significa uno de los veintinueve puentes internacionales. En California, Arizona y Nuevo México, la frontera es una línea imaginaria en el suelo; en Texas toda la frontera es un río. Empieza en El Paso, siendo lo que apenas se puede describir como un arroyo, y poco a poco se convierte en un río profundo, caudaloso y traicionero, que desemboca en el Golfo de México. Y si no lo cruzas por uno de los puentes, lo cruzas nadando, flotando o en balsa. La ley fija el castigo por este delito en una sentencia máxima de seis meses de cárcel y una multa de no más de 250 dólares. Las personas que se declaran culpables son típicamente sentenciadas a "tiempo cumplido", lo cual quiere decir que su proceso concluye el momento en el que el juez dicta sentencia, ese mismo día, esa misma mañana.

Un par de semanas antes, Jeff Sessions, el entonces fiscal general de los Estados Unidos, había ofrecido una conferencia de prensa en San Diego para anunciar una nueva política: a partir de entonces, los fiscales de la frontera sur iniciarían procesos penales bajo la Sección 1325 en contra de toda persona que cruzara la frontera sin autorización. El cien por ciento de los cruces ilegales en la frontera sur serían procesados penalmente, dijo. Para todo aquel que cruzara la frontera con un menor de edad, agregó:

—Ese menor será separado de usted, probablemente, como lo requiere la ley. Si no quiere que su hijo o hija sea separado, no cruce la frontera ilegalmente con ellos.

Nombró a esta nueva política "Tolerancia Cero."

Después de Antonio, la siguiente persona que se acercó para que la entrevistáramos fue otra mamá, María. Nos contó que había sido separada de sus hijos el día anterior. Su esposo había emigrado de Guatemala un año antes y ahora ella viajaba con sus tres hijos con el afán de reencontrarse con él en el estado de Missouri. Al ser detenidos, agentes de la migra le habían arrebatado a sus dos hijas y a su hijo. De complexión robusta, baja de estatura y con una disposición bastante tranquila, le contó metódicamente a Georgina los detalles de la separación. Sí, viajó por tierra con sus hijos desde Guatemala hasta la frontera. No, los agentes no le dijeron a dónde llevarían a sus hijos. Sí, sus hijas tenían once y siete años y su hijo ocho, a dos semanas de cumplir nueve. No, los agentes no le dijeron cuándo los volvería a ver.

NARRATIVA/NARRATIVE

El agente le pregunto si viajaba sola y le pidieron los datos de sus hijos. Luego los llevaron juntos a un cuarto bien frio. Alli la entrevistaron y luego despues los separaron. Le dijeron que los iban a llevar a la corte y despues le entregaban a los niños. La separación fue en ~~Mart~~ miercoles. Maria dejo su país con sus hijos para reunirse con su esposo y tambien porque la estaban extorsionando. Tambien para que sus hijos tengan mejor vida. Su esposo esta en Missouri. En ningun momento le preguntaron porque salio de su pais.

This declaration is made pursuant to 28 U.S.C. §1746. I hereby declare under penalty of perjury under the laws of the United States that the foregoing is true and correct. / Esta declaración se realiza de conformidad con 28 U.S.C. §1746. Por la presente declaro bajo pena de perjurio bajo las leyes de los Estados Unidos que lo anterior es verdadero y correcto.

FIRMA/SIGNATURE

(Declaración jurada de María del Villar.)

El esposo de María estaba en Missouri, solo, María estaba en este tribunal en McAllen, sola, y ahora ni él ni ella sabían dónde estaban sus hijos. Ni siquiera sabían si los tres estaban juntos. Asumí que el sufrimiento de María sería el triple del de los padres que habían perdido un hijo, pero María no lloró. Cuando se dio cuenta de lo que había sucedido—o más bien, lo que creíamos que había sucedido—con sus hijos, se quedó ahí parada, estática y en silencio. Su reacción fue la resignación, tolerancia silenciosa; su rostro no reflejaba ninguna expresión, ningún sentimiento; sus ojos miraban al vacío. Su cabello corto se notaba desacomodado y parecía que ya no le molestaban las esposas. Era como si hubiera perdido la noción del tiempo, de dónde estaba y qué sucedía a su alrededor. Georgina interrumpió su parálisis para pedirle que firmara la declaración.

En ese momento yo entrevistaba a Leonel, quien también venía de Guatemala. Era un año más joven que yo y vestía una camisa de manga corta a cuadros, con rayas celestes y azul marino y botones estilo vaquero, de los que se abrochan como remaches, sin ojal. A simple vista medía no más de un metro setenta. Se notaba que el español no era su primer idioma y, con frases entrecortadas me explicó que había cruzado la frontera con su hijo Daniel, de apenas once años. Al igual que Viviana y Sandro, viajaban solos y eran inseparables. Era la primera vez que cruzaban, no tenían familiares en Estados Unidos y venían con la esperanza de poder solicitar asilo político a raíz de la persecución que habían sufrido en la comunidad indígena donde vivían.

Apunté todos los datos que Leonel me dio, pero me resultaba difícil creer que los agentes no le hubieran dado nada de información sobre su hijo, a dónde lo llevarían o quién lo cuidaría. Los agentes tienen que haberle dicho algo sobre el proceso y sobre qué esperar, pensé.

—¿Qué cree que pasaría —le pregunté, en mi afán de entender mejor cómo se sentía— si a usted lo deportan y su hijo no se va con usted? ¿Si él se queda acá?

Agachó la cabeza, como si contemplara qué responder. Cuando levantó la mirada, movió la cabeza lentamente de un lado a otro. En su rostro se reflejaba la resignación.

—No, pues, mi niño se muere de tristeza.

Por un segundo mis ojos no se apartaron de los suyos. Con trabajo transcribí sus palabras en el formulario que se convertiría en su declaración. Apreté los labios, agaché la mirada igual que él , quizás por no saber a dónde más dirigirla. Pero por más que busqué, no encontré palabras para responderle.

NARRATIVA/NARRATIVE Los agentes que me detuvieron me separaron de mi hijo. Me dijeron que no podíamos pasar. Les pregunté a donde iban a llevar a mi hijo y no me dijeron. Yo lo único que quiero es reunirme con él, porque si me deportan a mí, mi hijo se va a morir de tristeza. Desde que me detuvieron casi no he comido y me preocupa mucho que mi hijo tampoco haya comido. Sólo lo quiero ver, saber que esté bien, y poder estar junto a él como familia. El no tiene a nadie más que a mí y a mi esposa, su mamá, en Guatemala.

This declaration is made pursuant to 28 U.S.C. §1746. I hereby declare under penalty of perjury under the laws of the United States that the foregoing is true and correct. / Esta declaración se realiza de conformidad con 28 U.S.C. §1746. Por la presente declaro bajo pena de perjurio bajo las leyes de los Estados Unidos que lo anterior es verdadero y correcto.

FIRMA/SIGNATURE: [signature]

(Declaración jurada de Leonel Chub Cucul.)

Al cabo de un par de minutos, le leí su declaración en voz alta. Leonel estuvo de acuerdo que todo estaba en orden, se acomodó las esposas con la otra mano para poder tomar la pluma que le ofrecí, y la firmó.

Mis instrucciones a Georgina sobre cómo redactar las declaraciones no habían sido lo suficientemente claras, así que cuando vi las que ella preparó para Viviana y María, me di cuenta de que las había redactado en tercera persona. Yo había redactado las mías en primera persona. Ni modo, ya no había cómo cambiarlas. Tendríamos que vivir con las consecuencias.

En eso estaba cuando se nos acabó el tiempo. Georgina y yo nos despedimos de Azalea a la carrera, le agradecimos por habernos permitido realizar las entrevistas y salimos de la sala del tribunal. Nos llevamos esas cinco declaraciones, pero muchas otras historias se quedaron encerradas en esa sala, tal vez para nunca ser contadas. Bajamos por el mismo elevador por el que habíamos subido y, en cuanto se cerraron las puertas, el rechinar de las esposas quedó atrás, su sonido cada vez más tenue, hasta que desapareció. Me sentía incierto, dubitativo. ¿Se nos pasó algo? ¿Y si se nos olvidó preguntar algún detalle clave?

Mientras bajábamos lentamente en el elevador, no podía dejar de pensar en cuánto deseaba saber más sobre las vidas de estas cinco familias. ¿Qué planes tenía Viviana para matricular a Sandro en la escuela cuando llegaran a su destino? ¿En qué año estaba? ¿Leonel tenía más hijos? ¿Se quedaron con su mamá en Guatemala? ¿Cómo eran el hijo y las hijas de María? Se llevaban dos años entre cada uno. ¿Peleaban entre ellos, como hacíamos mi hermano y yo cuando teníamos esa edad? ¿El niño de Antonio, Rivaldo, tenía ese nombre por el futbolista brasileño? ¿Le gustaba el fútbol, por lo menos? Jorge, el hijo de Dagoberto, ya tenía dieciséis años, ¿era buen chavo o era un adolescente rebelde?

Pero no hubo tiempo de preguntar nada de eso. Esa mañana, Georgina y yo habíamos tenido menos de diez minutos con cada persona que entrevistamos, apenas tiempo suficiente para redactar y firmar las declaraciones. Necesitábamos documentar nombres, fechas de nacimiento y país de origen, no sus sueños y sus anhelos. Habíamos logrado recabar la información por la que íbamos, pero no tenía idea de qué habíamos dejado atrás. Me resultaba imposible no pensar que, al apresurarlos en esas entrevistas, la máquina que era la política de Tolerancia Cero —y Georgina y yo como parte de su engranaje— les había negado parte de su dignidad.

Al salir del edificio también me vinieron a la mente los hijos de los cinco padres y madres que entrevistamos. Cada uno de ellos probablemente se había despertado esa mañana preguntándose si éste sería el día en que volverían a ver a su papá o a su mamá. Pero yo sabía bien que hoy no sería ese día. Peor aún, esa calurosa mañana de mayo, no sabía cuánto tardaría en llegar ese día. Es más, ni siquiera sabía si llegaría algún día.

McAllen alberga sólo uno de los casi veinte tribunales federales a lo largo de la frontera sur. ¿Cuántos padres más habían sido separados a lo largo de la franja fronteriza?

Georgina y yo salimos del juzgado y cruzamos la Calle 17 rumbo al estacionamiento, con los expedientes bajo el brazo. Me subí al carro y dejé caer todo el peso de mi cuerpo en el asiento. Hacía más calor adentro del carro que afuera, con un sol penetrante que quemaba directamente por el parabrisas y un volante que casi no se podía tocar de lo caliente que estaba. Me aflojé la corbata, pero eso no aligeró la sensación de frustración. Me sentía frustrado al no poder reunificar a estas cinco familias ese mismo día, e impotente al saber que habría más al día siguiente, y aún más el día después.

La idea de presentar una demanda de derechos humanos empezaba a tomar forma en mi cabeza mientras encendía el coche. Lo puse en reversa para salir del estacionamiento y partí rumbo a la oficina. Había que ponerse a trabajar. No eran ni las 9:15 de la mañana de ese jueves. Estaba exhausto emocionalmente y no tenía ni la menor idea de lo que estaba por venir.

Durante las semanas siguientes, miles de familias inmigrantes —cientos de ellas en McAllen— acabarían en el epicentro de una crisis migratoria de nivel internacional, y yo como su abogado. Ese primer día en el juzgado me sentí lejano a ellos, mi vida tan distinta a la suya. Con el paso del tiempo, conforme entrevistábamos a más y más madres y padres separados de sus hijos, me fui dando cuenta de que, en el fondo, mi propia historia no era tan diferente a la suya. Mi familia y yo habíamos emigrado en otro tiempo, bajo otras leyes y otros presidentes, pero al igual que ellos, habíamos cruzado la frontera en busca de una vida mejor.

Dentro de su inmensa crueldad, la crisis que se desarrolló ese verano ayudó a vislumbrar cómo Estados Unidos ha tratado a quiénes tocan a sus puertas, ya sea que vengan huyendo de la violencia y la persecución, o simplemente en busca de oportunidades. Una y otra vez se les ha impedido la entrada, incluso mediante el uso de la violencia. Y a los que sí logran entrar, sobre todo si no son considerados "blancos", se les culpa por los problemas del país, desde el desempleo hasta la delincuencia. No hay evidencia que respalde dichas acusaciones —al contrario—, pero de todas formas los migrantes de tez morena siempre han sido los chivos expiatorios.

2

Viernes

(1993)

Ésta era ya la tercera vez que pedía el mismo favor y no tenía ni idea de cuántas veces más lo tendría que pedir. Hice mi mayor esfuerzo por aparentar el valor que no tenía.

—Maestra, ¿le puedo traer las calificaciones firmadas el lunes?

Teníamos que entregar la boleta de calificaciones firmada el viernes por la mañana, pero mi papá no llegaría hasta el viernes en la noche y mi mamá quería que él viera que, una vez más, había sacado 10 en casi todas las materias. Mi papá viajaba tres horas desde McAllen, Texas, siempre por la carretera libre, con todo y sus baches, aun después de que construyeron la autopista de cuota con asfalto nuevo impecable. Nunca se me ocurrió preguntarle por qué no tomaba la autopista para poder rebasar a los trailers y camiones que iban a vuelta de rueda sin tener que invadir el carril opuesto. Para mi mente de niño de primaria no era tan obvio que pagar una cuota de diez dólares lo dejaría con diez dólares menos para comprar el mandado para la familia.

Desde su partida a los Estados Unidos en busca de trabajo un año antes, mi padre nos visitaba todos los fines de semana que podía. Salía de McAllen los viernes por la noche después del trabajo y después de pasar al supermercado. Llegaba a la casa ya pasadas las diez de la noche. Cuando sabíamos que vendría, sin importar la hora, mi hermano menor y yo nos quedábamos despiertos esperándolo hasta que llegara. Cuando venía, a veces traía en la cajuela una bolsa de piernas de pollo congelado, tal vez un galón de leche—en McAllen vendían la leche en galones, no en litros como aquí—y una barra de pan.

Algunos viernes no venía. Y algunos viernes, como éste, la cajuela venía casi vacía. Mi mamá, esperándonos en la cocina, se quedaba junto a la estufa, sabiendo bien que no tenía que salir a ayudarnos a descargar la cajuela. Este viernes no era día de pago.

—Claro que sí—respondió la maestra Aurora—. Las puedes entregar el lunes ya firmadas, pero que no se te vaya a olvidar.

La maestra Aurora era una de dos maestras de quinto en la escuela Veteranos de la Revolución, la primaria más antigua en Allende, Nuevo León, en el noreste de México. Había sido fundada en 1948, más de treinta años después del triunfo de la Revolución Mexicana, pero el espíritu revolucionario seguía latiendo fuertemente en la educación que ahí impartían. Habíamos aprendido las hazañas de Emiliano Zapata y Pancho Villa y Venustiano Carranza, íconos de la historia mexicana del Siglo XX. En la Veteranos, la Revolución era el momento histórico más importante de todos.

Cada año, el 20 de noviembre, los estudiantes de primaria usábamos nuestro uniforme deportivo —pantalones y suéter de algodón, calentitos y de color azul marino— para el desfile conmemorativo del Aniversario de la Revolución. Aun cuando la temperatura rebasaba los 25 grados centígrados en esta cálida región del país, el 20 de noviembre todos llevábamos nuestro uniforme "de invierno". Todas las escuelas de Allende participaban, las tiendas y algunos locales comerciales cerraban por tratarse de un día festivo y había poco tráfico en las calles. Los boleros en la plaza se preparaban para un día muy ocupado, limpiando sus puestos y acomodando los periódicos y revistas para los clientes del día. La gente empezaba a aglomerarse a las orillas de las calles, y en las banquetas, sonriendo y con banderas de México en mano.

Empezábamos el desfile en la Veteranos, avanzábamos hacia la Presidencia Municipal y regresábamos por la calle del lado opuesto de la plaza principal, pasando por la parroquia de San Pedro Apóstol, hasta regresar a la escuela. Los espectadores ya estaban alineados a ambos lados de la calle, esperando que pasara el contingente de estudiantes. Pasábamos por la Casa de la Cultura, el único museo del pueblo, y por La Michoacana, la nevería y heladería del centro, con sus puertas y ventanas ya cerradas por la temporada, pero con enormes imágenes de helados de fresa y de mango que tentaban a cualquiera que las veía.

El desfile era un evento lleno de sudor. Cuando estábamos por llegar a la esquina, todos los niños de mi fila nos volteamos a ver unos a otros, primero a la izquierda y luego a la derecha. Hicimos contacto visual, la señal acordada, y el profe hizo sonar su silbato. Los primeros cinco se apresuraron al lugar designado, se hincaron de pies y manos y se acomodaron hombro con hombro. Eran los cinco más fuertes y estables. Rápidamente, el siguiente grupo de cuatro —entre ellos yo— nos hincamos de pies y manos encima de los primeros cinco, colocando el brazo y la pierna izquierdos sobre la espalda de un compañero y el brazo y la pierna derechos sobre la espalda de otro, uno por uno hasta que los cuatro estábamos acomodados en un segundo nivel sobre los primeros cinco.

Luego era el turno del grupo de tres de subirse sobre nosotros. Su secuencia era más compleja: primero tenían que balancearse sobre las espaldas de los del primer nivel, para luego lenta y cuidadosamente trepar sobre nosotros. Al igual que nosotros, el grupo de tres también tenía que acomodar un brazo y una pierna sobre una espalda y el otro brazo y la otra pierna sobre otra espalda.

Después venía el grupo de dos. Para entonces ya todos éramos un solo temblor, una vibración constante de miedo e inseguridad. Yo trataba de balancearme sobre las espaldas robustas que servían de cimientos, mientras que un par de rodillas puntiagudas se me clavaban en la espalda y ahora alguien más trataba de trepar aún más alto. Éramos la definición de inestabilidad. El aroma de pan dulce recién horneado me recordó que estábamos frente a la Leal Perales, una de las panaderías más antiguas de Allende. Traté de concentrarme en ese agradable olor mientras que el grupo de dos por fin llegaba a sus puestos.

Y faltaba el gran final. El niño más bajito, ligero y minúsculo de todo el salón trepó los cuatro niveles de niños, convertidos ya en un montón inestable y mal acomodado de sudor y dudas. Yo sudaba a chorros y trataba de mantenerme firme, tratando de hacer mi parte para que nuestra pirámide infantil no se cayera a pedazos. Mis manos parecían pescados enjabonados de lo resbalosas que estaban. De reojo alcancé a ver a las personas que salían de la Leal Perales con bolsas de papel en mano, seguramente llenas de pan calientito, pero fuera de eso no podía ver nada. Cuando escuché el alarido y los aplausos de la muchedumbre, supe que el compañero había llegado a la cima; me lo imaginé ahí parado, con los brazos en alto y extendidos, ambos puños cerrados en señal de triunfo revolucionario.

En un instante la pirámide se disolvió, nos reacomodamos en nuestras filas y seguimos marchando.

Allende yace al pie de la Sierra Madre, la misma cordillera conocida como las Montañas Rocosas en Estados Unidos, que se alza de la tierra para formar la columna vertebral de la topografía mexicana. A unos cincuenta kilómetros al sureste de Monterrey, la capital del estado, la ciudad lleva ese nombre en honor a Ignacio Allende, el heroico general de la Guerra de Independencia. Las nubes más pesadas a menudo terminan su trayecto en Allende, como si chocaran con la enorme cordillera, incapaces de superarla, y por ello el pueblo goza de bastante lluvia casi todos los años. Con tanta lluvia, la sierra, los parques y demás áreas verdes lucen un verde exuberante y generoso. El Río Ramos, que separa a Allende de su vecina Montemorelos, nace en la montaña y baja hasta el pueblo escoltado por enormes sabinos de una altura imponente y una antigüedad misteriosa. Los fines de semana, sobre todo en verano y Semana Santa, el río y sus orillas se llenan de familias provenientes de Monterrey y sus alrededores con hieleras y asadores portátiles, buscando refugio del calor en las frescas aguas del río. A diferencia de los visitantes veraniegos, los treinta y tantos mil habitantes de Allende disfrutan del río y sus montañas todo el año.

El desfile del Aniversario de la Revolución no era mi parte favorita de la escuela. Más bien era un gorro y un batallar, pero era nuestro deber y responsabilidad, nos decía la maestra Aurora. La maestra se convertiría en la primera alcaldesa de Allende cuando el alcalde que la precedió tuvo que renunciar luego de un escándalo. Años después se convertiría también en la primera mujer en ser electa como diputada de nuestro distrito a la legislatura estatal de Nuevo León. Era rubia, de ojos verdes expresivos, y la recuerdo muy elocuente, lo que a mis diez años significaba que era educada y muy inteligente. También era nuestra vecina. Vivía en la casa de la esquina, al final de la cuadra, frente a la tienda de la colonia. Su casa era como todas las demás de nuestra colonia: de block, con dos o tres recámaras y con aire acondicionado de ventana. La remodeló cuando lanzó su carrera en la política y asumió el puesto de alcaldesa. Su casa se convirtió en la más bonita de la cuadra.

Al igual que la casa de la maestra Aurora, la nuestra también estaba en la esquina, al otro extremo de la Calle de las Rosas. Era muy apropiado que viviéramos en una calle con ese nombre. Nuestra casa era reconocida —famosa, diría yo— por las flores de mi mamá. Las tenía por docenas en el jardín al frente de la casa: rosas blancas, amarillas y guindas; geranios rosados, naranjas y violetas. Mi mamá las cuidaba religiosamente, un hábito que heredó de su propia madre. Cuando algún vecino nos venía a visitar o pasaba por la casa, invariablemente comentaba que qué bonitas estaban las flores.

Mi mamá asentía con la cabeza, les agradecía y les contestaba que sí a todo lo que decían.

—¡Qué suerte tienes! —decía una vecina—. Con tanta lluvia debe ser tan fácil tener el jardín así de bonito.

Paciente como siempre, mi mamá nunca les hacía ver que llovía igual en todas las casas de la cuadra, pero ninguna otra tenía un jardín lleno de rosas y geranios siempre en flor.

Unos meses después de que mi papá se fuera a McAllen a buscar trabajo, el sindicato de maestros del estado declaró un paro general de labores. Yo no entendía bien en qué consistía un "paro" y no lograba comprender cómo el no presentarse a trabajar era la mejor manera de exigir mejores condiciones laborales, pero el caso fue que casi todas las escuelas de Allende y del resto del estado cerraron por varios meses debido a la falta de maestros, lo que tuvo como consecuencia que la mayoría de los alumnos tuvieran vacaciones extendidas. Casi todos, menos nosotros. La maestra Aurora y el resto de los maestros de la Veteranos rompieron con la huelga y siguieron dando clases, por lo que alumnos de otras escuelas, cuyos padres no querían que estuvieran tanto tiempo sin ir a clases, se transfirieron a la nuestra. Niños y niñas del Colegio Ignacio Allende, la primaria privada, y de la Ignacio Zaragoza, otra de las primarias públicas, llegaron a mi salón ese año.

Mi papá nos visitaba porque nosotros no podíamos visitarlo. Mi mamá, mi hermano menor, Héctor, y yo no teníamos visa para ir al otro lado. Mi papá sí la tenía porque su papá, Güelito Julián, había nacido en Sebastián, Texas, un pueblito no muy lejos de McAllen, a principios del siglo XX. Los papás de Güelito Julián trabajaban en el campo —en "la labor", como decía él— y todos los años iban a trabajar a Texas durante la temporada de cosecha. En ese entonces, era mucho más fácil cruzar de un lado al otro sin tener que separarse de su familia. No había ni Patrulla Fronteriza, ni ley de migración y mucho menos política de Tolerancia Cero. Si había trabajo en Estados Unidos y querías trabajar, simplemente te ibas a Estados Unidos. Así de sencillo. Cuando había trabajo, los papás de Güelito Julián iban a trabajar. Y fue así como, en 1902, hubo trabajo en Sebastián. Debe haber sido la lechuga o el repollo —en temporada en febrero en los campos del sur de Texas— lo que los llevó hasta allá, y el 26 de ese mes, Güelito Julián nació de aquel lado de la frontera.

Por ese simple hecho, Güelito era ciudadano estadounidense. *Ius soli,* le llaman los abogados: el derecho de suelo. Y a pesar de que mi papá nació en México, él también pudo obtener la ciudadanía estadounidense por el hecho de ser hijo de un ciudadano de ese país, gracias a lo que en la facultad aprendí que se conoce como "ciudadanía adquirida". Las leyes de migración de los Estados Unidos disponen que los hijos de ciudadanos estadounidenses son también ciudadanos estadounidenses sin importar su lugar de nacimiento. *Ius sanguinis,* el derecho de sangre. El padre o la madre que sea ciudadano tiene que cumplir con ciertos requisitos, entre ellos residir en Estados Unidos por un cierto tiempo, y el hijo o hija tiene que estar físicamente en Estados Unidos o ingresar al país legalmente. En nuestro caso, mi papá y mi abuelo cumplían con todos esos requisitos, así que mi padre pudo adquirir la ciudadanía norteamericana a través de mi abuelo.

Pero era necesario tramitar unos documentos para oficializar el proceso y mi papá no realizó esos trámites hasta 1987, cinco años después de que yo nací y tres años después de que naciera mi hermano. Por lo tanto, Héctor y yo no adquirimos la ciudadanía. No teníamos el derecho de sangre y ahora no podíamos cruzar a McAllen para verlo.

Al parecer esto no fue un factor determinante cuando mi papá decidió irse a buscar trabajo en Texas. Yo no era más que un niño, pero seguramente el proceso de decisión se dio más o menos así: el dinero que mi papá y su hermano, Tío Óscar, habían obtenido de la venta de su empresa de autotransporte se estaba acabando. Habían empezado en el negocio de los camiones de carga como choferes desde que eran adolescentes. El trabajo pagaba bien en los sesenta y poco a poco se hicieron de una pequeña empresa, Auto Exprés Nor y Sureste: camiones de carga de color verde y naranja, con cajas de redilas, de madera, de dos o tres ejes, máximo. Eran camiones tipo "torton", con el remolque unido al tractor; no "tráilers" con el remolque desmontable, los cuales desde entonces eran y siguen siendo tan comunes en Allende. Hasta la fecha, el autotransporte es una de las principales industrias y de hecho los choferes de autotransportes le han merecido a los allendenses el apodo de "tejones", ya que, al igual que dicho animal, acostumbran viajar en grupo, uno detrás de otro, siempre cerca, para cuidarse mutuamente y brindarse ayuda si se necesita.

A pesar de que el negocio iba bien, mi papá y mi tío se cansaron de las constantes presiones y el estrés, así que decidieron vender la empresa el mismo año que nació mi hermano Héctor, convencidos de que encontrarían otra manera de ganarse la vida. Compraron algunos terrenos en Allende y sus alrededores con las ganancias de la venta de los camiones, los cuales fueron vendiendo uno por uno. Las ganancias de las ventas de los terrenos también se estaban acabando. Lanzaron un grupo musical, un conjunto norteño, tan populares en la región. Grabaron dos LPs, pero ninguno tuvo las ventas deseadas.

Recuerdo escucharlos tantas veces cantar *El Canto del Bracero.* La letra, grabada en mi memoria, relata las dificultades que vivieron los millones de mexicanos que participaron en el Programa Bracero, trabajadores campesinos temporales en los campos estadounidenses en las décadas de 1940 y 1950. El protagonista del corrido se va al norte y cruza la frontera sin papeles, sin pasaporte ni identificación, dejando a su familia, a sus amigos y a un amor en su tierra natal. Los versos son un eterno recordatorio de la decepción, la discriminación y la desesperanza que encontraron miles de trabajadores migrantes. La situación llegaba a tal grado que la canción concluye con un consejo para quienes piensan emprender la ruta hacia el norte: "Si tú piensas ir, detente / o si estás allá, regresa / donde está tu familia y está tu gente / y el rinconcito aquel que te vio nacer / donde está un amor que puedes perder".

El conjunto, Los Colosos del Norte, tocaba en bodas y quinceañeras cada dos o tres semanas, pero no alcanzaba para mantener a una familia. Simplemente no había suficiente dinero. Más de una vez y aguantándose la vergüenza mi mamá tuvo que pedirle dinero prestado a su papá para comprar mandado. Héctor y yo íbamos creciendo y cada día hacía falta más dinero. Mis medios hermanos mayores —dos hermanas y un hermano, hijos de mi papá de una relación anterior— vivían en la casa con nosotros por temporadas y ya todos habían dejado de estudiar. Leoba, el mayor, se había ido a Estados Unidos un par de años antes en busca de trabajo. Para mi papá, irse a probar suerte en el otro lado debió haber parecido la única opción viable, más aún considerando que cinco de sus diez hermanos ya vivían allá. Al irse él también, simplemente inclinaría la balanza a favor de los que ya habían emigrado. La parte más difícil de la decisión debió haber sido dejarnos a nosotros y a mi tío Óscar.

El día que mi papá se fue, no se sintió como si se estuviera yendo por mucho tiempo. Era domingo. Nos dijo, —Aquí nos vemos en dos semanas—, así nada más, sin abrazos ni despedidas dramáticas. Un simple beso y un adiós y un "nos vemos en dos viernes". Mi mamá le ayudó a empacar sus cosas en un velís viejo color beige, sólo lo necesario para dos semanas y listo. Se aseguró de empacar la media suela de hule que siempre usaba dentro de su zapato izquierdo para compensar esa pierna, que era un par de centímetros más corta que la derecha. Casi parecía que iba a uno de tantos viajes como los que había hecho con Los Colosos, salvo que éste iba a ser un poquito más largo y más lejos. Cuando su carro desapareció en el sol de la tarde, mi mamá se puso a regar los geranios.

El resto de su ropa se quedó en el clóset, igual de organizada que siempre. Un par de zapatos de su lado de la cama. Un pantalón aún colgado secándose en el tendedero. La guitarra en su estuche negro de piel donde siempre la guardaba. La pala, el talache y el azadón con que cuidaba los naranjos en la huerta del patio seguían en su lugar, el azadón aún con terrones de la última vez que lo usó. Parecía como si en realidad no se hubiera ido. Sus cosas estaban por toda la casa para que yo las viera. Todo menos él.

La dura realidad de que sí se había ido se volvía más obvia en las noches cuando mi mamá trataba de levantarnos los ánimos cocinando lo que ella decía que era nuestro platillo favorito: "¡parecitos de manteca!" Estos pedacitos de cielo se preparaban de manera fácil y deliciosa. Agarras dos tortillas, untas un poquito de manteca de res en cada una —si tienes tantita suerte también te tocan los asientos que se hundieron al fondo antes de que la manteca se cuajara— las juntas y las calientas en un comal. Hay que asegurarse de no dejarlas en el comal demasiado tiempo porque se te pueden tostar, se ponen duras y crujientes y así ya no te sirven. Deben quedar suavecitas para poder enrollarlas y hacer un par de taquitos que distribuyan la grasa por toda la tortilla. La manteca tiene que estar completamente derretida y la tortilla bien calientita, pero suave para que la puedas enrollar. A veces, la manteca se salía de la tortilla y caía al comal, haciendo un *tssss* inconfundible y soltando un aroma delicioso que nos tentaba a Héctor y a mí mientras esperábamos, sentados y sin camisa, en la mesa redonda de la cocina. Cenábamos estas delicias un par de veces por semana y a veces hasta más seguido, cuando mi papá no nos había visitado. Una vez que venía y nos traía pollo y leche y pan y bolonia para hacer lonches, mi mamá no tenía que ponerse tan creativa en la cocina.

Cuando mi papá llegó a McAllen se puso a buscar todo tipo de trabajo. Estaba por cumplir cincuenta, difícilmente la edad ideal para mudarse a otro país, aprender otro idioma y volver a empezar. Pero por suerte no tuvo que aprender un nuevo oficio: ya era un excelente chofer.

Los años de experiencia como camionero resultaron muy útiles cuando se presentó a la entrevista para ser chofer de autobús en una escuela al sur de McAllen. Aprobó la prueba práctica al primer intento. Se había vuelto experto manejando camiones viejos y maltratados con transmisión estándar por todo tipo de calles, caminos y carreteras de México, llevándolos de lugares en el sur como Poza Rica, Villahermosa o Tapachula hasta Monterrey, en el norte, y de regreso. Ahora, para esta prueba, tenía que manejar un autobús escolar nuevecito, de los noventa, con transmisión automática y aire acondicionado, por un par de calles amplias y pavimentadas. Papita.

El problema iba a ser el examen físico. Tenía que aprobar una prueba de resistencia, tener la presión arterial en niveles aceptables, niveles de glucosa igualmente saludables y, por supuesto, someterse a un examen de orina antidrogas. Lo que más preocupaba era su corazón: se lo había operado a los veintiséis años por una falla en la válvula mitral. Esta válvulita está compuesta de dos pequeñas hojuelas de tejido que regulan el flujo sanguíneo entre la aurícula izquierda, en la parte de arriba, y el ventrículo izquierdo, en la parte de abajo del corazón. Cuando la válvula falla, el flujo sanguíneo se descontrola y la condición, conocida como prolapso valvular mitral, puede llegar a ser grave si no se atiende.

Una operación de corazón abierto para reparar la válvula mitral era algo muy distinto en los hospitales del Monterrey de 1968 a lo que es hoy en día. Mi papá me platicó una vez que recordaba, como en un sueño lúcido, haber empezado a despertar antes de que terminara la operación. El cirujano todavía estaba suturando cuando la anestesia empezó a perder efecto y mi papá recordaba haber escuchado las voces de médicos y enfermeras entrando en pánico al ver que su paciente despertaba. Seguramente le suministraron otra dosis de anestesia y se volvió a dormir de inmediato. Veinticinco años después de esa cirugía seguía tomando Lanoxin todas las mañanas para prevenir un fallo cardíaco.

El día que mi papá recibió los resultados del examen físico, llamó a mi mamá por teléfono. Yo sólo pude escuchar un lado de esa conversación, en la sala con mi mamá, pero jamás la voy a olvidar.

—Ay, ¡qué bueno! ¡Gracias a Dios, Jesús, María y José! —mi mamá no podía contener el júbilo. En realidad, era una mezcla de alivio y emoción, pero de repente, tanto para ella como para mí, esos sentimientos se convirtieron en preocupación.

—¿Pero por qué lloras?

A mis diez años, era la primera vez que me enteraba de que mi papá estaba llorando. Me quedé igual de confundido que mi mamá. ¿Por qué lloraba si eran buenas noticias? ¡Eran buenísimas noticias! Eran las noticias que habíamos estado esperando y por las que habíamos rezado tantas noches. Los ojos de mi mamá también empezaron a llenarse de lágrimas. Yo escuchaba hincado en la silla a su lado, ella parada, con el auricular en su oído izquierdo, el cable gris en forma de resorte rozando su hombro y su pecho hasta conectar con el teléfono que descansaba sobre una mesa de madera. Se limpió las lágrimas con la otra mano, como diciéndose a si misma no llores, no llores.

—¿No te fue bien en el examen?—¿Entonces por qué estás llorando? —y se le quebraba la voz.

Después hubo un silencio, cuando colgó la llamada y se apartó del teléfono, le pregunté qué había pasado. —Nada— me dijo.

Mi papá había pasado el examen físico. Iba a ser chofer de un autobús escolar. Iba a ver a los hijos de alguien más todos los días, saludarlos cada mañana y despedirlos cada tarde, pero no iba a ver a los suyos.

Una tarde de verano cuando mi papá ya no estaba, salí del rosario al que mi mamá me mandaba y regresé caminado a la casa. Me pareció un poco raro ver la puerta principal cerrada. Normalmente dejábamos la puerta de tela mosquitera cerrada, pero la de madera siempre estaba abierta, sobre todo en tiempo de calor. Como no teníamos aire acondicionado, dejábamos las puertas del frente y de atrás abiertas para que cualquier brisa que pasara se metiera por las puertas de tela y refrescara la casa. Pero hoy, hasta la puerta de madera de enfrente estaba cerrada.

Caminé por un lado de la casa hacia la entrada trasera, sólo para ver que la puerta de atrás también estaba cerrada. Desconcertado, me acerqué despacio hasta la esquina de la cochera y metí la mano en la maceta del helecho donde dejábamos un juego extra de llaves de la casa. Sentí la tierra seca con los dedos mientras buscaba las llaves entre las ramas. Nada.

Si Héctor y mi mamá hubieran salido mientras yo estaba en el rosario, me habrían dejado una llave extra en esa maceta. Volví a buscar para estar bien seguro, pero no había nada. Era la primera vez que llegaba a la casa y la encontraba vacía, sin la menor idea de dónde estaba mi mamá. Me preocupé, pero más que preocupado me sentía confundido, desorientado, sin saber qué hacer.

Crucé la calle hacia casa de mi tía Yolanda, pensando que quizás Héctor y mi mamá podrían estar ahí, o que por lo menos mi tía sabría algo. Cuando estaba a punto de tocar el timbre, una vecina apareció de la nada.

—¡Efrén! ¿Ya hablaste con tu mamá? —me preguntó agitada.

¿Dónde estaban?

—Tus tíos los llevaron.

¿Dónde estaban?

—Héctor se cayó, se pegó feo.

¿Dónde estaban?

—Se fueron al seguro.

Mi hermano nacío exactamente una semana antes de que yo cumpliera dos años. Nuestros cumpleaños siempre caen en el mismo día de la semana en junio, así que las pocas veces que nos hacían fiesta de cumpleaños cuando éramos niños, era una misma fiestecita para los dos. Pero no nos importaba. Con tener fiesta ya era bastante. Además, siempre andábamos juntos.

Héctor tenía nueve años. Había estado jugando con otros niños de la cuadra como lo hacíamos tantas tardes de verano. Y, como tantas otras veces, se subieron al techo de la casa de una vecina. Para llegar al techo, primero se trepaban a una barda de cemento de no más de metro y medio de alto. Y para subirse a esa barda, Héctor se apoyó en una maceta vacía que estaba tirada en el suelo. La maceta debe haber medido unos veinte centímetros de alto, de plástico viejo y tostado por el sol. Cuando la pisó, la maceta se quebró y Héctor cayó esos veinte centímetros. Una caída sin chiste, casi imperceptible, excepto que, al caer, un pedazo de alambrón oxidado que salía de la barda le perforó el cuello y la garganta. Un chorro de sangre brotó de inmediato. Muchísima sangre.

Cuando mi mamá vio a Héctor caminar lentamente hacia ella, llorando, con la camiseta de alguien más echa bola para hacer presión sobre el lado izquierdo del cuello, su pecho y su ropa llenos de sangre, corrió a su encuentro.

—¡Madre Santa!

Trató de quitarle la mano y la camisa para ver la herida, pero brotaba tanta sangre que desistió. Era mejor seguir haciendo presión sobre la garganta de mi hermano para tratar de parar la hemorragia.

Si mi papá hubiera estado, él los habría llevado al doctor mientras mi mamá seguía haciendo presión sobre el cuello de Héctor. Mi papá le habría ayudado a decidir si era mejor poner hielo sobre la herida o simplemente irse rápido a urgencias. Le habría ayudado a decidir si era mejor llevar a Héctor al seguro—el hospital público, del Instituto Mexicano del Seguro Social— o a la clínica privada. Le habría ayudado a decidir si la herida era tan grave que era mejor olvidarse de Allende e ir directo hasta Montemorelos, donde había un hospital más grande, capaz de operar. Pero nada de eso era posible. Mi mamá tuvo que decidir todo eso ella sola. Y rápido.

En su juventud, mi mamá había sido maestra en una academia técnica de comercio; dejó de trabajar fuera de casa cuando se casó con mi padre a los treinta y seis años. Yo llegué al mundo nueve meses después de su boda y desde entonces había sido ama de casa. Al irse mi papá a Estados Unidos, mi mamá empezó a vender Coca Colas para tener una entrada de dinero. Más de una vez me pidió que tomara unas monedas de la cajita de madera oscura donde guardaba "la feria" de la venta de Cocas para que fuera a comprar tortillas a la tienda de la esquina. Los hijos de los vecinos se burlaban de nosotros porque las Cocas que mi mamá vendía nunca estaban tan frías como las de la tienda. —Parecen caldos—, nos decían, exagerando, entre risas. Nunca me tomé el tiempo de explicarles que las Cocas estaban en el único refri que teníamos y, como lo abríamos varias veces al día, no alcanzaban a enfriarse bien.

La única experiencia que mi mamá tenía con una emergencia médica era de cuando yo me caí siendo apenas un bebé. Mientras me bañaba en el lavadero, a un costado de la lavadora, mi cuerpecito de bebé mojado y lleno de jabón se le resbaló de entre las manos y caí de cabeza en una cubeta de aluminio. Hasta la fecha se siente culpable cada que se acuerda, por no haber podido detenerme. Me abrí la cabeza, una herida pequeña pero sangrienta. Mi papá estaba trabajando en Monterrey en los camiones. En lugar de llevarme a la clínica más cercana, mi mamá decidió que ella misma me curaría la herida porque no quería que los doctores me rasuraran la cabeza para suturar. Con mucho cuidado me limpió la herida con agua oxigenada, me puso polvito de sulfatiazol, un antibiótico básico de primeros auxilios, y me arrulló hasta que me quedé dormido. Hasta hoy mi mamá se siente orgullosa de haber enfrentado la emergencia ella sola. Pero no había manera de que ella sola pudiera detener la hemorragia de Héctor con agua oxigenada y polvo de sulfatiazol.

Desesperada, se llevó a Héctor a casa de mi tía. Por suerte, mis tíos los llevaron de emergencia al hospital quirúrgico en Montemorelos.

Mi madre aguantó la angustia sola en la sala de espera, aguardando noticias de los doctores. Después de la cirugía, el doctor le explicó que la varilla le había perforado la garganta a Héctor justo entre las cuerdas vocales y una arteria principal, deteniéndose a dos milímetros de atravesar hasta el otro lado y salir por el interior de su boca. Si el pedazo de alambrón le hubiera rozado las cuerdas vocales, le habría afectado el habla de por vida. Si le hubiera roto la arteria, se habría desangrado en minutos. Si le hubiera atravesado el interior de la boca, lo habrían tenido que trasladar a un hospital especializado en Monterrey. Fue nada menos que un milagro que nada de eso hubiera ocurrido, le dijo el cirujano.

Héctor salió del hospital con una gasa enorme cubriendo la herida y los puntos de sutura. No podía dejar de hacer presión con la mano sobre la gaza, igual que lo había hecho con la camisa de su amigo, como por instinto. Hoy en día, lo único que queda de esa caída es la cicatriz en forma de equis en su cuello, marcando el punto exacto por donde entró la varilla.

Ese día, no me di cuenta lo cerca que estuve de perder a mi hermano o de no volver a escuchar su voz. Esa misma noche cuando Héctor fue dado de alta y todos estábamos de nuevo en la casa, mi mamá llamó a mi papá para contarle lo que había pasado.

—¡Héctor se cayó de un techo!— exclamó mientras le contaba, su voz reflejando la preocupación. —Acabamos de regresar del hospital en Montemorelos— añadió, como para dar a entender que, al final, todo había salido bien.

—¿Fue de un segundo piso, de perdido? —fue la ruda respuesta de mi padre. Ese humor seco y negro, si es que se le puede llamar humor, ni en esas circunstancias faltaba en mi papá, siempre parco con las emociones.

—Si supieras… —fue lo único que mi mamá logró decir, entre un suspiro ahogado y labios apretados.

Héctor y yo queríamos que mi papá estuviera con nosotros, pero al menos nos teníamos el uno al otro. Jugábamos y pasábamos las tardes juntos. Mi mamá, en cambio, tuvo que criarnos sola semana tras semana, viendo cómo estirar el dinero, esperando la próxima vez que mi padre nos visitara. Jamás la escuché quejarse. Pero sí la vi más de una vez abrir el refri y descubrirlo casi vacío. Nos pedía a Héctor y a mí que, si podíamos, compartiéramos una Coca entre los dos, o mejor aún saltarnos hoy y compartir una mañana. Recuerdo su expresión al volver del hospital con Héctor y escuchar a mi papá bromear sobre el segundo piso. Que mi papá no estuviera con nosotros fue difícil, pero con los años he comprendido que para mi mamá lo fue mucho más. Se habla tanto de los padres —casi siempre hombres— que se van al norte en busca de trabajo y mandan dinero a sus familias, pero se dice tan poco de las esposas y los hijos que se quedan atrás.

Cuando mi padre se fue, yo no tenía claro si él regresaría a vivir en Allende después de un tiempo, si el plan era que nosotros también nos fuéramos para allá o si él iba a estar yendo y viniendo durante quién sabe cuánto tiempo. Lo único que sabía era que no estaba en la cocina a la hora del desayuno. Una de esas mañanas, mientras empezábamos a considerar que tal vez también nosotros nos iríamos al otro lado, Héctor y yo estábamos en la cocina todavía medio dormidos mientras mami preparaba el desayuno. La sartén con el mango quebrado estaba sobre la estufa de gas, con el aceite ya caliente para hacer unos huevitos estrellados, el comal todavía estaba frío. También había una olla pequeña calentando agua para el Nescafé de mi mamá. El sol ya empezaba a salir, pero aún teníamos la luz de la cocina prendida.

—¿Saben qué? —dijo mami al verme bostezar y tallarme los ojos con ambas manos—. Cuando estemos en McAllen, para estas horas ya van a tener que estar en la escuela…

El plan que se estaba empezando a fraguar era que mi mamá, Héctor y yo nos íbamos a mudar a McAllen. Mi papá tramitaría lo que los abogados de migración llaman una petición familiar, *a family petition*, para que pudiéramos arreglar los papeles. Héctor y yo entraríamos a la escuela donde mi papá era chofer, así él estaría siempre cerca hasta que nos acopláramos a nuestro nuevo entorno y aprendiéramos inglés. Pero la escuela donde mi papá trabajaba no estaba en McAllen, sino en una ciudad vecina, y los autobuses de esa escuela no venían hasta McAllen. Así que Héctor y yo tendríamos que irnos con él todas las mañanas tempranito. Tenía que llegar a la escuela antes de las 6:30 a. m., antes de que el sol saliera, por lo menos durante el invierno.

Pero en lugar de sentirnos desanimados, nos emocionaba. La idea de pasar todo ese tiempo con mi papá nos daba aliento. No nos importaba levantarnos tan temprano, ¡íbamos a estar con él! Me imaginaba que veríamos letreros luminosos y anuncios espectaculares enormes como los que había visto en la tele, los arcos dorados de McDonald's y las letras brillantes de los anuncios de Wal-Mart. En mi mente no existía el panorama seco y plano del sur de Texas, que contrasta con la sierra siempre verde de Allende. No pensaba en la tierra árida y polvosa de la frontera, diferente de la vegetación verde y frondosa que me había rodeado toda mi vida. Sólo pensaba en los letreros gigantes y luminosos que no existían en mi pueblo pero que estaba seguro sí existirían en McAllen y los veríamos todas las mañanas de camino a la escuela con mi papá. Sin decir nada, sonreí para mí mismo mientras mi mamá nos servía un huevo a cada quien.

Tal y como le había prometido a la maestra Aurora, mi papá nos visitó ese viernes, con la cajuela casi vacía. Traía un Chrysler Fifth Avenue, "quinta avenida" como él le decía, de color azul gris, de cuatro puertas y asientos de tela también azules. Se notaba que el carro había sido lujoso, hasta elegante en algún momento, pero el paso del tiempo había cubierto esa elegancia con polvo y un tablero estrellado. Todavía tenía su radio original. Después de ayudarle a bajar el par de bolsas que traía, me apuré a mostrarle mis calificaciones. Puso la bolsa de mandado en la mesa de la cocina y revisó la hoja de calificaciones, volteando a ver el lado derecho, donde estaba la columna con las calificaciones.

—Muy bien, pero sacaste dos nueves —me dijo, haciendo notar que no todos eran dieces y que quería ver puros dieces a la próxima.

Me sentí feliz de que él estuviera contento, pero sobre todo de que estuviera en casa. Y haría mi mayor esfuerzo por sacar puros dieces la próxima vez.

3
Sin límites

(29 de mayo de 2018)

El edificio de la Secretaría Ejecutiva de la Comisión Interamericana de Derechos Humanos se esconde discretamente en la esquina de las calles F y 19a. Son cinco pisos de ladrillo rojo a menos de cinco cuadras de la Casa Blanca, en el corazón de Washington, D.C. Aunque no es muy conocida en los Estados Unidos, en Latinoamérica la CIDH —o simplemente "La Comisión", como muchos la conocen— tiene una larga historia de intervenciones en defensa de los derechos humanos que han salvado un sinnúmero de vidas; una de las más significativas fue su visita a Argentina en 1979, uno de los peores años de la dictadura militar que desapareció a más de treinta mil personas. La histórica visita permitió que el mundo exterior alcanzara a verlo que sucedía en el país: un breve vistazo a las atrocidades sistemáticas de la dictadura. En retrospectiva, esa visita de la Comisión marcó el principio del fin de una de las juntas militares más crueles y sanguinarias de Latinoamérica.

Compuesta por siete comisionados que fungen a título individual, la Comisión utiliza varios mecanismos de monitoreo, promoción y protección de los derechos humanos en las Américas. El tipo de petición que presentamos en contra del gobierno de los Estados Unidos se conoce como "solicitud de medidas cautelares", un procedimiento diseñado para situaciones verdaderamente urgentes, cuando la vida o integridad de una o más personas está en peligro inminente y no hay tiempo para llevar a cabo un litigio en forma, que puede tardar años en resolverse. Ahora bien, si un determinado gobierno cumple o no con las medidas de protección que la Comisión pide que se adopten es otro asunto. Estados Unidos tiene un historial irregular de cumplimiento, tanto con gobiernos demócratas como republicanos.

Aun así, y a pesar de la incertidumbre sobre su efectividad real, las medidas cautelares me parecían la vía adecuada para enfrentar lo que vivíamos en McAllen: Viviana, Leonel y todos los demás padres y madres no sabían dónde estaban sus hijos o si estaban a salvo; el Estado no les había dado ni la más mínima información y con cada día que pasaba aumentaba el riesgo de que los deportaran sin sus hijos, dejándolos huérfanos para siempre. Solicitar la intervención de la CIDH también nos permitiría seguir sonando las alarmas y exigir un alto a las separaciones bajo el marco del derecho internacional de los derechos humanos.

La política de procesar penalmente a toda persona que cruzara la frontera sin autorización— bajo el sello de "Tolerancia Cero" —parecía lícita desde la perspectiva del derecho penal: era difícil negar que los acusados habían cometido un delito al cruzar la frontera, aún si éste era menor y sin víctima alguna. Igualmente, desde la perspectiva del derecho migratorio, se podía decir que las familias habían violado la ley al cruzar la frontera sin inspección y, en su gran mayoría, sin visa u otra autorización para permanecer en el país. Pero, aun así, desde la perspectiva de los derechos humanos, desde el punto de vista más básico y visceral, lo que las autoridades migratorias estaban haciendo: separar a cientos de niños y niñas de sus padres, mandándolos a albergues por todo el país sin ninguna evaluación formal sobre el interés superior del niño y sin ningún plan para reunificarlos, era una violación clara de los derechos humanos de los padres y de los hijos. Al menos para mí, después de oír a esos padres y madres día tras día, la perspectiva de los derechos humanos estaba por encima de cualquier otra.

Ya habían pasado cinco años desde mis días de pasante en la Comisión, días que se sentían tan lejanos aquella mañana en que Georgina y yo regresamos a la oficina con las cinco declaraciones juradas en mano. Llamé a uno de mis contactos en la CIDH para preguntar si había algún precedente en el que la Comisión hubiera otorgado una solicitud de medidas cautelares para frenar la separación sistemática de familias.

—No hay—me dijo; tampoco sabía de otro país en el hemisferio que hubiera implementado una política de separación como la que enfrentábamos ahora.

Durante esa conversación telefónica se me ocurrió por primera vez que deberíamos incluir a todas las familias que lográramos entrevistar en la solicitud inicial y luego suplementar con los datos de cada nueva familia que fuera separada. Según yo, eso le mostraría a la Comisión la magnitud de la crisis y la urgencia de que concediera nuestra solicitud.

Pero durante nuestra segunda visita al juzgado, el martes después del lunes festivo por el *Memorial Day*, el plan cambió radicalmente. Al ver cuántos inmigrantes levantaron la mano ese día, me di cuenta de inmediato de que las cinco familias separadas el primer día habían sido la excepción. Por alguna razón, simple coincidencia quizás, ese primer día habían sido "sólo" cinco. El promedio real de separaciones diarias era mucho mayor y, con una audiencia en la mañana y otra en la tarde, el panorama se volvía aún más aterrador: entre quince y veinte familias separadas en cada turno era más o menos el promedio, de entre más de cien personas procesadas por turno. Dos turnos al día, cinco días a la semana.

La forma en la que padres, madres y tantos otros migrantes eran procesados en la Torre Bentsen me hacía pensar en las maquiladoras de Reynosa, del otro lado de la frontera: bandas transportadoras que no paran, parte del incesante proceso para fabricar televisores, cinturones de seguridad, radiadores y un sinfín de otros productos; trabajadores yendo y viniendo, unos terminando su turno mientras otros apenas inician el suyo, entrando y saliendo a todas horas, pues el trabajo nunca se detiene.

Más tarde, ya de regreso en la oficina en Álamo —a unos quince minutos del juzgado, pero a años luz del sufrimiento de esos padres— Georgina y yo empezábamos a crear la lista de nombres y fechas de nacimiento que se convertiría en nuestro registro de familias separadas. Dejé caer mi maletín en el piso, solté un montón de expedientes sobre el escritorio y me quedé viendo la pila de formularios de ese segundo día. Hoja tras hoja con nombres de padres, madres, niños y niñas, fechas de nacimiento, países de origen, todo escrito a mano y a la carrera, algunos nombres tachados para cambiar una I por una Y, corregir una Z a S. Gonzalo, Manuel, Máxima,

Petronilo, Catarina, Otoniel, Dalia, Edis, Edwin, Héctor, Imer, Jacqueline, Jessica, Jorge, Juana, León, Lucas, Manuel de Jesús, Miriam y Yasmin. Separados de Juana, Dani, Melani, Sel, María, Lisbeth, Belén, Edith, Wizton, Cristián, Carlos, Junior, Jeremías, Hayli, Marvin, Bryan, Josefina, Andrea, Erick y Fabiola. Cada nombre era una familia, cada familia una historia de vida. Y ésas eran solo las familias separadas ese día, tan sólo en McAllen. Muchos otros inmigrantes, cientos de nombres que yo nunca conocería, habían sido separados de sus hijos en otros tribunales a lo largo de la frontera en las semanas anteriores, desde que el Departamento de Justicia había anunciado esta nueva política en abril.

No sabía ni por dónde empezar. El número de familias en nuestra lista había aumentado tan rápido. Las trágicas historias multiplicadas exponencialmente y todavía ni siquiera sabíamos si algún día los volveríamos a ver, dónde estaban los niños o si eventualmente volverían a ver a sus padres.

—Bueno, —le dije a Georgina, —ten éstos y yo empiezo con éstos.

Le pasé un montón de formularios y me quedé con el resto mientras me acomodaba en la silla, acercándola un poco al escritorio. Abrí la pantalla de la compu, erguí un poco la espalda, respiré hondo y empecé a teclear.

Entre más nombres tecleaba, más me daba cuenta de que mi idea inicial de sumar más y más familias a nuestra solicitud de medidas cautelares iba a ser contraproducente. Incluir tantas personas adicionales —"propuestos beneficiarios", como los conoce la CIDH— solo retrasaría el proceso: la Comisión tendría que analizar la situación particular de cada persona, valorar si cada padre, madre, niño o niña enfrentaba un riesgo inminente de daño irreparable y luego decidir si debía solicitar al Estado que adoptara medidas de protección. Eso podría tardar muchos meses y nosotros necesitábamos una decisión urgente. En lugar de complementar nuestra solicitud con las docenas de propuestos beneficiarios que habían sido separados, decidimos proceder con los cinco que Georgina y yo entrevistamos aquel primer día: Viviana, Antonio, Leonel, María, Dagoberto y todos sus hijos.

Presentamos la solicitud formalmente el día último de mayo, por correo electrónico. "Estimados Miembros de la Comisión Interamericana de Derechos Humanos:", leía el correo que redacté. "Sírvanse de encontrar en anexo una Solicitud Urgente de Medidas Cautelares en nombre de cinco padres y madres de familia y sus hijos, quienes han sido separados a la fuerza por los Estados Unidos de América en la frontera entre Estados Unidos y México". Le solicitamos a la CIDH que ordenara al gobierno estadounidense reunificar a estos cinco padres de familia con sus hijos —asegurándose, mientras tanto, de que ningún padre o hijo fuera deportado sin el otro—, que les brindara apoyo psicológico después de la reunificación y que pusiera un alto a la política de separación.

La semana siguiente, llegamos temprano al juzgado y nos topamos con un guardia de seguridad nuevo en la entrada, más preguntón y poniéndonos muchos más peros que sus colegas. De complexión robusta y unos cincuenta y tantos, vestía los mismos pantalones grises que todos los demás guardias, el mismo chaleco antibalas negro debajo del mismo saco azul marino.

—¿A qué piso van?—preguntó—. ¿Con cuál juez? ¿Tienen audiencia? ¿Cómo se llama su cliente?

—Las diligencias no empiezan hasta las nueve, la sala del tribunal de delitos menores está llena, no hay espacio para el público, no hay lugar para que se siente nadie— insistió con una monotonía que sonaba practicada, automatizada.

Ya sé que está lleno, por eso estamos aquí, pensé mientras extendía el brazo para mostrarle mi identificación. Revisó mi maletín para asegurarse que no tuviera ningún objeto punzocortante, sin saber que sólo cargaba copias de los formularios. Le expliqué que estábamos colaborando con Azalea, de la defensoría pública —de inmediato reconoció el nombre— y que veníamos a entrevistar a padres separados de sus hijos. También le mostré mi cédula profesional, prueba de que en realidad era abogado. Algo incómodo y a regañadientes, puso mi maletín, mi cinturón y mis zapatos en la banda del detector de metales y al terminar por fin nos dejó pasar.

Superado ese obstáculo inesperado, entramos a la sala del tribunal y vimos a uno de los defensores públicos dando la plática inicial a unos setenta acusados. Esta vez me impactó menos la cantidad de personas en la sala, pero sí noté un leve pero inconfundible olor proveniente de las docenas de migrantes apretados en las bancas: traían la misma ropa que habían vestido por días, quizás semanas, desde que salieron de sus países de origen, el polvo ya mezclado con el sudor en su ropa y sus cuerpos agotados.

Con un traje gris perfectamente planchado, camisa blanca impecable y corbata azul oscuro, el defensor público —de unos treinta y tantos— explicaba en un español bastante pulido y sofisticado que el gobierno de los Estados Unidos los acusaba de haber cruzado la frontera ilegalmente. La mayoría de los oyentes asintieron con la cabeza, como aceptando lo inevitable.

—La pena máxima por ese delito es de seis meses de prisión y una multa de hasta doscientos cincuenta dólares —les informó, y sus palabras causaron caras de preocupación en la sala. Continuó luego de una breve pausa: —Pero pueden declararse culpables. Si se declaran culpables y ésta es la primera vez que cruzan, el juez los sentenciará a "tiempo cumplido," lo cual quiere decir que no los van a mandar a la cárcel.

No lo dijo en ese momento, pero yo sabía que declararse culpable complicaba sus casos migratorios: quienes se declararan culpables no serían enviados a la cárcel, pero muy probablemente serían deportados en cuestión de días.

—Tienen derecho a declararse inocentes —añadió—. Si se declaran inocentes, su caso no se decidirá hoy. Tendrán que pasar un tiempo en la cárcel, aproximadamente un mes, y dentro de unos treinta días, volverán a presentarse aquí para su juicio. El gobierno presentará dos testigos —hizo énfasis—: el agente de la Patrulla Fronteriza que los detuvo, quien testificará que los encontró cerca del río y que no portaban documentos para demostrar que tenían permiso de entrar al país, y otro agente que testificará que no encontró sus nombres en una base de datos de ciudadanos de los Estados Unidos. Con eso, el gobierno ganará el caso en su contra.

Los acusados se retorcían en sus asientos, caras tensas, desconcierto ante la posibilidad planteada y al darse cuenta de que declararse inocentes era hacerlo en vano. Sus ojos iban de un lado a otro, miraban al abogado que hablaba desde el centro de la sala y de nuevo a los demás inmigrantes, mientras sopesaban la elección que se les presentaba, si es que a eso se le podía llamar elección.

Mientras tanto, la mirada del abogado defensor también recorría la sala, de un lado a otro y del frente hasta la última fila, proyectando su voz para explicar que a continuación él y sus colegas iban a llamarlos uno por uno para discutir su caso particular y decidir si se iban a declarar culpables o inocentes. Hablaba claro y de manera muy elocuente, pero algo hacía que su presentación se sintiera apresurada, repasada, hasta robótica, considerando lo que estaba en juego. Me quedaba claro que había dado esta misma charla muchas veces. Para mí resultaba hasta fácil entender todo lo que decía y cada etapa del proceso, pero no estaba tan seguro de que los inmigrantes lo entendieran. A diferencia de ellos, yo no había viajado durante semanas desde Guatemala y Honduras, no había atravesado México a pie, en autobús y pidiendo aventón y, quizás lo más importante, a mí no me habían quitado a mi hijo dos días antes sin decirme a dónde lo iban a llevar. El abogado defensor por fin terminó su discurso, satisfecho consigo mismo de haber cubierto todos los puntos importantes, y concluyó diciéndoles que era muy importante que no intentaran volver a cruzar ilegalmente. Si lo hacían, serían acusados de un delito mucho más grave—una felonía—y podrían pasar años en la cárcel. Luego, como quien recuerda algo de último minuto, añadió que había otro abogado que quería hablar con las personas que viajaban con niños. Me volteó a ver y con un leve gesto de cabeza me cedió la palabra, como diciendo *adelante, vas.*

Di unos cuantos pasos desde la pared donde había estado observando hacia el centro de la sala.

—Buenos días —saludé, tratando de alzar la voz para que llegara hasta la última fila.

Me respondió un "buenos días" rotundo y en coro, de salón de primaria.

—¿Cuántos de ustedes viajaban con su hijo o hija y fueron separados?

Algunos trataron de alzar la mano, jalando las esposas. Otros se pusieron de pie, cabizbajos y solemnes. Recorrí la sala con la mirada, saltando de uno a otro en silencio. Conté catorce.

Patricia fue de las primeras en acercarse. Regresé hasta mi lugar, cerca de las ventanas, y le hice señas para que me siguiera, viéndola caminar lentamente desde el otro extremo; noté que batallaba con los grilletes, una incómoda novedad a la que todavía no se acostumbraba. Me contó que el padre de su hijo no era parte de su vida.

—Él no está . . . nunca ha sido . . . —y se le cortaron las palabras.

Interrumpí el silencio y le dije que entendía. Llevaba una playera azul gris desgastada y ajustada, por lo menos una talla demasiado chica para ella, y por lo mismo se la pasó estirándola de la bastilla durante toda nuestra plática. Su cabello ondulado le llegaba a los hombros y se notaba que hacía tiempo se lo había teñido de rubio: las raíces oscuras ya empezaban a resurgir. Me contó que tuvo que huir de Honduras con su hijo a causa de las amenazas que recibieron de las pandillas en la comunidad conocida como El Encanto. Pensé en la cruel ironía del nombre de la comunidad, pero no le dije nada.

Recordé que, unos meses antes, el entonces fiscal general de los Estados Unidos, Jeff Sessions, había atraído a su jurisdicción el caso conocido como *Asunto A-B-*. Con base en un procedimiento inusual de las leyes de migración estadounidenses que permite al fiscal anular los fallos de los jueces de migración, Sessions buscaba limitar la viabilidad de las peticiones de asilo como las de Patricia: por un lado, le arrebataba a su hijo al llegar a la frontera bajo el pretexto de la política de Tolerancia Cero, mientras que, por el otro, restringía su posibilidad de obtener asilo político. Meses después, Sessions escribía que "En general", las peticiones "relacionadas a violencia doméstica o violencia de pandillas perpetrada por actores no estatales no podrán ser base para el otorgamiento del asilo político". Ese asunto todavía seguía pendiente en un litigio prolongado y no tenía ningún sentido compartirle nada de esto a Patricia.

"Honduras" evoca tanto el sentido literal de la palabra, de las profundidades físicas, como el sentido figurado, de lo profundo de la desesperanza. Desde mediados del siglo XX, Honduras había sido gobernada por una serie de líderes militares, hasta la década de los años 80, cuando volvió el gobierno civil. En 1998, el Huracán Mitch arrasó con gran parte del país, dejando miles de muertos y damnificados y destruyendo más del 70 por ciento de su producción agrícola y casi el 80 por ciento de su infraestructura de comunicaciones y transporte, la mayoría de sus puentes, carreteras y demás arterias viales. A raíz del desastre natural, el gobierno de los Estados Unidos designó a Honduras como país con estatus temporal de protección —*Temporary Protected Status, TPS*— una visa temporal que autoriza a los nacionales de ese país a quedarse en Estados Unidos y obtener un permiso de trabajo. En 2009, el presidente José Manuel Zelaya, electo democráticamente, fue destituido por el ejército en un golpe de estado. El gobierno del entonces presidente Barack Obama apoyó a los militares en lo que se convirtió en el más reciente capítulo de una larga historia de desestabilizaciones políticas en América Latina por parte de los Estados Unidos con el pretexto de salvaguardar sus intereses económicos en la región. Dichos intereses han incluido desde proteger a la empresa United Fruit Company en el siglo XX hasta acceder a productos como el aceite de palma y otros recursos naturales a bajo costo en el XXI.

En 2014, Honduras alcanzó la tasa de homicidios más alta del mundo, según la Oficina de las Naciones Unidas contra la Droga y el Delito, (UNDOC, por sus siglas en inglés). Desde entonces, la ha sobrepasado su vecino hacia el Pacífico, El Salvador, que obtuvo ese poco envidiable primer lugar en 2019. Al día de hoy, se calcula que más de un millón de hondureños viven en los Estados Unidos, equivalente a más del diez por ciento de la población en Honduras, la cual casi llega a los diez millones de habitantes. Durante años, Honduras ha sufrido los estragos de la violencia de las pandillas, conocidas como "maras", y la falta de de voluntad —o de capacidad— del gobierno para hacerles frente. Muchos estudios académicos vinculan el aumento en la violencia de las maras en Centroamérica a la deportación de cientos de integrantes de pandillas carcelarias de los Estados Unidos en la década de los 90, lo cual llevó a que dichos grupos del crimen organizado se volvieran transnacionales, más sofisticados y con acceso a mejores recursos. Muchos de los integrantes de pandillas que nunca habían tenido presencia fuera de los Estados Unidos fueron "exportados" masivamente, dándoles un alcance nunca antes visto. La "Mara Salvatrucha", también conocida como MS-13, tal vez la más conocida, tuvo sus orígenes en Los Ángeles en los años 80 para proteger a migrantes salvadoreños de otras pandillas más establecidas. Después de la Guerra Civil de El Salvador en 1992, el gobierno de Estados Unidos deportó a integrantes de esa pandilla, convirtiendo a la MS-13 en una organización internacional y permitiendo su expansión hacia Honduras y posteriormente a otros países de la región.

—Si me da su información y la de su hijo —le dije a Patricia—, podemos tratar de localizarlo y, tal vez, coordinar una llamada con él.

Me explicó que era la primera vez que venían a Estados Unidos. Su hijo, Alessandro, aún no cumplía los siete años; lo había tenido a los diecinueve. Gracias a la sugerencia de una colega, empezamos a preguntar a todos los padres y madres de familia si sus hijos tenían alguna discapacidad o condición médica delicada, para así poder solicitar que se les brindara la atención adecuada. Esta información también nos servía para identificar casos notorios o particularmente urgentes y abrir la puerta a reclamos bajo las leyes de protección a personas con discapacidad.

—¿Alessandro tiene alguna condición médica? ¿Está enfermo? —le pregunté a Patricia.

Titubeó un poco antes de responder.

—Sí, este . . . él no está bien . . . —dijo al fin, sin dar más detalles—. Ha estado en el Teletón varios años —agregó, y ahí entendí que muy probablemente tenía alguna discapacidad. Desde que vivíamos en Allende recuerdo haber visto el Teletón todos los años en diciembre, pasando muchas horas viendo el tele durante las vacaciones de Navidad.

—¿Qué tiene? —le pregunté.

—Tiene algo en su cerebro, respiró líquido cuando nació.

Gracias a mi esposa Karla, terapeuta ocupacional, sabía que la interrupción del flujo de oxígeno al cerebro durante el nacimiento, o incluso *in utero* —ya sea por líquido o por cualquier otra razón— podía causar daño cerebral. Entre más tiempo pasara el cerebro sin oxígeno, mayor sería el daño y las secuelas a largo plazo.

—¿Qué tan afectado está? —le pregunté, e inmediatamente sentí que mi pregunta era inapropiada, me sentí incómodo e insensible—. ¿Habla? ¿Camina y todo? —Sentí que los dedos de los pies se me retorcían de la incomodidad, mis zapatos transmitían todo el peso de mi cuerpo sobre la alfombra suave y acolchonada.

—Más o menos —contestó—, sí, sí habla, camina también. Yo lo llevo a sus terapias —y soltó una ligera sonrisa.

Si los agentes de migración habían sido capaces de separar a un niño de seis años con necesidades especiales de su mamá, su crueldad no conocía límites. Si no hicieron una excepción a su política de Tolerancia Cero en este caso, no me podía imaginar en cuál la harían. Verifiqué la fecha de nacimiento de Alessandro, me aseguré de que se escribiera con doble S y le dije a Patricia que haríamos todo lo posible por averiguar a qué albergue lo habían mandado y que recibiera los cuidados necesarios. Le di una de mis tarjetas de presentación y le pedí que me llamara si le permitían hacer una llamada o la liberaban. Me agradeció, se dio la vuelta y empezó a caminar de regreso a su lugar, ajustándose las esposas y batallando con los grilletes, caminando lentamente hacia el otro lado de la sala.

Al día siguiente, por la tarde, regresé a la Torre Bentsen. Algo impaciente, en la esquina de las calles 17 y Austin, veía cómo una reportera ajustaba la cámara y se alistaba para la entrevista. La reportera era Renée Feltz, del noticiario *Democracy Now!*, y había viajado desde Nueva York para realizar un reportaje sobre las separaciones. Era la primera periodista en contactarnos sobre la crisis que se gestaba y nos pareció una excelente oportunidad para dar a conocer lo que estaba sucediendo a una audiencia masiva, ya que muchas personas no podían ni imaginar lo que para nosotros ya era cotidiano. Renée se acomodó los anteojos, me pasó el micrófono y volvió a repasar lo que me preguntaría en unos minutos. No estaba nervioso, pero el sudor ya empezaba a humedecer la camisa blanca que llevaba puesta; a pesar de ser de lino, no ayudaba con el calor.

—Empecemos con el contexto, describe la escena —me pidió—. Cuéntale a los televidentes dónde estamos, qué hay allá atrás de ti, qué pasa dentro de ese edificio, cosas así. Bien, ahí está bien —siguió—, ahí tengo a ese autobús en la toma.

El autobús blanco al que Renée se refería era uno de los vehículos de la empresa GEO Group. Estaba estacionado en la parte trasera de la Torre Bentsen y, por lo tanto, salía en el fondo de nuestra entrevista. Ese era el autobús que había transportado a docenas de migrantes al juzgado ese día y estaba esperando a que terminara la audiencia para llevarlos de regreso a la estación de la Patrulla Fronteriza. Al llegar de nuevo a la estación— a la que todos conocían como "la hielera"—, padres y madres se darían cuenta de que sus hijos ya no estaban ahí; contrario a lo que les habían hecho creer los agentes, sus hijos no los esperaban.

Era común ver a estos autobuses recorriendo las calles de McAllen sin despertar ninguna sospecha. Viajaban día tras día por la Avenida Ware, por la 83 Vieja y por muchas otras, a distintas horas, hasta en fin de semana, llevando y trayendo migrantes de una estación a otra. A veces los veía por las calles, en el carril opuesto a mí, a veces frente a mí o detenidos en un semáforo, y siempre me llamaba la atención lo oscuras que eran las ventanillas, con un polarizado en un tono tan sombrío, que no permitía saber si alguien viajaba dentro. Ni yo ni nadie que se encontrara con estos autobuses por las calles de McAllen podría saber si ahí viajaban migrantes, padres o madres, hermanos o hermanas.

Los pasajeros, en cambio, sí podían ver hacia afuera. Podían ver el campo de golf en la Avenida Ware, tal vez hasta uno que otro golfista en el pasto amarillento por la sequía de verano. Al pasar por la secundaria Brown podían ver el enorme cartel y cuestionarse por qué tenía la imagen de un perro dóberman enfurecido: la mascota escolar. Podían ver de lejos el parque West Side, sus campos de beisbol vacíos durante el día, así como el Centro de Convenciones, sus cafés, restaurantes y demás locales con clientes entrando y saliendo. Probablemente no podían escuchar a los peatones citadinos, pero verlos, seguro que sí. Podían ver ese lugar al que anhelaban llegar, ahí mismo, frente a sus ojos, tan cerca, pero a la vez tan lejos de su realidad.

Las palabras de Patricia seguían grabadas en mi memoria cuando la cámara comenzó a filmar e iniciamos la entrevista.

—Estamos en el centro de McAllen —dije para empezar, mirando fijamente hacia el círculo negro en el centro de la cámara—, a unos diez kilómetros de la frontera, justo al lado del juzgado de distrito. Esta es la División de McAllen del Distrito Judicial Federal del Sur de Texas.

Hacía varios días que los noticieros habían empezado a reportar, a cuentagotas, que algo estaba pasando en la frontera, que había reportes de familias que habían sido separadas. Pero hasta la fecha no había habido cobertura sobre la magnitud de la crisis en McAllen. Sujeté el micrófono con firmeza y me lo acerqué a los labios lo más que pude, tal y como me había instruido Renée. Pero antes de que pudiera profundizar en el tema, escuché un sonido rítmico atrás de mí, un bip, bip, bip constante que se acercaba. Reconocí el sonido sin voltear, notando cómo su volumen era cada vez mayor. Renée apuntó la cámara hacía mi derecha para asegurarse de que el autobús de GEO saliera en la toma mientras avanzaba lentamente de reversa hacia nosotros. Pensé que detendríamos la entrevista hasta que el autobús y sus pitidos pasaran, pero no, Renée me señaló con la mano que estaba tratando de grabar el autobús y que hablara al micrófono explicando qué estaba pasando.

—Éstos son los autobuses donde inmigrantes, muchos de ellos padres o madres a quienes les han arrebatado a sus hijos, son transportados al juzgado y de regreso a la estación de la Patrulla Fronteriza. Lo más triste es que muchos viajaban con sus hijos y fueron separados de ellos hoy por la mañana antes de venir al juzgado, haciéndoles creer que sus hijos los esperarían en la estación hasta que regresaran. Pero ya sabemos que sus hijos no estarán ahí, el gobierno se los llevó.

Aún de cerca, las ventanas eran impenetrables. No se veía nada hacia adentro. No podía estar seguro si había alguien en ese autobús. De ser así, ¿qué estarían pensando? ¿Por qué hay una cámara en un tripié y un tipo de camisa blanca, sudando la gota gorda, micrófono en mano, diciendo quién sabe qué y haciendo gestos hacia el autobús?

—Los agentes de la Patrulla Fronteriza, la migra, los detienen en el monte, cerca del río —continué, volteando a ver a Renée y ya no al lente de la cámara—, y de ahí los transportan a la estación para procesarlos. Ahí les toman una foto y las huellas digitales para crear un expediente. Es justo ahí que algunos son separados, y los menores son procesados apartados de sus padres.

Quería explicar el proceso de la manera más sencilla posible, omitiendo algunos detalles con tal de que quedara claro cómo y dónde estaban sucediendo las separaciones. Omití que los inmigrantes eran ingresados automáticamente a un proceso conocido como deportación expedita —*expedited removal*— y que la mayoría de ellos serían deportados sin tener la oportunidad de presentarse ante un juez de migración. Omití que ni los menores ni los adultos tienen derecho a un abogado de inmigración, a menos que ellos mismos lo puedan pagar. Omití que niños y niñas serían enviados a un albergue para menores "no acompañados" y que podrían permanecer ahí mucho tiempo, meses y hasta años, sobre todo si no tenían familiares en Estados Unidos.

Al mismo tiempo, hacía lo posible por transmitir el sentimiento que los padres y madres nos transmitían a nosotros todos los días. Me limpié el sudor de la frente con la manga.

—He hablado directamente con un sinnúmero de madres de familia que me han contado desesperadas cómo las separaron: el niño en una celda y la mamá en otra. Pero luego los niños no dejaban de llorar en la noche porque no estaban con su mamá, lloraban tanto que los agentes tenían que llevarlos con su mamá a medianoche para que los calmara. Un rato nada más hasta que dejaban de llorar y luego los volvían a separar. Esa es la crueldad que estamos viendo a manos de este gobierno.

Luego de escuchar lo que vivieron Viviana, Leonel, Antonio, Patricia y tantos otros —y tener que contárselo a reporteros y colegas— lo último que quería era seguir hablando de eso en la casa, a la hora de la cena. Pero Karla no vivía en una burbuja, no estaba aislada de lo que sucedía, sobre todo una vez que la cobertura en los medios fue incrementando.

—Voy a llamar a *CPS* —me dijo una noche, refiriéndose a *Child Protective Services,* la agencia estatal de protección a menores. Mientras yo lavaba las vasijas de la cena y ella recogía la mesa, me contó que, como trabajadora del sector salud, tenía la obligación profesional de reportar el abuso de menores. Era un deber impuesto por la Asociación de Terapeutas Ocupacionales y se lo tomaba muy en serio, sobre todo porque trabajaba en pediatría.

Resulta que Karla no era la única con la obligación de reportar el abuso o sospecha de abuso de menores. El Código Familiar de Texas requiere que toda persona que sepa o tenga sospechas de que la salud física o mental de un menor ha sido afectada de manera negativa por el abuso o abandono lo reporte inmediatamente. La definición de "abuso", según dicha ley, incluye "la lesión mental o emocional que tenga como consecuencia una afectación observable y material en el crecimiento, desarrollo o funcionamiento psicológico del menor"[1]. Me resultaba difícil negar que lo que los padres nos contaban en la sala del juzgado cumplía con esa definición. De acuerdo con el Código Familiar, los profesionales de la salud tienen la obligación de reportar el abuso dentro de cuarenta y ocho horas después de tener conocimiento del mismo; si no lo hacen pueden enfrentar cargos penales que implican hasta un año de cárcel.

—Sí, buenas noches —dijo Karla al teléfono, acomodándose el cabello color obsidiana por encima de la oreja—. Estoy llamando para reportar abuso de menores.

La miré con expectativa, pero sin mucha esperanza. Ya habíamos acostado a Julián en la recámara y ahora estábamos en la sala, lo más lejos posible para que el sonido de nuestras voces no lo despertara. Julián dormía en un pequeño colchón que habíamos acomodado junto a la cama y, todas las noches, sin falta, se levantaba y pedía que lo subiéramos a la cama, donde dormía acurrucado entre Karla y yo.

Hacía mucho que las oficinas de la agencia de protección de menores habían cerrado, pero la línea para denunciar el abuso opera las veinticuatro horas. Haciendo un esfuerzo para que no se le cortara la voz, Karla le contó a la persona que tomó la llamada que no sabía dónde estaban los niños, ni sus nombres, ni cuántos habían sufrido abuso, pero que los habían separado de sus padres y, dada su formación y experiencia profesional, sabía que estaban sufriendo mental y emocionalmente, tal vez físicamente también. Los presuntos abusadores eran los agentes de la Patrulla Fronteriza y demás empleados federales que habían separado a los menores de sus padres, pero tampoco sabía sus nombres.

Luego vi cómo escuchaba, impaciente, al representante de CPS. Al cabo de un rato, escuché a Karla decir simplemente ajá, okey, mhmm, la frustración y la impotencia palpables en su voz.

—Okey, adiós —y colgó.

---

1 "mental or emotional injury to a child that results in an observable and material impairment in the child's growth, development, or psychological functioning."

El representante le contó a Karla que, efectivamente, muchas personas habían llamado para reportar este abuso. Pero no había nada que el Departamento de Familias y Protección de Menores de Texas pudiera hacer, ya que estos menores estaban bajo la custodia del gobierno federal.

El Código Familiar no contemplaba qué hacer cuando fuera el gobierno federal quien cometiera el abuso.

4

Interdicción

(1978)

Los inicios de mi padre en el negocio de los camiones a una temprana edad coincidieron con sus inicios en la vida familiar. En uno de tantos viajes por las costas del Golfo de México, conoció a la mujer que se convertiría en la madre de tres de sus cinco hijos. Nunca se casaron formalmente, pero de su relación nacieron tres hijos y vivieron juntos quizás de manera intermitente por lo menos durante diez años, hasta 1978.

Ese año, una húmeda noche de mayo, una abuela despertó a un niño de nueve años y a sus dos hermanitas en Poza Rica, en el estado de Veracruz. Durante las décadas de los sesenta y setenta, Poza Rica vivió su auge cuando Pemex, la empresa nacional petrolera, inyectó grandes cantidades de inversión a la economía local. El nombre de la ciudad se deriva del gran número de pozos petroleros en la zona. Hoy en día, el auge de los hidrocarburos ha pasado, pero en Poza Rica todavía se celebran las "Fiestas del Petróleo" el 18 de marzo de cada año, conmemorando la expropiación petrolera de 1938.

Aquella noche de mayo, cuarenta años después de que el petróleo se convirtiera en patrimonio de la nación, la abuela vistió a los tres hermanitos lo más rápido que pudo. Tratando de hacer el menor ruido posible, salieron de prisa. La mamá de los niños no estaba en casa.

Afuera, tres hombres que ya conocían los esperaban a bordo de dos camiones de carga. El ruido de los motores encendidos y listos para partir era lo único que podía haber alertado a los vecinos. Los hombres subieron a los niños y a su abuela a uno de los camiones y emprendieron el camino. Nadie siquiera comentó sobre el hecho de que no llevaban ninguna maleta.

En unos cuantos minutos los niños se volvieron a dormir, amontonados en el camarote del camión. La más pequeña, de tan sólo tres años, fue la primera en caer vencida por el sueño en los brazos de su abuela, sin la menor idea de que este viaje cambiaría su vida para siempre. Cuando despertaron, ya habían entrado al vecino estado de Tamaulipas, cruzando el río Pánuco seguramente a bordo de un chalán, cada vez más y más cerca de sus nuevas vidas. Unas once horas después de que salieron furtivamente de la que hasta entonces había sido su casa en Poza Rica, Tío Óscar los llevó a su nueva casa en el poblado de Loma Prieta, a las afueras de Allende. Ni se le ocurrió desearle al niño un feliz cumpleaños, quizás por la conmoción de esas últimas horas.

Esos niños eran los hijos de mi padre, mis hermanos. Cuando todo esto sucedió, mis hermanas tenían tres y siete años y mi hermano nueve, a tan sólo unas horas de cumplir diez. Su abuela materna se ofreció para ayudar a mi papá a traerlos a vivir con él a Nuevo León cuando la relación entre él y la madre estaba rota. Durante los siguientes días y semanas, mis hermanos conocerían a su nueva familia. Ya conocían a Tío Óscar, pero había otros nueve tíos y tías por descubrir, un par de abuelos paternos, decenas de primos hermanos, primos segundos y muchos otros familiares. Un mundo nuevo. Esta sería su nueva vida, su nueva familia, una familia cuya existencia habían desconocido durante toda su vida y que apareció, literalmente, de la noche a la mañana. Su madre y la vida que habían tenido hasta entonces se quedaron en Poza Rica.

Ese mismo mes, un abogado amigo de mi padre interpuso una demanda para obtener la custodia de sus hijos. Años después, mi papá me contó que el procedimiento que utilizaron es conocido como "juicio de interdicción", el cual se utiliza generalmente para obtener la custodia de personas adultas con discapacidad o incompetencia jurídica. Nunca entendí cómo fue posible recurrir a dicha figura para obtener la custodia de mis hermanos, que en ese momento eran menores de edad.

Un juicio de interdicción se puede resolver en tan solo seis meses, si no hay oposición. Contra todo pronóstico y expectativa, la madre de mis hermanos se presentó a la primera diligencia del caso, haciendo el largo viaje desde Veracruz para presentar su oposición. Pero para cuando llegó la segunda diligencia, ya no se presentó: quizás no pudo viajar los más de mil kilómetros una segunda vez; quizás nunca recibió la notificación de una segunda audiencia. A final de cuentas, perdió el caso y mi padre obtuvo formalmente la patria potestad de sus tres hijos.

Ese mismo abogado nos visitaba en casa de vez en cuando. Nunca supe cómo se conocieron, pero Orta —así lo llamaba mi padre, refiriéndose a él únicamente por su apellido— lo visitaba para tratar temas que yo en realidad no entendía. En una de esas visitas, antes de que mi padre se fuera a McAllen, se sentaron a platicar en la sala de la casa. Orta traía un pantalón de vestir gris, guayabera blanca y mocasines impecables, como siempre, y estaban tomando café, como siempre. Su voz era aguda y áspera, rasposa como la de quien ha tomado licor pesado toda su vida, aguardentosa. Yo los escuchaba hincado en el sofá verde bandera de imitación de terciopelo. Era el mismo sofá en el que, años antes, desperté una mañana luego de haber caminado dormido desde mi cama, causándole tremendo susto a mi mamá cuando me fue a buscar a mi cama y no me encontró.

Orta y mi papá deliberaban algo que yo no lograba comprender, por más que intentaba. Era uno de los mejores alumnos de mi salón, pero las palabras que Orta disparaba una tras otra estaban fuera de mi alcance. Cada una de ellas era algo que nunca había escuchado antes y cuyo significado desconocía. Albacea. Poder notarial. Función tutelar. Momento procesal oportuno. Tenía tantas ganas de entender esas palabras y frases, pero no les pregunté; no me atreví a interrumpir su conversación. Esa fue la primera vez que la idea me pasó por la cabeza: quería ser abogado. Así podría entender todas esas palabras y la gente me llamaría licenciado. Mi motivación para ser abogado fue evolucionando con el paso de los años, pero la aspiración surgió en ese instante.

Sin darme cuenta, el primer abogado que conocí—quien sembró en mí la idea de dedicarme a la abogacía y al estudio del derecho—fue una pieza clave para que mi padre obtuviera la custodia de sus hijos, separándolos de su madre en el proceso. Fue una separación de otro tipo, de otro tiempo, pero al final, una separación sin duda dolorosa y que les cambió la vida.

Desde que tengo uso de razón, a la edad de tres o cuatro años, mis hermanos mayores siempre fueron parte de nuestro hogar, de nuestra familia. Pasaban una temporada viviendo con nosotros y otra con nuestros abuelos paternos, quienes vivían a unos diez minutos. Leoba, como le hemos dicho siempre al mayor —por ser el primogénito lleva los mismos nombres que mi padre, Julio Leobardo—, Silvia y Tania siempre estaban presentes, aun cuando no estaban. Yo sabía que eran mis hermanos, pero por años no entendía bien por qué llamaban a mi mamá por su nombre, Idalia, y no "mami" como Héctor y yo. No recuerdo que alguien me hubiera explicado que ellos tenían una mamá distinta a la mía. Tampoco entendía por qué le hablaban de usted a mi papá, mientras que Héctor y yo siempre le hablamos de tú. Aun así, para mi mente de niño, eran y siempre habían sido parte de nuestra familia, al igual que Héctor y todos mis primos, tías y tíos.

Uno de mis primeros recuerdos es con mi hermana Silvia. Yo tendría unos cuatro años y ella unos dieciséis. Estábamos en la parte trasera de la casa, en el cuarto de lavandería que también usábamos de bodega. Era un medio cuarto sin terminar, que se añadió en algún momento que nadie recuerda bien. Los bloques de cemento gris estaban expuestos, sin pintar, la puerta de metal hacía mucho había perdido una de las bisagras y casi toda la pintura. Si las secadoras ya existían en ese entonces, yo no me había enterado. Como todas las demás familias de la cuadra, teníamos un tendedero en el patio. Teníamos lavadora, sí, blanca con rojo marca *Easy*, ruidosa como ella sola, con dos tambos, el grande para lavar y el más pequeño para exprimir. También había un lavadero, cerca de la entrada, con la típica superficie rugosa, en la que mi mamá hacía su mejor esfuerzo por sacarle a la ropa toda la grasa y la tierra que la lavadora no podía. Las palas, talaches, azadones y otras herramientas enmohecidas de mi papá estaban también por ahí.

Silvia había sacado un pequeño pizarrón para entretenerme. No media ni un metro por lado, era del verde original de los pizarrones de esa época, con marco de madera en color amarillo, y montado en un tripié inestable que apenas lo sostenía. Recuerdo a mi hermana muy alta, su cabello negro intenso y ondulado atado en un chongo flojo que no se deshacía gracias a una liga de tela multicolor a la que apenas le quedaba algo de elástico. Puso el pequeño pizarrón frente a mí y empezó a marcar en él con un pedazo de gis.

—Te voy a escribir el abecedario —me dijo—, para que te lo aprendas.

Escribió el abecedario en mayúsculas. Lo leímos varias veces juntos y luego me dejó solo en la humedad y penumbra de esa parte de la casa para que practicara. Nunca fui a preescolar y todavía no entraba al kínder, así que ésta era la primera vez que veía todos esos símbolos acomodados de esta manera, de izquierda a derecha a todo lo ancho del pizarrón, línea sobre línea de garabatos desconocidos. Me llamaron la atención la L y la LL, al igual que la R y la RR, las únicas letras que noté que se repetían; mi mente no hizo la misma asociación entre la V y la W. El trío de M-N-Ñ también me pareció una secuencia fácil de recordar. Ni siquiera cuestioné por qué tenía que aprenderme tantas letras, simplemente comencé a decirlas, una por una, una y otra vez, sentado solo en esa lavandería. Cada vez que olvidaba el sonido de una letra, iba a buscar a Silvia, que se había refugiado en la habitación que compartía con Leoba y Tania en el otro extremo de la casa.

—¿Qué sigue de la "ce"? —le pregunté al llegar a la CH.

—Es la che —me dijo, con un tono entre fastidio y compasión—, che, de "chocolate".

A esa edad todavía no podía pronunciar bien la R, mucho menos la doble R, y tuve dificultad con otras letras también. Pero ahí sentado en esa caja inestable de madera frente a mi pizarrón, seguí pronunciando letra por letra. Repetía tres o cuatro letras en voz alta y la siguiente en silencio, y luego todas en voz alta. A pesar de que no había nadie que me pudiera escuchar, primero trataba de imaginar el sonido en mi mente y sólo cuando me sentía seguro de que sabía cómo pronunciarla lo hacía en voz alta, como si el pizarrón fuera mi público silencioso.

No sé cuánto tiempo estuve en la lavandería repasando el abecedario —quizás fueron horas—, pero después de un largo rato llegó el momento de ir a buscar a Silvia. Estaba en su cuarto, escribiendo algo en un cuaderno marca Scribe de espiral, escuchando su música pop en la radiocasetera. Cuando me vio, noté una mezcla de fastidio y resignación en su cara, quizá la impaciencia ante una nueva interrupción.

—Ya me lo aprendí —le dije, emocionado y con una sonrisa que no podía esconder el orgullo que sentía—. Y también al revés.

Me volteó a ver y su fastidio se convirtió primero en sorpresa y luego en escepticismo, incredulidad. Su interés hizo que me emocionara aún más con la esperanza de impresionarla.

—A ver —me dijo. Su voz se suspendía en el aire lanzando el reto. Perdió todo interés en lo que estaba escribiendo y puso el lápiz sobre el cuaderno, su atención ahora estaba enfocada en mí.

Lentamente y lleno de dudas empecé a decir el abecedario: una declamación a cuentagotas y con pausas elementales, pero logré recordar todas las letras que había escrito en el pizarrón. Al llegar a la Z empecé de nuevo, de reversa, a duras penas y con más pausas aún, pero al final logré regresar hasta la A. Silvia sonrió y sentí que la había impresionado, aunque su sonrisa desapareció en cuanto se dio cuenta que tendría que averiguar, una vez más, qué hacer para entretenerme.

Nunca supe por qué me dio por aprenderme el abecedario así. Durante las siguientes semanas y meses, me pedían demostrar mi nuevo talento y recitar el abecedario al derecho y al revés a un sin fin de familiares, vecinos y a toda persona dispuesta a escucharme. Con la práctica se volvió más fácil y cada vez tenía que hacer menos pausas. Hasta llegué a disfrutar el estatus de celebridad en la colonia por algunos meses. Con el tiempo, esta anécdota familiar se ha vuelto un recuerdo nostálgico de mi infancia que nos hace sonreír cada vez que la recordamos. Cuando entré al kínder, ya empezaba a leer palabras sencillas, y siempre he estado agradecido con mi hermana por darme ese pequeño "empujoncito" antes de entrar a la primaria.

Desde mi punto de vista, cuando tenía nueve o diez años, mis hermanos mayores siempre fueron parte de nuestra familia y tal vez por eso fue tan sorprendente para mí descubrir años más tarde, ya de adulto y mucho tiempo después de la muerte de mi padre, que ellos no conocían a nadie del lado paterno antes de llegar a Allende. Mi padre y su abuela materna se las ingeniaron para llevárselos a escondidas una noche. Para muchos, eso era secuestrar a sus propios hijos. Su abuela no sólo fue cómplice: fue parte clave para que el plan funcionara. Seguramente ambos pensaron que era lo mejor para ellos.

Esta historia cambió cómo veía a mi papá. Me ayudó a apreciar otros matices de su recuerdo, años después de su muerte. Lo pude ver ya no tanto como mi propio padre, sino como un hombre de treinta y tantos, tratando de decidir el mejor futuro para sus tres hijos.

Para mis hermanos mayores, mi padre fue una figura ausente de sus vidas, tanto física como emocionalmente. Su ausencia física durante días y semanas por motivos de trabajo hizo más notoria su resistencia natural a mostrar afecto. Incluso cuando ya vivían en Allende, pasaban más tiempo con nuestra abuela paterna, Güelita Laya, que con él.

Güelita Laya y Güelito Julián vivían en Loma Prieta, una pequeña comunidad a diez minutos de Allende que apenas y contaba con tres calles y menos de cien familias. Si la expresión "pueblo bicicletero" describe a un pueblo pequeño, en Loma Prieta no alcanzaba ni para bicicletas. Siempre me llamó la atención el nombre, Loma Prieta. Está situada en una loma a las orillas del río Ramos, lo cual tenía sentido, pero nunca entendí por qué "prieta"; yo la veía siempre verde y arbolada todas las tardes que bajábamos a nadar al río. Algunas de las casas eran de block y cemento, pero la mayoría eran como las de mis abuelos: de adobe. Muchas otras eran apenas unos jacalitos de madera con techitos de lámina que se caían a la menor provocación. Mi papá era originario de Loma Prieta y, hasta donde sé, mis abuelos también habían vivido ahí toda su vida, salvo cuando se iban a Estados Unidos durante la temporada de cosecha.

Su casa siempre estaba en penumbra —nunca supe si por necesidad o por elección— y se sentía húmeda, fresca y oscura, quizás por las paredes de adobe y lo bajo de los techos. La recámara de Güelita Laya, junto a la cocina hacia el fondo de la casa, también tenía poca luz y siempre un ligero pero presente aroma a alcohol y a *vics vaporrú* que ella se untaba constantemente en las rodillas y pantorrillas para aliviar el dolor. Hasta la fecha, el olor a Vick's me transporta a Loma Prieta y a la recámara de mi abuelita. Nunca cuestioné por qué ella y mi abuelo dormían en habitaciones separadas; en realidad, nunca me pareció un detalle inusual hasta que me puse a escribir estas páginas.

Mis hermanos mayores pasaron la mayor parte de su infancia en esa casa y fue mi abuela, más que nadie, quien los crio. Entre el trabajo y su matrimonio con mi mamá en 1981, mi padre no estuvo tan presente en sus vidas como ellos hubieran querido y, por más que me duela aceptarlo, la realidad es que no estuvo con ellos cuando más lo necesitaban.

Quizás el darme cuenta de esto me resulta más doloroso aún porque esa no fue mi experiencia. Mi papá no era nada expresivo y nunca se le dieron las palabras de cariño, pero aun así, siempre sentí que, si yo lo necesitaba, él iba a estar ahí. Y en 1991, antes de que se fuera a McAllen, lo necesité.

Una tarde, cuando estaba en cuarto de primaria, llegué a casa con noticias para mi mamá.

—Me quiero cambiar de escuela —anuncié, según yo con voz firme desde la mesa de la cocina y sin dar más explicación.

Mi mamá dejó lo que tenía en la estufa y se dio la vuelta.

—¿Pero, por qué? —preguntó alarmada.

Ahí me di cuenta de que no había pensado bien las cosas. Me había imaginado que, si pedía que me cambiaran de escuela, mis padres simplemente me cambiarían de escuela. Nunca me pasó por la mente que tendría que dar explicaciones.

—Pos nomás… —le contesté titubeante, buscando sin éxito la firmeza que hubo en mi voz unos segundos antes.

—No, ahora me dices por qué—insistió mi mamá con voz de preocupación. —¿Dime por qué te quieres cambiar de escuela? ¿qué tiene la Veteranos? ¿Ya no te gustan las maestras?

No, no era eso. Todo estaba bien en las clases, con las maestras y la escuela. El verdadero problema era Yerri, que no me dejaba en paz. Había tratado de ignorar sus burlas, sus apodos y sus empujones, pero seguían. Me decía "Efrén-o el freno" en las mañanas antes de entrar a clase y durante el recreo, pero ese apodo no era nada original. Otros niños me habían dicho así desde el kínder, cuando escuchaban mi nombre por primera vez. Claro que no me gustaba y era un fastidio, pero no era nada nuevo y no me molestaba al punto de querer cambiarme de escuela. Yerri también me decía "güero" o "güerito", un apodo común en el norte de México para las personas rubias o de tez clara, y hasta "güerinche", la variante más peyorativa. Pero él era de tez igual o más clara que la mía, así que no entendía bien por qué usaba estos sobrenombres según él para molestarme. ¿Tal vez era el color claro de mis ojos lo que hacía que se ensañara contra mí?

El verdadero problema eran los empujones. "Yerri" se llamaba en realidad Gerardo, pero todos le decíamos Yerri, una versión mexicanizada del diminutivo en inglés *Jerry*. Se la pasaba jalándole el cabello a las niñas, sobre todo a las que usaban trenzas, y a mí me empujaba cada vez que podía, cada vez que estábamos cerca. El día que llegué a la casa, decidido a cambiarme de escuela, fue porque ya no podía soportar tanto acoso y hostigamiento.

El salón de cuarto año estaba en el segundo piso y todos los días a la hora de la salida caminábamos en dos filas, niños del lado derecho y niñas del izquierdo. Lado a lado, uno detrás del otro por todo el pasillo y luego por las escaleras. Para mi mala suerte, yo caminaba delante de Yerri en la fila por ser el siguiente en estatura y, conforme nos acercábamos a las escaleras, me empujaba cada vez más fuerte y presionándome para que caminara más rápido.

Cuando llegamos al final del pasillo y teníamos que dar la vuelta y bajar las escaleras, sentí miedo de que me siguiera empujando y que me fuera a caer. Se me ocurrió adelantarme un par de escalones para quedar más abajo en la escalera y que no me alcanzara. Mi solución funcionó a medias: ya no me alcanzaba para empujarme, pero los tres o cuatro escalones que me adelanté hicieron que mi mochila quedara a la altura ideal para que Yerri la pateara. Las niñas empezaron a reírse y se unieron a la burla, soltando carcajadas con cada patada mientras yo trataba de mantener el balance para no rodar por las escaleras. Hasta que una patada fuerte me hizo perder el balance, una de mis rodillas golpeó el suelo y con la mano derecha apenas alcancé a sujetarme del barandal de cemento. Mi corazón latía a mil por hora por el miedo de caerme y rodar quién sabe cuántos escalones. Sabía que venían más patadas, así que hice lo que pude para mantener la mano cerca del barandal y estabilizarme para cuando llegara el torrente de golpes. Yerri se dio cuenta de lo que estaba tratando de hacer y no perdió la oportunidad de burlarse.

—¡Tiene miedo de caerse! ¡Tiene miedo de caerse! —gritaba entre risas y, mientras él trataba de alcanzar mi mochila con el pie, más me aferraba al barandal de la escalera.

Cuando por fin logré bajar el último escalón y pisé tierra firme, supe que era hora de cambiarme de escuela. Era la única solución que se me ocurría. Si me iba a otra escuela, Yerri ya no me molestaría ni me patearía la mochila. Se me cerró el mundo y no se me ocurrió otra alternativa.

—¿Quiénes son sus papás? —preguntó mi mamá. Yo no tenía idea—. No, no. No te vas a cambiar de escuela. Voy a hablar con tu papá ahorita que llegue y vamos a arreglar esto —sentenció, todavía preocupada, pero tratando de aparentar seguridad.

No escuché la conversación entre mis padres, pero unos días después, mi papá me fue a dejar a la escuela. Nos estacionamos frente a la entrada, del lado opuesto de la calle, y nos bajamos del carro, un Ford LTD café, amplio y espacioso como los grandes barcos de las películas. Mi papá recargó la parte posterior de sus piernas sobre el cofre y cruzó los brazos.

—Me dices cuando veas a este chamaquito, Yerri —me dijo tranquilo.

Del lado opuesto de la calle veíamos llegar carros y camionetas, se detenían y de ellos bajaba un niño o niña, o varios, y sin más entraban caminando a la escuela. Pero ninguno de ellos era Yerri. Al cabo de mucho rato, por fin salió de un carro compacto blanco que apenas lo dejó y siguió su camino, aparentemente sin despedirse. Le dije a mi papá que ése era, apuntando con la mano e indicando con la cabeza hacia donde Yerri iba bromeando con otros niños en la banqueta afuera de la escuela. Parecía como si no tuviera ninguna prisa o intención de entrar. Otros niños pasaban a su lado y entraban por el portón principal, pero él seguía afuera.

—Soy el papá de Efrén —le dijo mi padre a modo de presentación y sin darle muchas vueltas al asunto. —Con que lo has estado molestando.

Yerri lo negó todo. Nunca me había dicho cosas, nunca ningún apodo, ningún empujón, ninguna patada mientras bajábamos las escaleras. Lo negó todo sin importarle que yo estuviera ahí parado, frente a él.

Pero no iba a ser tan fácil engañar a mi papá. Me volteó a ver y sacudí la cabeza ligeramente con algo de miedo, pero dando a entender que lo que Yerri decía eran mentiras.

—Lo vas a dejar de molestar —le dijo firmemente, lo cual sonó a la vez como una instrucción y como algo dado por hecho. Me quedé ahí parado, indeciso, pero con la seguridad que me daba la presencia de mi padre. Me preocupaba lo que pasaría más tarde, en el salón, ya después de que mi papá se hubiera ido. —Lo vas a dejar de molestar. Y si no, yo mismo voy a hablar con tu papá.

Esa última frase atravesó el cuerpo de Yerri como un rayo.

—No, no, por favor no. No vaya a decirle.

Mi papá se encaminó hacia su carro mientras Yerri y yo entramos a la escuela, él delante de mí. En todo el año no habíamos estado tan cerca el uno del otro sin que me empujara o me dijera algo en tono de burla.

Estaba seguro de que las burlas y los empujones iban a seguir y hasta pensé que podrían empeorar. Cuando bajamos las escaleras al salir de clases ese día, no separé mi mano de la barda, por precaución, esperando lo peor.

Pero las patadas y los empujones nunca llegaron. Había funcionado. Nunca nos hicimos grandes amigos, pero a partir de ese día, Yerri no me volvió a molestar.

Cada decisión que vi a mi padre tomar fue por el bien de su familia, por el interés superior de sus hijos: desde irse a McAllen solo, hasta arreglárselas para que Héctor, mi mamá y yo también lo hiciéramos años después. También había ayudado a Leoba a emigrar a Estados Unidos unos años antes y después haría lo mismo también por Tania y por Silvia. Desde mi perspectiva infantil, mi papá respondía cuando sus hijos lo necesitaban, aún si no era el más expresivo. Por esto, crecí con esa idea romántica de que todos los padres siempre hacen lo mejor por y para sus hijos, seguro de que siempre toman las decisiones "correctas" por el bien de sus familias.

Pero darme cuenta de que mi papá separó a sus hijos de su madre, años antes de que yo naciera me llevó a cuestionar esa idea. Tal vez parte de la razón tiene que ver con el hecho de que mi papá era mayor y más maduro cuando Héctor y yo nacimos. Los cinco tuvimos el mismo padre, pero a veces siento que Héctor y yo tuvimos un papá diferente al que tuvieron mis hermanos mayores. Esa sensación y ese descubrimiento, por más difíciles que fueron, también le dieron otra dimensión a mi entendimiento de lo que significa ser padre. Ningún padre o madre es perfecto, aun si lo parece ante los ojos de sus hijos. Únicamente aquéllos que toman decisiones sobre la vida de sus hijos saben en realidad qué los orilla a tomarlas, sobre todo cuando esas decisiones parecen arriesgadas, desesperadas o incluso equivocadas. Desde sacar a sus hijos de su casa en medio de la noche y llevarlos a vivir a otra parte del país, hasta cruzar con ellos una frontera a miles de kilómetros de distancia, sólo el padre o madre que toma esa decisión sabe por qué lo hace.

Cuando mi papá se fue a vivir a McAllen, en 1992, dejó de formar parte de nuestra vida cotidiana. Ya no estaba ahí en carne y hueso pero la idea de mi papá nunca dejó de estar presente. Mi mamá nos animaba a Héctor y a mí a que hiciéramos la tarea, a que nos portáramos bien en la escuela, que sacáramos buenas calificaciones, y la razón que nos daba siempre era que así tendríamos buenas noticias para mi papá. Tienen que sacar buenas calificaciones para que le enseñen cuando venga, nos decía, para que se sienta orgulloso de ustedes. Mi mamá logró inculcar en mí esa motivación de la manera más profunda que se convirtió en el motor que me impulsó durante los últimos años de primaria.

Una mañana, hacia el final del año, la maestra Bertha anunció que todos tendríamos que tomar una prueba especial: un examen para elegir al "mejor alumno de sexto." Resultó ser parte de un proceso para elegir al estudiante que representaría a la Veteranos en una competencia académica con estudiantes de otras primarias en Allende —la olimpiada del conocimiento— y luego los primeros lugares a nivel municipal representarían a Allende a nivel estatal.

—Jóvenes —dijo la maestra con voz más seria y firme de lo normal—. Les deseo suerte.

Éramos todavía unos niños, de once y doce años, pero aun así la maestra nos llamó *jóvenes,* quizá para subrayar la importancia del examen.

Como todos los exámenes, me lo tomé en serio. Me senté más derechito mientras la maestra Bertha recorría las filas repartiendo los exámenes, dejándolos boca abajo sobre los pupitres para que todos empezáramos al mismo tiempo. El examen consistía en preguntas de matemáticas de opción múltiple, otras de ortografía y gramática, ciencias naturales y algunas más de civismo e historia de México. Cuando lo terminé, lo entregué y me olvidé de él.

La semana siguiente, la maestra Bertha se paró frente al salón e hizo un anuncio solemne: —Jóvenes: tenemos un empate.

Jésica y yo habíamos obtenido el mismo número de aciertos y tendríamos que tomar otro examen para desempatar. Jésica había sido una de las primeras alumnas que se transfirieron del colegio privado a la Veteranos cuando el sindicato de maestros declaró el paro. La recuerdo como muy refinada, con la blusa azul marino del uniforme perfectamente planchada, la falda blanca igual de impecable. Llevaba el cabello de color castaño claro, peinado a la perfección en una pequeña cola de caballo. Me intimidaba lo bien arreglada que iba siempre.

La maestra Bertha nos encaminó a la dirección para que tomáramos el examen de desempate ese mismo día. El escritorio del director se veía elegante, con toda la parte de arriba de vidrio, lo cual le daba pinta de ser muy caro, y una lámpara dorada en una esquina. Este director era nuevo, foráneo. Había llegado hacía un año para tomar el lugar del director saliente, un allendense que había sido muy popular y querido por todos en la escuela. Las cortinas color durazno estaban completamente cerradas para mantener en la oficina una luz tenue que, aunada a las paredes de madera falsa, le daban al lugar una sensación de caverna, fría y oscura. A diferencia de los salones de clases, la oficina del director sí tenía aire acondicionado y siempre lo ponían varios grados más frío de lo necesario.

Después de saludarlo, la Maestra Bertha nos acompañó a un salón aledaño donde nos dirigió a sentarnos en los pupitres que habían colocados en los extremos opuestos. No podíamos estar más lejos uno del otro. Sin decir nada, nos entregó a cada uno el examen.

—Son sesenta preguntas —nos dijo. Podíamos tomarnos todo el tiempo que quisiéramos, pero teníamos que contestar todas las preguntas. Se sentó cerca de una de las esquinas del salón y nos dijo que podíamos empezar.

El examen tenía más preguntas de matemáticas y esta vez no había opción múltiple. Desde el principio noté que los problemas eran más difíciles. Preocupado, levanté la mirada hacia donde estaba Jésica y la encontré en la prueba, lápiz en mano, completamente enfocada. Sentí que me estaba quedando atrás y apenas habíamos comenzado.

Al cabo de un largo rato, entregamos las respuestas y la maestra nos dijo que podíamos regresar al salón.

Unas horas más tarde ese mismo día nos llamaron de nuevo a la dirección.

—Antes que nada —nos dijo el director con su voz de barítono—, los quiero felicitar a ambos. Han hecho un gran trabajo. Pero sólo podemos mandar a uno de ustedes a la olimpiada municipal.

Siguió con sus formalidades a modo de introducción y dándole vueltas al asunto, hasta que por fin nos explicó que uno de nosotros había respondido cincuenta y siete preguntas correctamente y el otro cincuenta y cinco. Ambos resultados eran sobresalientes, continuó, y deberíamos estar muy orgullosos. Nuestros padres deberían estar orgullosos también. La diferencia entre los dos resultados en realidad era una nada y ni Jésica ni yo nos deberíamos sentir decepcionados.

Siguió con más cortesías forzadas y amabilidades que no se le daban, mientras a mí me parecía que ya habían pasado más de diez minutos y seguíamos sin saber de quién era cada resultado. Al fin extendió la mano y nos entregó los exámenes ya calificados, uno a Jésica y uno a mí. Agaché la mirada ligeramente para ver el mío y en la esquina superior derecha del examen, en tinta roja y circulada, vi mi calificación: 57.

Seguramente sonreí, pero no recuerdo haber dicho nada.

Nos dijeron que podíamos regresar al salón. Salimos de la dirección, Jésica por delante, y sentí alivio cuando la cálida brisa alcanzó mi cara.

Apenas se había cerrado la puerta de la oficina del director tras nosotros, cuando Jésica se detuvo y se dio la vuelta. Fue como si se hubiera esperado a que los adultos ya no nos pudieran ver ni escuchar. Me quedé frío, sin saber qué decir.

Me sonrió y con la voz más dulce y tierna, me dijo simplemente, —Felicidades, Efrén.

Me quedé mudo. Me sorprendió tanto su gesto de amabilidad, su benevolencia en esa situación, que no supe qué decir. Seguramente le respondí algo así como *gracias* antes de regresar al salón, pero si lo hice fue por instinto, una respuesta automatizada. Su felicitación tan sencilla resultó mucho más sincera y auténtica que el discurso artificial del director. Su sonrisa parecía decir *está bien, estoy bien, me alegro por ti.* No me esperaba esa reacción tan linda y abnegada, pero desde ese momento, la amabilidad y el buen corazón de Jésica se quedaron en mi memoria.

Unas semanas después terminé la primaria.

En las semanas antes de la graduación me preocupaba constantemente no saber si mi papá iba a poder asistir. Claro que nunca pregunté —me habían enseñado a no ser tan imprudente—, pero me preguntaba a mí mismo todos los días si mi papá podría estar presente y verme recibir el reconocimiento. Mi duda no era tanto si realizaría un viaje especial para asistir a la graduación; no me permitía soñar con esa posibilidad. Más bien, me angustiaba no saber si la graduación caería en un viernes en que mi papá ya tenía planeado ir a vernos. Me pasé muchas mañanas en la escuela viendo el calendario colgado en la pared del salón, contando los viernes que faltaban para la graduación, haciendo mi mayor esfuerzo por calcular, tratando de ver cómo se veía la cosa, pero como sus visitas no eran regulares, no podía estar seguro.

Si mi mamá le pidió que viniera, nunca me enteré. Si realizó un viaje especial no planeado, jamás lo supe. Pero para mi gran alivio, mi papá sí llegó ese viernes de la graduación. Se perdió el viaje de fin de cursos la semana anterior y la misa de fin de año escolar esa misma tarde, pero llegó a tiempo para la ceremonia de graduación en la noche, viéndome recibir el certificado de graduación. Y para mí, eso era lo que más importaba.

5

Día del padre

(17 de junio de 2018)

A pesar de la incredulidad que sentí ante lo que Azalea me relató aquella tarde de mayo, no era la primera vez que el gobierno de los Estados Unidos implementaba una política sistemática de separación familiar. A medida que pasaban los días, me preguntaba cómo se comparaba la política de Tolerancia Cero del gobierno de Trump con los antecedentes históricos. Si ponemos el verano de 2018 en el marco histórico de las leyes y políticas migratorias en este país, ¿qué encontraríamos?

Muchos argumentan que la política de detención familiar generalizada durante el gobierno del presidente Obama preparó el terreno para que la administración siguiente llevará las cosas un paso más allá, hasta llegar a la separación. Sin embargo, los casos de trato inhumano hacia familias inmigrantes vienen desde mucho antes.

Durante los años fundacionales del país, en 1790, el Congreso limitó la naturalización a las personas consideradas "blancas": "cualquier extranjero que sea una persona blanca libre, que haya residido dentro de los límites y bajo la jurisdicción de los Estados Unidos por el término de dos años, puede ser admitido a convertirse en ciudadano." En las décadas siguientes, la inmigración al país estuvo prácticamente sin regulación formal; pero esta norma significaba que las personas indígenas o "nativos americanos", las personas afrodescendientes, los inmigrantes asiáticos y cualquier otra persona que no fuera considerada "blanca" no podía aspirar a los derechos que confería la ciudadanía estadounidense.

Durante la época de la esclavitud, cuando las personas afrodescendientes eran tratadas como propiedad, como si fueran bienes muebles, las separaciones familiares eran algo común, hasta esperado. Los dueños de personas esclavizadas vendían a los hijos e hijas de sus esclavos al mejor postor;

los "esclavos de campo" eran separados de los "esclavos domésticos" sin tener en cuenta las relaciones familiares; los niños veían cómo sus padres eran asesinados por sus amos o por los patrulleros de esclavos, mientras que sus madres eran explotadas sexualmente.

Las fugas también provocaban separaciones familiares. Hay casos documentados de personas esclavizadas que, luego de ser liberadas, intentaron comprar la libertad de sus familiares. En sus memorias, publicadas en 1866, *La historia de Mattie J. Jackson,* Jackson narra cómo su abuelo fue traído a los Estados Unidos desde África en contra de su voluntad, las tribulaciones de su madre después de ser separada del padre de Jackson y hasta el desgarrador reencuentro con su padrastro después de la Guerra Civil. En los años treinta, el exesclavo Wash Ingram, compartió durante una entrevista la historia de su padre, Charlie, quien después de huir para conseguir su libertad, se volvió a esclavizar "voluntariamente" en un acto de desesperación para reunirse con su familia en Luisiana. La mayoría de las personas afrodescendientes en Estados Unidos en esa época no eran inmigrantes en el sentido convencional, claro está, pero las separaciones familiares fueron su realidad común durante décadas; en realidad, los horrores cotidianos de la esclavitud fueron el antecedente directo de la política de separación familiar.

Antes de la Guerra Civil, cuando las fuerzas estadounidenses invadieron México y capturaron su capital durante la guerra México-Estados Unidos, algunos legisladores propusieron que se anexara todo México. Su planteamiento llegó a ser conocido como el "Movimiento todo México". Quienes se oponían a la propuesta lo hacían no solo a causa de un sentimiento antiimperialista, sino también por razones abiertamente racistas. Por ejemplo, John C. Calhoun, un senador de Carolina del Sur y propietario de esclavos —que, por cierto, llegó a tener un edificio con su nombre en la Universidad de Yale hasta 2017— se oponía a la anexión total de México porque hacerlo amenazaría la composición racial de los Estados Unidos: "Nunca soñamos con incorporar a nuestra Unión a cualquiera, excepto la raza caucásica, la raza blanca libre. Incorporar a México sería la primera instancia de ese tipo: incorporar una raza india, porque más de la mitad de los mexicanos son indios y la otra se compone principalmente de tribus mixtas. ¡Protesto contra una unión como esa! El nuestro . . . debe ser el Gobierno de una raza blanca."

Durante gran parte del siglo XIX no había restricciones formales sobre quién podía o no entrar a los Estados Unidos, era lo que muchos llamarían hoy "fronteras abiertas". Todo eso cambió en 1875 con la aprobación de la Ley Page, la cual literalmente prohibía la entrada de inmigrantes "indeseables", definidos como cualquier persona del este de Asia que viniera a realizar trabajos forzados, así como cualquier mujer del este de Asia que viniera a ejercer la prostitución. Pero en la práctica esa ley se utilizó para prohibir casi por completo la entrada de mujeres provenientes de China. Esto afectó gravemente a las familias inmigrantes chinas, porque implicó que las parejas originarias de ese país no pudieran emigrar juntas. En 1882, por ejemplo, cerca de cuarenta mil personas llegaron de China a los Estados Unidos y sólo 136 de ellas eran mujeres.

Ese mismo año, el Congreso de Estados Unidos adoptó la Ley de Exclusión China en un intento de prohibir por completo la migración china. Si bien la prohibición inicial era por diez años, se extendió por diez más en 1892 y se hizo permanente en 1904. Mientras tanto, la Liga de Restricción de Inmigración, un grupo fundado en 1894 por graduados de Harvard, impulsó restricciones a la inmigración de Europa del este y del sur, argumentando que esos inmigrantes bajarían "el promedio mental, moral y físico de nuestro pueblo". De manera similar, la Liga de Exclusión Asiática buscó restringir la inmigración de Japón, Corea e India, abogando por la segregación en las escuelas y restringiendo la habilidad legal de los inmigrantes de estos países para adquirir tierras.

Alrededor de esos años también se empezaba a establecer la burocracia migratoria. Primero se creó un superintendente de inmigración dentro del Departamento del Trabajo de los Estados Unidos, allá por 1881, comenzando así la centralización de la gestión de la migración en manos del gobierno federal. El mismo año en que se promulgó la Ley de Exclusión

China, se inauguró la estación de detención *Ellis Island,* en Nueva York, y en 1910 se inauguró *Angel Island* en San Francisco. Ambas estaciones admitieron a algunos inmigrantes, rechazaron a otros y detuvieron a miles de familias enteras y niños no acompañados, poniéndolos dentro de lo que sólo puede describirse como jaulas. En *The Deportation Machine: America's Long History of Expelling Immigrants,* el profesor Adam Goodman explica cómo en la primera década del siglo XX la burocracia migratoria comenzó a depender no solo de las deportaciones formales, sino también de las "salidas voluntarias", un término eufemístico que describe las expulsiones no oficiales —muchas veces bajo coacción— como una forma de expulsar a miles de inmigrantes del país, lo que a menudo resulta en la separación de familias.

A principios del siglo XX, inmigrantes irlandeses, italianos y otros provenientes de Europa del sur y del este —que no eran considerados "blancos" en aquel entonces— comenzaban a llegar a Estados Unidos en cantidades cada vez mayores. En la frontera sur, trabajadores y jornaleros mexicanos cruzaban la frontera de un lado a otro con relativa libertad, guiados más por las temporadas agrícolas que por cualquier política de inmigración. Entre ellos iban mis bisabuelos, que casualmente estaban del lado americano de la frontera en febrero de 1902, cuando nació mi abuelo Julián.

En 1907, el Congreso de Estados Unidos estableció por primera vez el delito de "ingreso sin inspección", pero dicha disposición sólo aplicaba a quienes llegaban por mar; no a quienes cruzaban por tierra, ni a los mexicanos. Como bien explica la profesora Aviva Chomsky en *Undocumented: How Immigration Became Illegal*: "La inspección era para los inmigrantes y los inmigrantes se definían como personas que llegaban por mar, no los mexicanos que cruzaban la frontera sur para trabajar. Asimismo, los mexicanos estaban exentos de los requisitos de alfabetización y del impuesto per cápita que se comenzó a exigir a los inmigrantes a partir de 1917, si venían a trabajar en la agricultura. A los mexicanos ni siquiera se les exigió ingresar a través de un puerto oficial o punto de inspección hasta 1919".

En la década de 1910, a medida que la Revolución Mexicana hacía estragos por todo el país, aumentaba el número de mexicanos que cruzaban la frontera, especialmente de los estados del norte. De este modo, cuando Estados Unidos entró en la Primera Guerra Mundial, la creciente demanda de mano de obra fue satisfecha, en gran parte, por inmigrantes mexicanos. Esta nueva afluencia, sumada a los miles que habían llegado a *Ellis Island* y *Angel Island* en los últimos años, se encontró con un movimiento eugenésico y nativista cada vez más popular, el cual tenía la intención explícita de que Estados Unidos se mantuviera lo más anglosajón (o "blanco") posible. "Nuestra capacidad para salvaguardar nuestras instituciones", advirtió el Representante del estado de Washington, Albert Johnson, autor de la Ley de Orígenes Nacionales, "se diluye en un torrente de sangre foránea, con todos sus conceptos erróneos sobre las relaciones de poder entre gobernante y gobernados".

El entonces Senador Henry Cabot Lodge lo expresó de manera más cruda: "Una de las cosas más valiosas, incluso más que la propia forma de gobierno, son las facultades mentales y morales que constituyen lo que llamamos nuestra raza... [y] están expuestas a un peligro que es el riesgo de cambiar la calidad de nuestra raza y nuestro pueblo a causa de la infusión al por mayor de razas cuyas tradiciones y herencia, pensamientos y creencias son totalmente ajenos a los nuestros, y con quienes nunca nos hemos asimilado o siquiera asociado en el pasado."

¿Más valioso incluso que la propia forma de gobierno? ¿Que la misma democracia? El Senador Lodge sugirió, de manera muy explícita, que proteger a la raza blanca de "la infusión al por mayor" de otras razas era más importante que preservar la democracia misma. El movimiento nacionalista blanco popularizó la frase "Estados Unidos primero"—*America First* en inglés—en esa época, en un aparente intento de equiparar a Estados Unidos con el ser blanco. Aún hoy en día muchos grupos antinmigrantes utilizan la frase "*America First*" como eslogan.

En su libro *Illegal: How America's Lawless Immigration Regime Threatens Us All,* la Dra. Elizabeth F. Cohen, profesora de Ciencias Políticas en la Universidad de Syracuse, explica que los "nacionalistas blancos patrióticos" de principios del siglo XX, entre ellos los legisladores Johnson y Lodge, lograron en gran medida lo que buscaban con la Ley de Orígenes Nacionales de 1924 (*National Origins Act*). Esa ley prohibió casi por completo la inmigración de países asiáticos y restringió severamente la proveniente de Europa del sur y del este. Basándose en información del censo de 1890 y con la intención de replicar la composición poblacional de los Estados Unidos en esa década, la ley fijó un límite anual de migración de ciento sesenta y cinco mil personas; más del 90 por ciento de las plazas disponibles se asignaron a países europeos.

Esta legislación fue un intento descarado de limitar el número de inmigrantes no blancos que llegaban a los Estados Unidos, para así garantizar que la composición poblacional del país se mantuviera igual que en décadas pasadas. Algunos legisladores incluso propusieron usar datos del censo de 1790 para establecer las cuotas, yendo todavía más lejos en su afán por replicar la composición de la época colonial. En palabras del presidente Woodrow Wilson durante los años previos a la promulgación de la Ley de Orígenes Nacionales: "Toda la cuestión se resume en la asimilación de diversas razas. No podemos hacer una población homogénea de personas que no se mezclan con la raza caucásica". La suposición de que otros se mezclaban con una mayoría blanca —si es que en realidad era una mayoría— buscaba borrar a cualquiera que no fuera blanco.

A pesar de todo esto, hay que señalar que estas leyes no aplicaban a los inmigrantes que llegaban por tierra de otros países del hemisferio occidental, así que las personas provenientes de América Latina podía seguir llegando, y lo hacía en número discretos. Los trabajadores inmigrantes mexicanos seguían proveyendo mano de obra barata, sobre todo en el suroeste.

En 1929, el Congreso de los Estados Unidos aprobó la llamada Ley de Registro, que creó un nuevo delito: ingresar al país sin pasar por un puerto oficial de entrada. Así comenzó la era moderna de la criminalización de la migración. Las penas eran hasta un año de cárcel para la primera infracción y hasta dos años para quienes reincidieran, con el fin de reforzar las cuotas de la Ley de Orígenes Nacionales de 1924. La versión actual de esta ley, conocida como Sección 1325— la misma que la política de Tolerancia Cero pretendía hacer cumplir— fue promulgada en 1952 y sigue prácticamente igual hasta la fecha.

La Ley de Inmigración y Nacionalidad de 1965 (INA), la cual reformó todo el sistema migratorio y eliminó las cuotas de nacionalidad, no modificó en nada la Sección 1325, y tampoco lo hizo la Ley de Reforma y Control de Inmigración de 1986 —conocida como la reforma de amnistía— bajo la presidencia de Reagan. En 1996, durante la presidencia de Clinton, el Congreso agregó sanciones civiles al cruce ilegal, pero las sanciones penales siguieron intactas. En otras palabras, las penas que la política de Tolerancia Cero buscaba aplicar con tanta vehemencia en 2018 ya llevaban casi setenta años en el canon jurídico. Cuando el gobierno de Biden eliminó la política de Tolerancia Cero a inicios de 2021, la Sección 1325 siguió igual.

Durante las décadas que siguieron a la adopción de la Ley de Orígenes Nacionales, se crearon y centralizaron varias agencias de inmigración, primero en el Departamento del Trabajo y luego en el Departamento de Justicia. A lo largo de este proceso, las leyes y las políticas de inmigración quedaron atrapadas en un estira y afloja constante entre los intereses nativistas que intentaban mantener el dominio de la "Gran Raza", y los intereses económicos que necesitaban la mano de obra barata—de aquellos que cruzan la frontera— para sustentar sus modelos económicos.

El Programa Bracero y el Programa H-2 son ejemplos de cómo el sistema ha intentado quedarse con las dos cosas: explotar la mano de obra barata de los trabajadores inmigrantes y no ofrecerles ni la ciudadanía ni derechos. El Programa Bracero, implementado a partir de 1942, trajo a miles de trabajadores agrícolas mexicanos a los Estados Unidos, mientras que el Programa H-2 trajo principalmente a trabajadores caribeños, en su mayoría provenientes de Jamaica, a los campos de caña de azúcar en Florida a partir de 1943.

El nombre del Programa Bracero viene de la palabra "brazo", porque los trabajadores trabajaban principalmente con sus manos y brazos. Los braceros y los participantes del programa H-2 generalmente eran hombres que dejaban a sus esposas e hijos en sus países para ir a trabajar a los campos estadounidenses y la mayoría regresaba al concluirse las temporadas de cosecha. Los trabajadores H-2 a menudo sufrían maltratos, golpizas y otros abusos en los campos, al grado que algunos patrones fueron condenados por el delito de trabajo forzado, o bien, esclavitud moderna. Cuando los braceros intentaron establecerse en el país de forma permanente en Estados Unidos, el sistema se fue al extremo: cientos de miles —hasta 1,3 millones, según algunas estimaciones— fueron detenidos en redadas militarizadas y deportados bajo la llamada *Operation Wetback* en los años 50. El propio Secretario del Trabajo, Lee Williams, quien supervisó el cierre del Programa Bracero en los años 60, lo describió como "esclavitud legalizada". Aunque el programa ya no existe, el sistema sigue tratando de salirse con la suya en ambos sentidos. Hoy en día los trabajadores temporales siguen llegando año tras año a los campos de los Estados Unidos con visas H-2. El sistema los recibe con gusto para trabajar en "la espiga" en los sembradíos de maíz o para ayudar a reconstruir ciudades después de un huracán, pero no para que se conviertan en residentes permanentes.

En 1965, un año después de que el presidente Lyndon B. Johnson firmara la Ley de Derechos Civiles, el sistema de inmigración fue reformado de nuevo. La Ley de Inmigración y Nacionalidad (*Immigration and Nationality Act)*, acabó con los límites por nacionalidad de la Ley de Orígenes Nacionales, eliminó las prohibiciones específicas por país y creó el andamiaje jurídico que regula la inmigración hasta hoy. Aunque mantuvo ciertos límites por país, a primera vista priorizaba a los familiares de ciudadanos estadounidenses y residentes permanentes, a profesionistas, personas con habilidades especializadas y a refugiados. También fijó el límite de inmigración permanente en 675.000 personas al año.

Así como las leyes que dieron pie a la política de Tolerancia Cero habían existido desde hace décadas, las agencias encargadas de hacerlas cumplir también. En 1924, el Congreso creó la Patrulla Fronteriza a la par de la Ley de Orígenes Nacionales; la misma ley que estableció los límites de inmigración con base en nacionalidad también creó la agencia que los haría cumplir. Por primera vez, el gobierno federal de Estados Unidos tenía una agencia dedicada exclusivamente a vigilar e imponer sus fronteras terrestres, especialmente la frontera sur. No fue una tarea fácil. Después de la anexión de Texas en 1845 y la guerra entre México y Estados Unidos de 1846-1848, Estados Unidos había expandido su frontera sur a un territorio equivalente al tamaño de Europa Occidental.

Casi ochenta años después de esa expansión, los primeros agentes de la Patrulla Fronteriza se desplegaron a lo largo de la frontera de Texas. Como relata la profesora de UCLA, Kelly Lytle Hernández, en su libro *Migra! A History of the U.S. Border Patrol*, publicado en 2010: "[D]urante los primeros años de la Patrulla Fronteriza en las zonas fronterizas entre Estados Unidos y México —una región donde las divisiones profundamente arraigadas entre los trabajadores migrantes mexicanos y los terratenientes angloamericanos dominaban la organización social y las interacciones— los oficiales de la Patrulla Fronteriza, a menudo hombres blancos de clase trabajadora y sin acceso a mucha riqueza, obtuvieron acceso al sistema principal de relaciones sociales y económicas de la región mediante la violencia en la aplicación de la ley de inmigración contra la principal fuerza laboral de la región: los trabajadores migrantes mexicanos".

La Patrulla Fronteriza fue creciendo gradualmente durante las siguientes décadas. En 2003, pasó a formar parte de Aduanas y Protección Fronteriza (CBP, por sus siglas en inglés), dentro del recién creado Departamento de Seguridad Nacional, surgido tras los ataques del 11 de septiembre de 2001. Hoy, la Patrulla Fronteriza es una de las agencias policíacas más grandes a nivel federal, con un presupuesto que ascendió a casi $4,9 mil millones en 2020. CBP, en conjunto, manejó un exorbitante presupuesto de más de $17,4 mil millones ese mismo año.

Al igual que CBP, el Servicio de Inmigración y Control de Aduanas— mejor conocido como ICE— se creó en 2003, como parte de la misma reestructuración que fusionó el antiguo Servicio de Inmigración y Naturalización (INS) con el Departamento de Seguridad Nacional, DHS.

Este reordenamiento institucional absorbió al INS por completo y colocó a las agencias de inmigración con todas las demás agencias policiacas y de seguridad en el país, trayendo como consecuencia que las políticas migratorias estén inextricablemente entrelazadas con las policíacas desde entonces.

Aunque ICE como tal tiene apenas 20 años de existir, sus funciones—especialmente las aduanales, regulando la entrada de mercancías al país— se remonta a la fundación del país. Por aquellos años se creó el Departamento del Tesoro para gestionar la imposición de aranceles a las importaciones. Durante mucho tiempo el enfoque de la agencia permaneció en el flujo de bienes y no de personas. Por ejemplo, en la década de 1920, durante la época conocida como la prohibición, el Servicio de Aduanas de Estados Unidos se encargó de frenar el contrabando de alcohol.

Con el tiempo ese enfoque se desplazó del flujo de bienes al de personas, sobre todo cuando personas consideradas no blancas comenzaron a inmigrar a los Estados Unidos en cantidades significativas. En su libro *Migrating to Prison: America's Obsession with Locking Up Immigrants*, el profesor de la Universidad Estatal de Ohio, César Cuauhtémoc García Hernández, documenta el aumento de la detención de inmigrantes desde los tiempos de *Ellis Island* hasta la actualidad, incluido el papel que la intersección del derecho penal con el derecho migratorio —la "*crimmigration*"— ha jugado en ese proceso desde la segunda mitad del siglo XX.

En los años ochenta, la ola de políticas de "mano dura" contra el crimen abrió las puertas a políticas y retórica similares también en el contexto migratorio. La llegada de miles de personas de Cuba a Miami en 1980, conocidos como "Marielitos", así como de haitianos que huían del dictador Duvalier—respaldado por Estados Unidos— fue retratada de manera sensacionalista en los medios. Entre muchos otros, un artículo del *New York Times* informó que las autoridades cubanas habían descrito a los Marielitos como la "escoria" del país, alimentando la caracterización generalizada de estos exiliados como personas indeseables. No resulta sorprendente que la mayoría de ellos fueran de piel oscura.

En 1982, el presidente Reagan ordenó al INS encarcelar a todos los haitianos que llegaran al país sin documentos. Los centroamericanos —que huían de guerras civiles y dictaduras militares respaldadas por Estados Unidos, incluida la contrarrevolución en Nicaragua— también comenzaron a llegar a la frontera sur en mayores cantidades. Las autoridades enviaron a los migrantes a prisiones federales, principalmente en el sur del país, pero pronto fueron llenando también centros de detención migratoria recién establecidos. Así nació el sistema actual de detención migratoria masiva en los Estados Unidos, el más grande del mundo.

La creación del Departamento de Seguridad Nacional y de ICE en 2003 disparó la detención de inmigrantes a niveles nunca antes vistos. Según el *American Immigration Council,* el promedio diario de personas migrantes detenidas en el país en 1994 era de alrededor de seis mil ochocientas. Para 2019, ese número había superado los cincuenta y dos mil, multiplicándose más de siete veces. Con una red de prisiones migratorias operadas por empresas privadas multinacionales, el enredo entre las agencias policiales locales y un presupuesto que no ha dejado de crecer, ICE hoy en día encarcela a decenas de miles de hombres y mujeres todos los días, muchos de los cuales cruzaron la frontera recientemente, buscando solicitar asilo u otras formas de protección.

El sistema es una máquina de hacer dinero como pocas. Los ingresos de las empresas de detención privada alcanzan los miles de millones de dólares cada año: GEO Group reportó ingresos de más de $2,4 mil millones en 2019 ($166 millones en ingresos netos), mientras que CoreCivic reportó casi $2 mil millones en ingresos ($188 millones en ingresos netos) ese año. Durante los primeros dos años del gobierno del presidente Trump, CoreCivic y GEO Group gastaron al menos $3 millones en cabildeo federal, mientras que DHS les otorgó contratos valuados en unos $800 millones.

Por si fuera poco algunos de los contratos con ICE incluyen "cuotas de camas" que ICE debe llenar —un número mínimo garantizado de migrantes que serán encarcelados todos los días— así como un precio diario por cama, generando incentivos perversos para detener a la mayor cantidad de inmigrantes posible durante el mayor tiempo posible, todo con tal de maximizar las ganancias. Desde 2009, el Congreso de los Estados Unidos ha estado ordenando, de manera explícita y repetida, aumentos en el número de "camas" disponibles para la detención migratoria. Cada "cama" se ha convertido en el símbolo de una persona encarcelada simplemente por haber cruzado la frontera.

Agarrándose de la dinámica de la inmigración criminalizada, ICE controla regularmente a las fuerzas del orden locales para detener a los inmigrantes. A través del llamado Programa 287(g), que toma su nombre de la sección de la INA que lo creó, ICE delega a los agentes de policía estatales y locales para que realicen tareas de aplicación de la ley de inmigración: interrogar y detener a personas sospechosas de no ser ciudadanos. Los departamentos de policía más pequeños en las zonas rurales del país a menudo dependen de los contratos 287(g) para recibir los fondos federales que tanto necesitan. Los críticos del programa llevan años advirtiendo que esto daña la seguridad pública, porque los inmigrantes indocumentados prefieren no reportar delitos, ni como víctimas ni como testigos, por temor a que su misma policía local los entregue a ICE. Algunos tribunales también han cuestionado la constitucionalidad de detener a alguien solo por sospechar que es indocumentado y sin una orden judicial. Programas como la "Operación *Stonegarden*" y "Comunidades Seguras", que empujan a la policía local a aplicar las leyes civiles de inmigración también han enredado las funciones entre las policías y las agencias migratorias, borrando la línea entre una y otra. Ya para principios de 2018, ICE había expandido su uso de los llamados Acuerdos de pedidos básicos (BOA). Bajo los BOA, ICE le paga a las oficinas del alguacil y otras entidades policiacas locales $50 por cada inmigrante que detienen y le entregan a ICE, poniéndole un precio a cada persona detenida.

El presupuesto de ICE también ha ido creciendo constantemente desde su creación. Se fundó en 2003 con un presupuesto de alrededor de $3.200 millones. Para 2020, había crecido a casi $8.4 mil millones. Aunque en algunos años el número neto de inmigrantes que entran al país ha bajado, el presupuesto de ICE ha seguido creciendo. En su conjunto, los presupuestos de las agencias migratorias federales (ICE y CBP) superaron los $25 mil millones en 2020, más que el producto interno bruto de países como Chipre, Islandia y El Salvador, entre muchos otros.

Éste fue el contexto legal e institucional en el que nació la política de Tolerancia Cero. El marco legal que le dio forma venía impulsado por un ímpetu racista: la obsesión de mantener a los Estados Unidos lo más "blanco" posible, o al menos tan blanco como lo veían quienes hacían las leyes hace cien años. Con el paso del tiempo, muchos hijos y descendientes de migrantes blancos reclamaron el país como si fuera exclusivamente suyo. Las agencias migratorias siguen creciendo y sus presupuestos se siguen inflando incluso cuando el número de migrantes que ingresan al país baja. De hecho, según la Oficina del Censo, la inmigración neta a los Estados Unidos cayó en 2018 a niveles que no se veían desde 2010, pero eso no impidió que los presupuestos de las agencias migratorias siguiera disparándose. Cuando el fiscal general anunció la política de Tolerancia Cero en abril de 2018, fue el típico ejemplo de una solución que busca un problema: el gobierno anunció la política como su respuesta a una supuesta "crisis en la frontera", pero en realidad no había tal crisis y fue esa misma política la que la provocó.

Cuando llegamos al estacionamiento de la estación de la Patrulla Fronteriza en el sur de McAllen, el calor veraniego sobrepasaba los cuarenta grados centígrados. Con una humedad asfixiante y sin la más mínima señal de una brisa, la sensación térmica se sentía todavía peor y ni siquiera era mediodía.

Conocida por todos simplemente como "Úrsula" por el nombre de la calle donde está, esta estación (formalmente el Centro de Procesamiento Centralizado) era en ese entonces la estación de la Patrulla Fronteriza más grande del país, con capacidad para 1.500 migrantes. Era precisamente dentro de esa estación donde los agentes de la Patrulla Fronteriza procesaban, tomaban fotos y las huellas dactilares de cientos de inmigrantes todos los días. Era ahí también donde muchos migrantes tenían que contarle a un agente la experiencia traumática que los había empujado a llegar a los Estados Unidos, casi siempre tan sólo unas horas después de haber sido detenidos. Desde el exterior, Úrsula y sus paredes de metal eran prácticamente idénticas a las de las docenas de bodegas que caracterizan esa parte de la ciudad, hasta que uno nota las banderas de Estados Unidos y de la Patrulla Fronteriza ondeando por todo lo alto cerca de la entrada.

El edificio antes había sido una bodega, pero fue renovada y convertida en centro de detención a finales de 2014 para detener y procesar a los cientos de niños "no acompañados" que llegaron desde Centroamérica ese año. También en 2014, el Departamento de Seguridad Nacional del presidente Obama comenzó a encarcelar a menores de edad y familias en diferentes partes de Texas, y Úrsula era casi siempre su primera parada. La estación se había vuelto infame cuando fotografías de niños y niñas encerrados en jaulas de malla ciclónica circularon por internet, ganándose el apodo de "la perrera" entre los migrantes y sus defensores.

Ese domingo, unos doscientos habíamos desafiado al calor y nos reunimos en el estacionamiento frente a la estación para protestar contra las separaciones y los niños enjaulados. Karla y yo llegamos poco antes de mediodía, cargando a Julián, que todavía no cumplía dieciocho meses. Lo primero que vimos fueron las pancartas amarillas con consignas como "Ningún ser humano es ilegal" y "Basta de detener a los niños", y a activistas con megáfonos y botellas de agua en mano.

La visita de una delegación del Congreso también atrajo a reporteros locales y de fuera que venían a cubrir la manifestación, las separaciones y la indignación de la gente. Algunos asistentes ya estaban transmitiendo en vivo el evento en redes sociales desde sus teléfonos celulares.

Uno de los primeros en hablar fue Julián Castro, un joven ex secretario de Vivienda y Desarrollo Urbano durante el gobierno de Obama y exalcalde de San Antonio. Yo había escuchado de Castro y de su hermano gemelo, Joaquín—congresista de San Antonio—, pero no los conocía personalmente. Mientras caminaba hacia la sombra bajo uno de los toldos que habían instalado, noté que traía mocasines color canela claro, bastante elegantes para la ocasión. Se había arremangado la camisa celeste que portaba, pero eso no parecía aliviarlo mucho del calor abrasador. Mientras se preparaba para tomar el micrófono, alguien comentó que planeaba lanzarse para presidente, pero que aún no había hecho un anuncio oficial.

—¡Feliz Día del Padre! —comenzó, en un español que se notaba titubeante, pero que de todos modos le ganó a los manifestantes. —Lo que está haciendo el gobierno —el sudor le escurría por la cara a chorros— es abuso infantil de Estado. Separar a los niños de sus papás, que ni uno ni otro sepan cuándo se van a volver a ver, cuánto tiempo van a estar separados, los niños sin entender qué está pasando, llorando y esperando a mami y a papi.

Hizo una pausa y la multitud permaneció en silencio, todos nos imaginamos esos llantos. De pronto uno de los autobuses que transportan migrantes salió de la estación y pasó justo en frente de nosotros. Era blanco, como todos, sin logotipo que lo identificara, y al pasar dejó escuchar el sonido inconfundible de los frenos de aire. Siguió su camino. De espaldas a la calle, Castro ni cuenta se dio de que había pasado el autobús, tal vez con los padres y madres de quienes él hablaba a bordo. Siguió con su discurso y trató de llegar a la multitud de manera más personal.

—¿Cuántas veces en su vida han escuchado a sus hijos o a sus nietos llorar de la misma manera y han hecho todo lo posible para consolarlos? —Los manifestantes dentro de la carpa asintieron con la cabeza y hasta parecieron inclinar sus cuerpos ligeramente hacia adelante, en señal de acuerdo—. Hay miles de niños que ahorita están llorando por su mamá o por su papá y no podemos consolarlos —su voz sonaba firme, decisiva, muy parecida a la de un político que ha perfeccionado su oratoria, pero a la vez transmitía autenticidad y preocupación genuina por la situación de los niños.

El sol era implacable. El calor parecía ir en aumento mientras Castro describía las heridas que las separaciones iban a dejar en los niños. —Una política así de cruel —agregó— también tiene terribles consecuencias para lo que somos como país, como estadounidenses. Esta política no es lo que somos realmente.

Esa frase me llamó la atención. Ya había escuchado este tipo de expresiones muchas veces: "Esto no es lo que somos como país". "Esta política no refleja los verdaderos valores estadounidenses". "Esto no es Estados Unidos", e incluso, en inglés, "*this is not the real America*". Pero cada vez que escuchaba una de estas frases, pensaba: ¿quién era, entonces, quien estaba separando familias todos los días? Entrevistábamos a padres y madres cada mañana en un Tribunal de Distrito *de los Estados Unidos*. Los fiscales que procesaban a los acusados eran fiscales federales *de los Estados Unidos*. La política de Tolerancia Cero fue anunciada con gran alarde por el fiscal general *de los Estados Unidos*. Los agentes que detenían a las familias tras cruzar la frontera eran agentes de la Patrulla Fronteriza *de los Estados Unidos*. No había ni como negarlo: la política, los agentes, las leyes, las instituciones, todo, todo era innegablemente en nombre de los Estados Unidos de América.

Me parecía demasiado fácil, demasiado conveniente decir simplemente "eso no somos nosotros". Pero para estos papás y estos niños, claro que éramos nosotros. Tal vez era una especie de disonancia cognitiva colectiva lo que no dejaba a Castro ni a otros aceptarque esta política la ejecutaba todos los días un gobierno que, en teoría, era del pueblo, por el pueblo y para el pueblo. Un gobierno que castigaba a padres e hijos por igual y lo hacía irrefutablemente en nombre del pueblo de los Estados Unidos de América.

¿Existe un sólo un Estados Unidos de América, verdadero y real? ¿O hay varios que salen a flote en diferentes momentos? James Madison, en su famoso ensayo "El Federalista No. 10", escribió que una facción es un grupo de ciudadanos "que están unidos y guiados por algún impulso común de pasión, o de interés, que puede ser adverso a los derechos de otros ciudadanos, o a los intereses permanentes y agregados de la comunidad". Según Madison, recaer en facciones es parte de la naturaleza humana y, por lo tanto, no es posible erradicarlas por completo. Más bien, la mejor manera de controlar los efectos negativos de las facciones es mediante un sistema representativo de gobierno, consagrado en una Constitución federal: "La influencia de los líderes facticios puede encender una llama dentro de sus Estados particulares, pero no podrán propagar una conflagración general a través de los demás Estados". Si era en realidad una facción de Estados Unidos la que estaba detrás de la política de Tolerancia Cero, ésta ciertamente había extendido una conflagración general por toda la frontera sur, hasta este caluroso día de verano en las afueras de la estación Úrsula.

—La única forma de cambiar esta situación — concluyó— es levantándonos todos, desde todos lados del país, para oponernos. Gracias por levantarse, por oponerse y por estar aquí hoy. Feliz Día del Padre.

Cuando terminó, los manifestantes aplaudimos y estallaron fuertes cánticos que resonaron en el calor del mediodía: *¿Qué es lo que queremos? ¡Justicia! ¡Justicia! ¿Cuándo la queremos? ¡Ahora! ¡Ahora!* Estos manifestantes también eran los Estados Unidos de América. También eran una facción que Madison habría permitido.

Unos treinta minutos después de que empezaron los comentarios, el organizador que coordinaba la manifestación y hacía de maestro de ceremonias me presentó. Me acerqué a la sombra bajo la carpa y agarré el micrófono. Al voltear un instante al suelo vi mi camisa empapada de sudor; incluso en la sombra, el calor de junio parecía no dar tregua. Karla seguía dándole tragos de agua a Julián para que se mantuviera hidratado.

—Buenas tardes a todos y a todas —decidí empezar a hablar en español. A pesar de tantos años, todavía me sentía más cómodo en español, sobre todo en un ambiente como este, y quería que mis palabras fueran lo más auténticas posible—. Qué gusto ver a tanta gente, a pesar del calorón. Pero, la verdad, me gustaría que fuéramos diez veces más, veinte veces más personas. Eso es lo que necesitamos ahorita. Ocupamos crear conciencia sobre la crisis que estamos viviendo aquí en el sur de Texas.

Les conté sobre las entrevistas que hacíamos diario con madres y padres de familia en el juzgado, sobre cómo se estaban dando las separaciones, sobre niños de tan sólo cinco o seis años separados de sus padres, sobre una niña de cinco años arrebatada de los brazos de su mamá en una estación de la migra, pero que tuvieron que regresar a la mamá a medianoche porque no dejaba de llorar. Una vez que la mamá pudo calmarla y volverla a dormir, los agentes se la volvieron a quitar. No tenía que resaltar la crueldad; los hechos solos decían todo.

—No hay otro país democrático en el mundo —añadí— que haga lo que está haciendo este gobierno: separar a los niños de sus padres antes de cualquier determinación de culpabilidad penal o de deportación. La gran mayoría de los papás vienen pidiendo asilo, no hay nada por qué castigarlos. Pedir asilo y protección en otro país es un derecho humano básico.

No creí oportuno mencionar el artículo 31 de la Convención sobre el Estatuto de los Refugiados de 1951, firmada por más de 140 países, que establece que los países no impondrán sanciones a los refugiados y solicitantes de asilo sólo por haber ingresado al país de manera irregular o porque están presentes en el país sin documentos o autorización. Tampoco mencioné el artículo 1 de la Convención contra la Tortura, donde los gobiernos se comprometen a no participar en actos que intencionalmente inflijan dolor o sufrimiento físico o mental severo para castigar a una persona por algo que ella u otra persona haya hecho. No consideré necesario enumerar todos los demás tratados de derechos humanos que ya habíamos citado en nuestra solicitud de medidas cautelares para argumentar que la política de separación familiar violaba el derecho internacional de los derechos humanos. La triste ironía era que Estados Unidos no sólo había firmado la mayoría de estos tratados, sino que había ayudado a redactarlos.

—La crisis que enfrentamos —continué— no se trata de política. No es una crisis política. No caigamos en eso. Ésta es una crisis de derechos humanos, es una cuestión de decencia humana básica: mantener a niños y niñas de cinco años con sus padres. No es una vara muy alta. Y si seguimos cayendo por debajo de ella, ya no habrá mucho más abajo a dónde caer.

En ese momento, en realidad creía que las cosas no podían empeorar mucho.

Cuando terminó el mitin, Karla, Julián y yo emprendimos el camino rumbo a casa por la avenida Ware, la misma ruta que tomaban a diario los autobuses repletos de migrantes desde la estación Úrsula camino al juzgado. Pasamos frente al campo de golf con su pasto amarillento, vimos el enorme letrero con la imagen de un dóberman enojado frente a la *Brown Middle School* y miramos a lo lejos a las familias que pasaban el domingo en el parque West Side. Se alcanzaba a ver el humo saliendo de las parrillas alrededor del parque mientras las familias disfrutaban de una carne asada y hasta se imaginaba uno el olor a fajitas, costillas y salchichas chillando en las parrillas. El domingo que pasaban estas familias parecía tan lejano del domingo de las familias en Úrsula, a tan sólo un par de kilómetros al sur.

Queriendo desconectarme un rato del trabajo, pasamos primero a casa de mi mamá. Mi hermano Héctor ya estaba ahí con su familia, nos reuníamos para para comer y celebrar el Día del Padre. Mi mamá siempre se alegraba de vernos, pero le emocionaba aún más ver a sus nietos: Julián y los dos hijos de mi hermano. Desde que enviudó, mi mamá prefiere que las reuniones sean en su casa en lugar de la mía o la de Héctor, a pesar de que todos vivimos cerca. Yo soy el hermano mayor, pero la verdad es que con el tiempo los roles se habían invertido. Cuando me fui de McAllen, primero a estudiar la universidad y luego la facultad de derecho, Héctor se quedó en casa y cuidó de nuestros padres. Se casó antes que yo y tuvo hijos antes que yo. Antes de que yo regresara a McAllen, él era el que visitaba a mi mamá cada semana, casi siempre más de una vez, mientras yo estaba fuera. Con los años, él se convirtió en el hermano mayor.

Mientras mi mamá jugaba con Julián y le daba uvas cortadas a la mitad —le encantaban y se las comía una tras otra—, yo no podía sacar de mi mente el trabajo. No podía evitar la sensación de que necesitábamos más ayuda con el número de casos, los cuales seguían aumentando. Sentía la presión cada vez más abrumadora y no sabía bien qué hacer al respecto.

Yo era el único abogado. Natalia "Nata" Cornelio, una de mis colegas y exdefensora pública federal, había venido desde Houston por un par de semanas para ayudar; teníamos una pasante de abogada, Alexis, con apenas un año de estudios en la facultad de derecho y reubicamos a otra pasante, Priscilla, también de Houston, para ayudar con la crisis emergente. Hasta la hija de Georgina, Gianna, que estaba de vacaciones de verano luego de terminar el primer año en la universidad, se nos unió de voluntaria. Pero no era suficiente, no nos dábamos abasto. La lista de casos crecía y crecía, a veces aumentaba por docenas en un solo día. Contratar a alguien más iba a tardar semanas, si no es que meses, y no estaba claro que nuestra organización pudiera costearlo desde el punto de vista presupuestario. La necesidad era inmediata; sabía lo que necesitábamos, pero no sabía cómo hacerlo realidad.

Miré a Julián mientras aplastaba otra uva en la palma de su mano, soltando una carcajada al ver cómo brotaba la pulpa, escurriéndose entre sus pequeños dedos mientras los apretaba con su inexperto puño de bebé. Examinó la pulpa con curiosidad y se la metió en la boca.

Cuando llegamos a la casa esa noche, inevitablemente me encontré frente a la laptop revisando el correo electrónico. Había un mensaje de alguien que no reconocí, Laura Peña. Al ver en la línea de asunto la frase "*Pro bono Immigration Atty*", le di clic de inmediato.

"Soy abogada de inmigración en California", decía su correo. "Exabogada litigante del ICE durante el gobierno de Obama". Me vinieron a la mente imágenes de una abogada de migración con mucha experiencia. Ni me pasó por la mente el hecho de que hubiera contribuido a la deportación de personas en ese rol, mucho menos de que pudiera haber deportado familias. "Voy a tomarme un año sabático de mi firma de abogados" continuaba el correo, y cada vez me interesaba más, "para ofrecerme como voluntaria en el Valle del Río Grande para defender casos de deportación y documentar violaciones de derechos humanos por la política de separación familiar y Tolerancia Cero".

¿Podría ser esta la ayuda que necesitábamos?

"Vi tu discurso en McAllen hoy (en Facebook) y me encantaría donar parte de mi tiempo al trabajo de litigio que está haciendo TCRP". ¿Sería problema si no tuviera licencia para litigar en Texas?

Ese correo electrónico cayó como regalo de Día del Padre y no solo para mí. Supuse que Laura no tendría licencia de abogada de Texas, pero me intrigó que fuera originaria de Harlingen, a tan solo treinta minutos al este de McAllen. Estaba casi seguro que tendría la competencia cultural para hacer este trabajo, habiendo crecido entre familias inmigrantes. Su experiencia como abogada de migración era el tipo de experiencia que anhelábamos; no estábamos en posición de ponernos exigentes con de qué lado había adquirido esa experiencia. Y lo mejor: no nos iba a costar ni un quinto, porque se ofrecía de voluntaria. En el papel, o, mejor dicho, en la pantalla de mi computadora, era casi demasiado bueno para ser verdad.

Presioné "responder" y empecé a escribirle una respuesta.

—¿Cuándo cruzaste? —le pregunté a Arturo al día siguiente, un lunes, ya de regreso en el juzgado de la Torre Bentsen.

Con jeans azules y camiseta roja, se veía un poco más joven que yo, y lo confirmé cuando me dio su fecha de nacimiento. Iba a cumplir treinta y tres en menos de un mes, en julio. Noté un par de líneas blancas largas e irregulares alrededor del cuello de su camiseta, los inconfundibles restos de las manchas secas del sudor de los últimos días. Como todos los demás acusados, Arturo vestía la misma ropa que tenía cuando lo detuvieron cerca del río. Cada vez que hablaba se alcanzaba a percibir su aliento nocturno. Como a todos los demás, no le habían dado ni pasta ni cepillo dental mientras estuvo detenido en la estación de la Patrulla Fronteriza.

Era un poco más chaparro que yo, medía quizá un metro sesenta, con una sonrisa constante en su rostro que revelaba sus grandes dientes amarillentos y dejaba ver cortesía y amabilidad cada vez que respondía a una de mis preguntas. Sonrió y asintió con la cabeza cuando me dijo que era la segunda vez que venía a los Estados Unidos. Sonrió y asintió otra vez cuando me contó que era de las afueras de El Progreso, en el noroeste de

Honduras. Sonrió y asintió cuando me explicó que él y Miriam, su hija de siete años, habían venido solos a Estados Unidos. Siguió sonriendo y moviendo la cabeza mientras me contaba que la madre de Miriam los había abandonado cuando Miriam tenía sólo tres años, así que él la había criado solo. Y volvió a sonreír y a asentir cuando me dijo que habían cruzado el sábado.

A estas alturas, ese patrón era el mismo de siempre. Al igual que Arturo y Miriam, la mayoría de las familias habían cruzado dos o tres días antes de que los padres llegaran al juzgado y les habían arrebatado a los niños entre el momento de su aprehensión y antes de que yo los entrevistara.

Cuando el gobierno federal arresta a alguien y lo acusa de cometer un delito, la ley penal de Estados Unidos requiere que el fiscal presente al acusado ante un juez dentro de las setenta y dos horas posteriores al arresto para ser informado sobre los cargos que enfrenta. En nuestras entrevistas pudimos confirmar que el gobierno cumplía con este requisito en la mayoría de los casos. Arturo era uno de los veintisiete padres separados ese lunes y la mayoría de ellos habían cruzado la frontera entre el viernes y el sábado. Di por hecho que Arturo había estado encerrado en la estación Úrsula el día anterior durante la manifestación del Día del Padre, a unos cuantos metros de donde había dicho unas palabras ante los manifestantes.

Arturo y Miriam se habían ido de Honduras porque la niña, incluso a esa temprana edad, había empezado a recibir amenazas y acosos por parte de las pandillas y la policía no le ofrecía protección. Se dirigían a Santa Bárbara, California, donde vivía la hermana de Arturo. Mientras yo llenaba el formulario, él sonreía y asentía con la cabeza mientras me contaba que lo habían separado de Miriam dos noches antes, la primera noche después de que se entregaron a los agentes de la Patrulla Fronteriza que vieron en cuanto cruzaron el río. Me contó que un agente que vestía uniforme verde olivo llegó a su celda esa noche y le avisó que se iba a llevar a su hija más tarde. *Al menos te dijo la verdad y te lo dijo de antemano*, pensé. Asintió una vez más y sus dientes volvieron a mostrarse.

—¿Y tú qué hiciste? —le pregunté.

Sonrió tímidamente y dijo, con mucha naturalidad mientras continuaba asintiendo: —Bueno, pues le dije que más tarde esa noche, un agente vendría para llevarla a un campamento de verano.

Su sonrisa seguía ahí, inmóvil como fotografía que cerraba su respuesta.

—¿A un campamento de verano? —pregunté, perplejo, sin captar bien lo que me quería decir. Arturo asintió levemente, inclinó la cabeza hacia la izquierda y encogió un poco los hombros. Esta vez su tímida sonrisa ya no pudo ocultar la mirada de angustia que le invadía el rostro.

Me costaba tanto atar los cabos, en silencio y en mi mente, entender cómo Arturo había sido capaz de inventar esa historia para su hija. Las entrevistas solían ser rapiditas y al grano: hacíamos las preguntas esenciales tratando de obtener la información crítica, *pam pam pam*, y a la siguiente persona porque no había tiempo que perder. Así que en ese momento no estaba listo para dimensionar lo que Arturo me insinuaba no tan sutilmente. Dejé de escribir a media oración y, al levantar la mirada, mis ojos se encontraron con los suyos, los míos seguramente agrandados al darme cuenta de lo que me estaba diciendo. Arturo notó que por fin me había caído el veinte.

—Ah, ya veo —le dije—. ¿Y qué hizo ella? ¿Qué dijo?

—No, pues, se fue con él, bien contenta.

Miriam se fue con el agente con una sonrisa de oreja a oreja. Arturo me seguía contando de lo más sonriente, aparentemente complacido de que su estrategia para evitarle el trauma de la separación a su hija hubiera funcionado. Pero yo no podía dejar de pensar. ¿Cómo hizo él para saber? ¿Cómo tuvo la fuerza, la creatividad para inventarle esta historia a su hija? ¿Cómo fue capaz de hacerlo tan rápido, bajo tanto estrés y en condiciones tan precarias, encerrado en una estación de la Patrulla Fronteriza, cansado, maldormido e incierto sobre el futuro de ambos?

Tragué saliva y esta vez le correspondí asintiendo con la cabeza. Extendí el brazo izquierdo, sujetando el portapapeles con los formularios en la mano derecha, y le apreté ligeramente el hombro, tratando de transmitir toda mi solidaridad en ese breve intercambio.

Arturo simplemente sonrió.

Cuando regresé al carro y revisé mi teléfono, tenía una llamada perdida de mi esposa. A diferencia de otros edificios federales, en la Torre Bentsen tenían una política estricta que no permite ingresar teléfonos celulares, computadoras portátiles u otros dispositivos electrónicos al edificio, incluso para los abogados. Me ha tocado ver a decenas de abogados de fuera sorprendidos, incluso indignados, cuando los guardias de seguridad les piden, amable pero firmemente, que por favor regresen a su automóvil y dejen ahí su teléfono celular.

Esa misma mañana, Julián había comenzado el preescolar. Cuando nació, yo me había tomado seis semanas de licencia de paternidad y Karla tres meses, sin goce de sueldo. Ese día, dieciséis meses después de nacido, iniciaba el preescolar de nueve de la mañana a doce del mediodía. Cuando le regresé la llamada a Karla, me contó que había tenido que ir a recogerlo.

—No había pasado ni una hora desde que lo dejé cuando me llamaron, que no paraba de llorar —me explicó con voz entrecortada—. Tuve que ir por él y traérmelo a la casa.

Cuando Karla llegó a la "escuelita", Julián llevaba casi una hora llorando sin parar, sus ojitos rojos y ya hinchados. Más tarde Karla me dijo que se veía perdido, indefenso y hasta consideró no llevarlo al preescolar al día siguiente, tal vez nunca. Esto era muy común, le decía el personal de la escuela, tratando de calmarla, cuando los niños van a la escuela por primera vez, sobre todo los más pequeños. No era más que un período de ajuste. Simplemente les resultaba difícil estar lejos de su madre—muchos de ellos por primera vez en sus vidas—durante unas horas.

No pude evitar pensar en lo que Arturo y tantos otros padres y madres habían compartido conmigo en el juzgado. Vino a mi mente la niña que buscaba a su mamá en medio de la noche para que la consolara. Solo que en ese caso no había nadie llamando a los padres para que fueran a recoger a sus hijos. No había manera de que fueran a recogerlos y los llevaran a casa para consolarlos.

A la mañana siguiente, cuando le pregunté al grupo de casi ochenta acusados si alguien había sido separado de un menor, me pareció que la mitad de la sala se puso de pie. Traté de contarlos rápidamente, pero perdí la cuenta más de una vez, hasta que me di por vencido. El reloj que colgaba de la pared me recordó que ya pasaban de las ocho de la mañana.

Por suerte, ese día éramos tres para hacer las entrevistas. Georgina no había podido venir conmigo, pero en cambio, Carlos y Alexis estaban aquí. Carlos Moctezuma García es un abogado de migración, nativo de McAllen y padre de tres hijos. Nos estaba ayudando de forma pro bono y, aparte de su compromiso con la causa de justicia social en la frontera, me parecía que también quería ayudar con el tema de las separaciones porque era hijo de inmigrantes. Alexis Bay, también originaria del Valle del Río Grande, es hija de refugiados cubanos y acababa de terminar su primer año en la Facultad de Derecho de la Universidad de Miami. Estaba haciendo una pasantía con nosotros durante el verano.

Una vez que todos los padres separados se pusieron de pie, los llamamos de tres en tres, uno con cada entrevistador. A diferencia de otros días, cuando eran pocos y los ubicábamos rápido en sus asientos, había tantos ese martes por la mañana que les pedimos que se formaran en fila contra la pared. Tenerlos ahí parados creó cierta confusión, entre el tintineo de sus grilletes, los murmullos de los otros acusados y lo apretado del espacio para que otros acusados pasaran cuando los defensores públicos los llamaban para discutir sus cargos penales. Los alguaciles son los encargados de los acusados y de asegurarse de que los procedimientos judiciales no se interrumpan, por lo que siempre están presentes cuando hay acusados en el juzgado. Tuvimos la suerte de que los dos alguaciles a cargo ese día nos dejaron alinear a los padres y madres de esta manera porque, si hubieran dicho que no, hubiéramos tenido que preguntar uno por uno quién habían viajado con un menor, lo que habría ocasionado aún más interrupciones.

Realicé las dos primeras entrevistas lo más rápido que pude, pero sentí que no habíamos avanzado nada. Eran las 8:20 y todavía estábamos en la primera fila. En un intento por alcanzar al mayor número de padres posible, me limité a preguntar los datos básicos del padre y del niño y dejé fuera todos los detalles sobre cómo había ocurrido la separación. No alcancé a preguntar cuándo los habían separado, ni quién se había llevado a sus hijos. No tenía idea de por qué habían dejado su país de origen ni si era la primera vez que venían a Estados Unidos. Tal vez sus hijos tenían una discapacidad y yo ni me enteré. Tal vez querían decirme el detalle más importante de su caso, el motivo por el cual tuvieron que salir huyendo, o los medicamentos que debía tomar su hijo, pero no les di la oportunidad de decirme. Sólo tuve tiempo de obtener la información de identificación necesaria para dar con los niños, y eso apenas a la carrera. Seguramente me perdí detalles importantes, pero simplemente no había tiempo: teníamos que salir de ahí antes de que comenzaran las audiencias a las 9:00 en punto. Volteé a ver a Carlos y a Alexis con la esperanza de que también estuvieran volando con las preguntas. Ya era lo único que me quedaba: la esperanza.

La siguiente vez que miré el reloj ya eran las 8:40 y todavía nos faltaban las últimas dos filas. No vamos a acabar, pensé. Faltaban sólo veinte minutos para que el juez saliera de su oficina, con su toga negra puesta, y diera por iniciada la audiencia. Una vez que eso sucediera, tendríamos que salir de ahí sin importar si habíamos terminado de entrevistar a todos. Cuando el juez entrara por la puerta de la esquina al frente de la sala, ya no podríamos seguir entrevistando a nadie ni podría haber interrupciones; el juez simplemente no lo permitiría. No sería tema de discusión. Tendríamos que salirnos y punto. Los alguaciles se iban a encargar de que nos fuéramos.

En lo que después me pareció un intento desesperado, pero en ese momento era la única opción lógica, llamé a los dos siguientes padres y comencé a entrevistarlos de dos en dos. Les di una introducción general que repetíamos a todos los padres al comienzo de la entrevista: somos parte de una organización sin fines de lucro y estamos ayudando a las familias separadas. No trabajamos con el gobierno. No soy su abogado para la audiencia penal que está a punto de iniciar. No soy su abogado para su caso de inmigración. Pero si me da su información y la de su hijo, podemos tratar de encontrarlo y, si lo encontramos, podemos tratar de coordinar una llamada telefónica entre ustedes y ayudar a reunificarlos. Estamos tratando de asegurarnos de que ningún padre sea deportado sin su hijo en contra de su voluntad.

Le conté todo esto a los dos padres al mismo tiempo, esperando que entendieran al menos la mitad, y luego me fui directo a anotar sus nombres, fechas de nacimiento y país de origen, respectivamente. Estaba lejos de ser la mejor práctica—o siquiera una buena práctica—pero en ese momento me pareció la única alternativa. En esa sala del juzgado, atascada de gente esa mañana, ni siquiera me pasó por la mente que estaba mal responder las preguntas rápidamente y no darle tiempo a cada padre para contarnos más sobre su situación. Se sintió necesario. No había otra opción. Era casi como si no hubiera sido yo quien tomó la decisión de hacer las preguntas así de rápido; fueron las circunstancias las que tomaron la decisión por mí.

Volví a mirar el reloj, esperando ver las 8:45, pero me espanté al ver las 8:55. Todavía nos faltaban los seis padres de la última fila y, si no los entrevistábamos antes de las 9:00, era muy probable que nunca los volviéramos a ver. Hice un gesto rápido con la mano para llamar a los dos primeros padres de esa fila, cuando uno de los alguaciles me dijo:

—*Ok, we gotta go,* —y comenzó a alinear a todos los acusados para escoltarlos fuera de la sala. Las audiencias se realizaban en el octavo piso de la Torre Bentsen, pero a veces usaban uno de dos juzgados auxiliares disponibles en ese mismo piso. Uno está justo al lado de los elevadores, donde Georgina y yo habíamos entrevistado a los primeros cinco papás aquel primer día, y el otro al otro extremo del piso, en el lado oeste del edificio, donde estábamos ahora. Algunos días, como hoy, los defensores públicos entrevistaban a sus clientes en una de las salas y la audiencia formal se llevaba a cabo en la otra. En esos casos, como hoy, los alguaciles escoltaban a los acusados de una sala hacia la otra para que presenciaran su audiencia, que ya estaba a punto de comenzar.

En ese momento, entrevistar a dos padres a la vez se habría sentido como un lujo que no podíamos darnos. Carlos, Alexis y yo comenzamos a caminar con los inmigrantes, aferrándonos a los portapapeles y escribiendo a la carrera mientras caminábamos junto a la pared rumbo a la entrada de la otra sala. No le dije a ninguno de estos padres que no era su abogado penal, que no era su abogado de inmigración o que no trabajaba para el gobierno. Estaba simplemente enfocado, obsesionado tal vez, en anotar la información de los niños: nombre completo, fecha de nacimiento y sólo una G, H o ES para indicar si el país de origen era Guatemala, Honduras o El Salvador. Para los padres, garabateé a medias Yesica, Milton, María, Luis, Teresa. Con el primer y segundo nombre apenas legibles en nuestros formularios, ya veríamos cómo los buscábamos en la hoja de registro para conseguir sus nombres completos.

—Ándele, señora, vamos, vamos —apresuró el alguacil a la última madre, que se quedaba atrás. Caminaba como se le ordenaba, pero mientras lo hacía no dejaba de forcejear con los grilletes. Tenía un pedazo de papel blanco doblado en la mano y me hizo un gesto, estirando la mano como si quisiera pasármelo, como si quisiera caminar hacia donde el alguacil le ordenaba, pero caminando de lado para alcanzarme y darme el papel.

—¡Falto yo, falto yo! —seguía diciendo, bajito pero desesperada. Y lo seguía repitiendo mientras avanzaba a pequeños saltos.

Seguramente escuchó mientras entrevistábamos a los otros padres y madres y se dio cuenta de que estábamos recaudando los datos de los niños separados. Quería, a toda costa, asegurarse de que también tuviéramos el nombre de su hija. Probablemente no sabía quiénes éramos, por qué estábamos tomando la información de los niños o qué haríamos con ella, pero entendió lo suficiente como para darse cuenta de que, si era importante para nosotros obtener el nombre de todos los demás niños separados ese día, también era importante que apuntáramos el de su hija. Estaba decidida a asegurarse de que su niña también quedara registrada y se documentara su separación.

Agarré el papel de su mano cuando estábamos a un par de pasos de la puerta, lo miré rápidamente y vi un nombre escrito en él. El alguacil me miró, como para asegurarse de que se lo devolviera. Apresuradamente tomé el portapapeles, apoyándolo entre el antebrazo y el pecho, y garabateé *María Luisa* en el formulario.

—¿Fecha de nacimiento? —le pregunté mientras le devolvía el papel, ya entrando a la sala del juzgado. Salió al pasillo, esforzándose por seguir la única fila de acusados encadenados que quedaba. Se alejó lentamente y volteó la cabeza para alcanzar a decirme un día, un mes y un año impresos en su memoria.

—Tiene ocho —me dijo a prisa, de un solo suspiro, antes de desaparecer al fondo del pasillo, perdida entre el ruido de grilletes y esposas que chirriaban y docenas de pies que se arrastraban por la alfombra. Concluyó esas palabras con un suspiro de alivio, como si haberlas dicho hubiese sido un triunfo.

Al día de hoy, su formulario solo dice *Katya Leticia* en la parte superior, la última madre del grupo de treinta y cinco que entrevistamos esa mañana.

6

Petición familiar

(1994-1996)

La secundaria fue un nuevo comienzo para mí. Escuela nueva, maestros nuevos, uniforme nuevo—pantalones y camisa de vestir color caqui con corbata negra—, todo le anunciaba al mundo que ya no era un niño. Los maestros ahora se referían a nosotros como *jóvenes*, como lo había hecho la maestra Bertha, con la diferencia de que ahora sí era verdad.

Me fue bien durante mi primer año ahí. No era el estudiante estrella que había sido en la primaria, pero aun así estaba entre los más disciplinados y aplicados, no entre los problemáticos. Al menos no todavía. Para cuando empecé segundo de secundaria, el plan de reunirnos con mi papá en McAllen estaba cada vez más cerca de volverse una realidad.

Para entonces, ya habíamos obtenido la visa de turista con la que podíamos ir a visitarlo. Habíamos solicitado una visa de turista "no inmigrante" en el Consulado Americano en Monterrey, llenos de dudas, sin saber si nos la otorgarían. Esto fue en 1995, cuando sacar una visa de turista para los Estados Unidos era mucho más sencillo de lo que es hoy, pero aun así no era seguro que te la dieran. Sabiendo lo que sé hoy, no me explico cómo fue que nos la aprobaron. Para sacar una visa de turista, uno tiene que demostrar que tiene un trabajo estable y bien pagado, suficiente dinero en el banco para justificar la visita "turística" a Estados Unidos, y que no tiene ningún lazo familiar importante en los Estados Unidos, esto para que el oficial no sospeche que se trata de un intento por reunirse con ese familiar de forma permanente. Incluso si se demuestra todo eso, la decisión de aprobar la visa depende en gran medida de la discreción del funcionario de turno.

Cuando llegamos al consulado esa mañana, no cumplíamos con prácticamente ninguno de los requisitos: mi papá vivía y trabajaba en los Estados

Unidos, mi mamá era ama de casa y vendía Coca-Colas desde su refrigerador para generar algo de dinero. Hasta donde yo sabía, mis papás ni siquiera tenían cuenta de banco. Héctor y yo teníamos diez y doce años. Cualquier oficial consular podría haber sospechado que era muy probable que quisiéramos quedarnos de forma permanente en Estados Unidos y no sólo visitar el país como turistas. Recuerdo que mi mamá dijo que, si teníamos suerte y el oficial de turno estaba de buen humor esa mañana, tendríamos una oportunidad. Desde entonces, siempre me ha impresionado la inmensa influencia que un solo funcionario de gobierno puede ejercer sobre la vida de las familias. Un solicitante puede ser honesto, trabajador y cumplir con todo, pero nada de eso importa si el funcionario encargado de la entrevista está teniendo un mal día. La suerte debió haber estado de nuestro lado ese día, porque el oficial sí estaba de buenas y nos aprobó la visa.

Muchas veces me he preguntado: si no nos hubieran aprobado, si el funcionario del consulado hubiera estado de malas ese día, ¿nos hubiéramos quedado en Allende? ¿O hubiéramos cruzado de "mojados", como había hecho mi hermano Leoba unos años antes? En inglés, las leyes migratorias se refieren al hecho de cruzar el río sin autorización simplemente como "EWI", que significa "*entry without inspection*", entrada sin inspección. Es la frase eufemística que la Ley de Inmigración y Nacionalidad utiliza para referirse a la entrada al país sin ser inspeccionado por un oficial de inmigración, ya sea cruzando en balsa el río Bravo hacia Texas o caminando durante días por el desierto de Arizona. Entrar sin inspección por un puerto de entrada —por ejemplo, escondiéndose en la cajuela de un auto— se ha vuelto cada vez menos común a medida que los sensores y las máquinas industriales de rayos X que inspeccionan todos los vehículos se han vuelto la norma. En particular, la mayor parte de las personas sin estatus legal en los Estados Unidos no ingresó al país de esta manera; la mayoría entró con una visa en mano, como nosotros, y simplemente se quedó más tiempo del que permitía el plazo de su visa.

A pesar de que entrar a los Estados Unidos para visitar a mi papá fue un momento decisivo en mi vida, no tengo ningún recuerdo específico de cuando cruzamos la frontera esa primera vez. ¿Quizá me quedé dormido en el carro? Hasta hoy, cada vez que me subo a un carro, sobre todo si voy en el asiento de atrás, me puedo quedar dormido en un par de minutos si vamos por carretera. Me vence el sueño muy fácil. Debimos haber cruzado por el puente internacional Reynosa-McAllen, entrando por Hidalgo, Texas, pero no recuerdo el momento específico. Pero en cambio, sí recuerdo bien la primera reunión con una notaria para hablar de nuestra mudanza permanente a los Estados Unidos.

Muchos notarios y notarias son conocidos en el lado norte de la frontera por especializarse en la práctica no autorizada del derecho. En la mayoría de los estados de Estados Unidos, incluyendo a Texas, la función más común de los notarios públicos es la de certificar firmas, o sea, confirmar que quien firma es quien dice ser. Un documento notariado es un documento firmado ante un notario. Pero en México y otros países de América Latina, los notarios cumplen una función equivalente a la de los abogados en procedimientos legales. Pueden oficiar transacciones de bienes raíces, preparar testamentos y fideicomisos, así como redactar documentos para crear sociedades anónimas y otras personas jurídicas. Por esta confusión de roles, muchos inmigrantes mexicanos desprevenidos llegan a recurrir a notarías en los Estados Unidos pensando que éstas pueden ofrecer los servicios legales que normalmente son proporcionados por un abogado, pero a un precio mucho menor. Mi familia fue una de esas familias desprevenidas.

Fuimos a ver a la notaria en su oficina en un centro comercial en Brownsville, a una hora de McAllen. La puerta de cristal tenía un letrero que decía simplemente "NOTARÍA" y mi papá abrió la puerta para dejarnos entrar. El pequeño vestíbulo tenía una maceta con helechos en una esquina y dos sillones ocupados por otras familias esperando a ser llamadas. Nos recargamos contra la pared para esperar nuestro turno, erguidos y en silencio. Miré la planta y evité hacer contacto visual con nadie. Nadie hablaba, todos esperábamos a que nos llamaran.

La propia notaria llamaba a las familias una por una. Cuando llegó nuestro turno, mi papá llevaba consigo su certificado de naturalización en un sobre amarillo grande. Tenía mucho cuidado de no doblar, arrugar o dañar de cualquier forma este precioso documento que contenía una fotografía suya en blanco y negro. La notaria —nunca escuché su nombre— tenía unos cuarenta o cincuenta años, con el cabello largo y ondulado recogido en un moño suelto sujetado por una pluma azul. Traía unos lentes para leer en una mano, poniéndoselos y quitándoselos según fuera necesario al leer los documentos y voltear a ver a mi papá. Su oficina alfombrada era un absoluto desastre. Había papeles por todos lados, documentos en el escritorio, en las sillas, en el piso, montones y montones de formularios sujetados con ligas, otros con clips, y otros simplemente tirados por ahí sin ningún propósito o sistema aparente. En ese momento, sin tener ninguna otra referencia, pensé que así debían ser todas las notarías públicas: desorganizadas y sobrecargadas de cosas. Ahora me pregunto si ese desorden le dio qué pensar a mis papás. Aunque así hubiera sido, no había nada que hacer. Esta notaria era la que nos habían recomendado y la que podíamos pagar.

Lo que recuerdo más vívidamente de ese día no fue la visita como tal, sino el doloroso silencio de camino de regreso a McAllen. Salimos de la notaría y nadie dentro del Chrysler Fifth Avenue de mi padre dijo una sola palabra en un buen rato. Héctor y yo íbamos en el asiento trasero, aguantándonos la emoción de que ya faltaba menos para vivir con nuestro papá, pero el ambiente en el carro era pesado y yo sentía como si ahora todo el plan estuviera en duda. El problema que mis papás no habían contemplado y que la visita a la notaria les había revelado era que debíamos entregar las visas de turista en cuanto mandáramos la petición familiar, lo que significaba que no podríamos salir del país mientras el trámite estuviera pendiente. Íbamos a tener que esperar hasta que nos llegaran las *green cards*, lo cual tomaría años, al menos cinco, según la notaria. Lo peor era que ni ella podía decirnos exactamente cuánto tiempo duraría el proceso.

La idea de no ver a nuestros familiares durante esos años presentaba un problema muy grande, especialmente para mi mamá. Mi papá todavía podría ir a México porque ya era ciudadano americano. Pero mi mamá, Héctor y yo tendríamos que pasar todos esos años sin ver a la familia que dejamos allá: en el caso de mi mamá, su hermano, sus cinco hermanas y su papá. Para Héctor y para mí, significaba no ver a nuestras dos hermanas, nuestros tíos, tías, abuelos y decenas de primos. El silencio mientras mi papá manejaba me pesaba, ahogaba mi ilusión de volver a vivir juntos, como familia, pronto.

En medio de ese predicamento silencioso y probablemente debido a lo difícil que sentí la situación durante ese trayecto, no me di cuenta de lo afortunados que éramos. Cada año, miles de familias de todas partes del mundo dejan todo para irse a Estados Unidos, algunas huyendo de violencia o persecución, otras, como nosotros, en busca de un futuro mejor. El simple hecho de poder contemplar la posibilidad de visitar a nuestros parientes, de permanecer conectados con nuestras raíces y nuestros seres queridos, era un privilegio del que la mayoría de los migrantes no gozan y el cual yo no aprecié en ese momento. La mayoría no tienen de otra más que renunciar a sus familias y a la única vida que conocen, dejando atrás su lugar de nacimiento tal vez para siempre, muchas veces sin ningún plan y con muy poca antelación. No tenía idea de lo íntimamente familiar que esa realidad se volvería para mí en unos cuantos años.

Para enero, mis papás ya habían decidido que nos iríamos de Allende. Nunca dijeron una fecha específica o, si lo hicieron, nunca lo supe, pero yo tenía la sensación de que la mudanza era inminente.

Una mañana de ese mes, la maestra Isabel, nuestra joven maestra de ciencias sociales, comenzó una clase sobre historia universal escribiendo algo en el pizarrón. Al igual que en Estados Unidos, las secundarias en México dividen el día de clases en un número determinado de períodos, cada uno dedicado a una materia diferente. Pero, a diferencia de Estados Unidos (o al menos de Texas), en México los maestros son quienes cambian de salón de clase en clase, mientras que los alumnos permanecen en el mismo salón todo el día. La Secundaria Número 1

"Profesor Pablo Livas" era una escuela de dos pisos con un gran espacio abierto como patio, cubierto por una enorme losa de cemento, donde cada lunes por la mañana hacíamos los honores a la bandera y cantábamos el himno nacional. Detrás de los salones de clase, había una cancha de voleibol rodeada de robles enormes y fresnos maduros que seguido se utilizaba para un partido improvisado de fútbol. Al lado de esa cancha había una tiendita donde vendían lonches, Cocas, y todo tipo de dulces y papitas a la hora del recreo.

La maestra Isabel se había incorporado a la escuela hacía poco, y rápido se ganó la reputación de ser estricta y de tener muy poca paciencia para las tonterías. Esa mañana nos estaba hablando sobre el Código de Hammurabi y de la dinastía babilónica. Hablaba con una voz firme, como si ya hubiera practicado la clase mil veces. Mi amigo Alahyn, que también vivía en la calle De Las Rosas, se sentaba justo detrás de mí, y Joel, uno de mis nuevos amigos, estaba frente a mí. Joel era de los populares del salón; hasta tenía novia, y mayor que él, lo que le daba aún más estatus.

Mientras la maestra explicaba la expansión de Babilonia hacia al resto de Mesopotamia, empecé a oír el murmullo de mis compañeros sentados a mi alrededor y volteé para ver qué onda. Alahyn había sacado un encendedor Bic, blanco con la punta roja. Lo prendió y lo apagó varias veces, arriesgándose a que el ruido rasposo de la piedra tocando el acero llamara la atención de la maestra. Mientras ella continuaba con su clase, vi que Joel arrancó en silencio una hoja de papel de su cuaderno. La hizo bola y me la pasó. La puso en la esquina superior derecha de mi pupitre, cuidando de mantenerse fuera de la vista de la maestra.

Cuando Alahyn vio lo que hizo Joel, me pasó el encendedor sobre el hombro derecho.

—Préndela —me dijo en voz baja, pidiéndome que encendiera la hoja de papel.

Dudé. El encendedor descansaba en mi hombro derecho mientras Alahyn esperaba a que se lo quitara. En una fracción de segundo traté de pensar en que podía pasar si lo hacía, tratando de medir el riesgo. Antes de que pudiera descifrar mis pensamientos, Alahyn me volvió a insistir.

—Dale, préndela.

Me incliné hacia delante y agarré el papel con la mano izquierda. No tomé el encendedor de Alahyn, sino que sostuve el papel a mi izquierda y ligeramente hacia atrás, y volteé discretamente hacia atrás. Alahyn entendió la señal y rápidamente encendió el papel. Me mantuve con la mirada hacia el frente, viendo al pizarrón y a la maestra Isabel, pero escuché el chasquido del encendedor y al momento supe que el papel se quemaría. Tan pronto como sentí que el calor llegaba a mis dedos, lancé la bola de fuego a la izquierda y hacia adelante. Cayó adelantito de Joel.

En cuestión de segundos el papel se consumió, antes de que la maestra Isabel se diera cuenta de nada, pero el humo nos delató. El humo y las risas de algunos compañeros llamaron la atención de la maestra. Se detuvo a media oración y caminó unos pasos hacia nuestra fila. Parecía alarmada en un principio, quizá pensando que podría ser un incendio real, un peligro, pero rápidamente se dio cuenta de que se trataba de otra cosa.

—¿Quién fue? —preguntó de golpe, con esa voz que ponía nervioso a cualquiera.

Se cruzó de brazos y se quedó ahí parada, al frente del salón, esperando una explicación del responsable, impaciente. Pasaron unos segundos y nada. Los ojos nerviosos de los alumnos miraban a izquierda y derecha, pero nadie decía nada. Todo el salón se quedó callado y el tiempo pareció congelarse. No esperaba ese nivel de lealtad. En la obra de 1619 de Lope de Vega, *Fuenteovejuna,* una aldea del mismo nombre en el centro de España se atribuye la responsabilidad colectiva por el asesinato de un comandante abusivo. Cuando les preguntan quién fue el asesino, todos los aldeanos, uno por uno, incluso bajo tortura, repiten, "Fuenteovejuna lo hizo". Nuestro salón no tenía ese nivel de autoatribución comunitaria, pero el silencio colectivo transmitía la misma determinación inquebrantable.

La maestra Isabel perdió rápidamente la poca paciencia que le quedaba. Dio unos pasos hacia delante y se dirigió a nosotros nuevamente, esta vez con voz todavía más potente e intimidante.

—¿Me van a decir quién fue? ¿Sí o no?

Sentí cómo el pecho se me tensaba y todo el salón dejó de respirar. Nuestro espíritu fuenteovejuno se mantenía firme. O al menos eso pensé.

Fue ahí cuando, a mi derecha, escuché la voz ronca y grave de una compañera que casi nunca hablaba.

—Se me hace que fue Efrén, maestra.

No sé si había visto toda la hazaña, pero debió haberme visto aventar la bola de papel en llamas.

La maestra Isabel no se lo esperaba y rápidamente volteó hacia mí. —A ver, Efrén. ¿Fue usted? —, me preguntó, su cuestionamiento directo como una flecha.

Estaba tan nervioso y mi garganta tan seca que apenas y pude soltar un "no" timorato y entre dientes. Desde que escuché esa palabra salir toda temblorosa, supe que nadie me iba a creer.

—A ver, Efrén —insistió, haciendo una pausa como para enfatizar que iba a hacer una pregunta importantísima. Dio otro paso hacia mí y sentí su exasperación como en la piel.

—¡Sea hombrecito y dígame si fue usted! —ordenó en un tono decisivo y aterrador, la cadencia deliberada de su instrucción retumbaba por todo el salón, que permanecía inmóvil y en silencio. Incluso el viento afuera pareció detenerse y dejar de mecer los árboles.

Ella era la única que me miraba fijamente, con ojos penetrantes como proyectiles, pero yo sentía las miradas de todos sobre mí, expectantes a ver qué decía.

—Sí, fuimos Joel y yo, pero el encendedor era de Alahyn —dije al fin, sorprendido de que esta vez mi voz sonara tan segura. Ni siquiera pensé en la respuesta antes de soltarla, debió salir expulsada por la orden de la maestra de demostrar que era un hombre. Pasé de negar mi responsabilidad a medias hasta el otro extremo: compartir abiertamente todo lo que sabía. No solo asumí la responsabilidad de mis acciones, sino que de paso también delaté a mis cómplices sin previo aviso. Pude haber dicho simplemente, "sí, fui yo", pero tal vez decir la verdad a medias no habría demostrado por completo que era un hombre.

—¿Es cierto, jóvenes? —dijo, volteando a ver a mis secuaces. Ambos asintieron en silencio. —Límpienme bien ese mugrero. Y se me quedan los tres sin recreo por lo que resta del año —sentenció. El castigo de recoger la basura me pareció perfectamente justo, pero lo de quedarnos sin recreo se me hizo desproporcionado, demasiado.

Lo que más me angustiaba, mucho más que quedarnos sin recreo, era tener que decirle a mi mamá y darle explicaciones a mi papá la próxima vez que visitara. ¿Qué le iba a decir? ¿Qué casi quemaba el salón? ¿Qué me había metido en una travesura en la clase de historia? Ni siquiera sabía por dónde empezar. Perder el recreo era un problema mucho menos preocupante en comparación. Además, para entonces ya sabía que nos íbamos a ir a McAllen antes del final del año escolar, por lo que ni siquiera cumpliría todo mi castigo. Decirle a mis papás no era parte oficial del castigo, pero se sentía como la consecuencia más grave de ese intento de incendio, una que no había contemplado en los pocos segundos que sostuve en la mano la bola de papel en llamas.

Más tarde esa semana, mientras terminábamos la clase de español con la maestra Laura, se dio cuenta de que Joel, Alahyn y yo no estábamos guardando nuestras cosas para salir al recreo. Para entonces, ya se había corrido la voz de nuestra piromanía y la maestra sabía que nos quedaríamos en el salón.

—Van a quedarse aquí hasta que acabe el año, así que más vale que se acostumbren —nos dijo la maestra mientras guardaba sus cosas y preparaba su bolsa para salir del salón.

—Bueno, Efrén no —aclaró una de mis compañeras. Era una de las pocas que sabían que no terminaría el año escolar en esa escuela. Nuestras mamás eran amigas, por lo que debió haber oído de nuestra mudanza.

Por razones que nunca entendí por completo, me sentía incómodo compartiendo con todo el mundo que me iba. Tal vez era vergüenza. Quizás estaba avergonzado de que *tuviéramos* que irnos, que mi familia no hubiera podido ganarse la vida en Allende como todas las demás. Las otras familias se quedarían para continuar con sus vidas; no tendrían que dejarlo todo y a todos atrás. Tal vez ni siquiera tenía las palabras para explicar lo que estaba pasando o por qué estaba pasando. Estaba emocionado de volver a estar con mi papá, de ser una familia normal con todos sus integrantes viviendo bajo el mismo techo. Pero más allá de eso no podía explicar por qué tenía que dejar la escuela, por qué debía dejar a mis amigos, mis familiares y la única vida que conocía. Sin importar la razón, sólo un par de mis compañeros más cercanos —y ninguna de mis maestras— sabían que pronto dejaría la escuela.

Así que la maestra Laura no sabía. Puso su bolsa de vuelta en el escritorio y me volteó a ver:

—¿Por qué? ¿Te vas a cambiar de secu? —parecía preocupada.

Entre la vergüenza del incendio y la falta de ganas de dar explicaciones de por qué mi familia estaba a punto de emigrar a Estados Unidos, guardé silencio. La maestra Laura esperó mi respuesta mientras más y más alumnos salían del salón a la hora del recreo. Cuando entendí que no se iría hasta que le respondiera, simplemente miré hacia abajo, viendo las mochilas en el suelo, cada una descansando contra el escritorio de sus respectivos dueños, negué con la cabeza y solté un suave "no". Fue una negación nerviosa e insegura, pero ella pareció satisfecha con mi respuesta y yo me sentí aliviado de no tener que dar más explicaciones.

Desde ese día, dejé pasar cada oportunidad de corregir mi media verdad.

Me decía a mí mismo que estaba bien, que mi respuesta a su pregunta aquella vez *era* cierta —después de todo, no me estaba cambiando a otra secundaria de Allende, que fue lo que la maestra pensó— y que simplemente lo aclararía tan pronto como tuviera la oportunidad.

Y así fueron pasando las semanas hasta que un día simplemente ya no volví a la Pablo Livas. Llegó el día de irnos y nunca le pude explicar a la maestra Laura. Me he arrepentido desde entonces.

7

¿Aquí tenemos una orquesta?

(18 de junio de 2018)

Como casi todas las mañanas, llegué al gimnasio menos de un minuto antes de que comenzara la clase. En un intento por exprimir todo el sueño que pudiera de la noche, había calculado tan bien el tiempo desde la casa, contando los cuatro semáforos en el camino, que podía poner la alarma a las 5:40, salir a las 5:51 y entrar a *the box* a las 5:59, justo a tiempo para la clase de las 6.

Esa mañana, noté un nuevo integrante en el gimnasio. Tenía el cabello delgado y entrecano, aparentaba unos cincuenta y tantos, estaba en buena forma y nunca lo había visto en la clase. Medía como 1.75 metros, por lo que no era particularmente bajo de estatura, pero sus pantalones cortos debajo de la rodilla lo hacían ver más chaparro de lo que en realidad era. Una adolescente estaba con él. Tenía pinta de que estaba en la prepa y parecía ser su hija.

Yo tenía poco más de un año yendo a ese gimnasio de CrossFit y estaba seguro de haberlo visto antes, pero no ahí. Simplemente no podía recordar dónde. ¿Sería abogado? ¿Lo habría visto en el juzgado, tal vez? A veces ése es mi primer pensamiento cuando veo una cara conocida pero que no logro ubicar. Pero no, no era abogado. ¿Sería alguien de Valley View, tal vez un maestro o empleado? Cuando me topo a personas que no he visto desde la prepa, a veces me tardo en hacer la conexión. Pero tampoco era eso. Tal vez era la ropa que traía—shorts de básquetbol azul marino y una playera gris—o el lugar en el que estábamos, un edificio antiguo convertido en gimnasio, con restos de la pintura roja original que todavía se veía en algunas paredes. O tal vez era mi mente nublada, todavía medio dormida a esta hora de la mañana.

Mientras seguíamos las instrucciones del coach, haciendo desplantes, estiramientos tipo Spiderman, y recorriendo el gimnasio de un lado a otro para calentar, volví a mirar al nuevo integrante y me detuve por una fracción de segundo a medio movimiento cuando lo recordé. Ahora lo veía claramente, con su uniforme verde olivo perfectamente planchado, la insignia dorada brillante en la parte izquierda de su pecho, la pistola de servicio enfundada, el *taser* y las botas negras tipo militar, bien boleadas y amarradas hasta arriba de los tobillos. El nuevo compañero de clase era el agente Manuel "Manny" Padilla, Jr., jefe del sector del Valle del Río Grande de la Patrulla Fronteriza de los EE. UU.

Desde hace años, la Patrulla Fronteriza ha descrito el sector del Valle del Río Grande como el más activo de los nueve sectores a lo largo de la frontera. Cubre treinta y cinco condados a lo largo del sudeste de Texas, un área de aproximadamente 34,000 millas cuadradas. El sector se extiende por 277 millas de río y 317 millas costeras, desde el condado Starr hasta la costa del Golfo y más allá hasta el otro lado del condado Harris, donde se encuentra Houston y sus más de dos millones de habitantes. El terreno del sector del Valle del Río Grande incluye de todo: matorrales secos escasamente poblados en los condados Jim Hogg y Duval, playas en Brownsville y Corpus Christi y centros urbanos densamente poblados, como Houston y Galveston, incluyendo el Puerto de Houston, uno de los más activos del mundo. En 2018, el sector del Valle del Río Grande empleó a casi 3,100 agentes, con Padilla como jefe, dirigiendo sus operaciones terrestres, aéreas y marítimas a lo largo de nueve estaciones y tres puntos de control de inmigración. Durante el año fiscal 2018 del gobierno federal, la Patrulla Fronteriza reportó haber detenido a más de 396.000 personas por cruzar la frontera suroeste sin autorización. Más de 162.000 de estas aprehensiones, un 40 por ciento, tuvieron lugar en el Sector del Valle del Río Grande.

La Patrulla Fronteriza siempre recalca el aumento en las detenciones de niños no acompañados—a quienes se refieren como *Unaccompanied Alien Children*, Niños Extranjeros No Acompañados, o UACs por sus siglas en inglés—y de familias—a las que se refieren como *Family Units*, Unidades Familiares. Nunca me ha quedado claro si hay una razón que justifique el referirse a las familias de inmigrantes como "unidades familiares". En sus páginas de información estadística, la Patrulla Fronteriza explica que las "Unidades Familiares representan el número de individuos (ya sea un niño menor de 18 años, padre o tutor legal) detenidos con un familiar por la Patrulla Fronteriza." ¿Y eso no es una "familia"? No entiendo. Lo que queda claro es que referirse a ellos como "unidades familiares" los convierte en los *otros*, los vuelve de alguna manera diferentes a una "familia". El lenguaje importa y etiquetar a las familias como "unidades familiares" las convierte en algo ajeno, distinto. Nadie dice que va a pasar la Navidad con su "unidad familiar"; va a estar con su familia. Las personas no van a la playa con su "unidad familiar"; van con su familia. Pero en el lenguaje de la Patrulla Fronteriza, los inmigrantes no viajan en familia, sino en unidades del tipo familiar.

Según esta agencia, en 2018 los agentes de la Patrulla Fronteriza detuvieron a más de 107,000 "unidades familiares" a lo largo de la frontera suroeste. Para 2019, el número subió a más de 473,000, un aumento del 342 por ciento. Pretendiendo poner estos números en contexto, la Patrulla Fronteriza se enfoca en el aumento de los últimos años. Pero cuando uno ve más atrás, resulta que no mencionan que en 2005 el número de detenciones en esta zona hubo casi 1.2 millones de detenciones. Y en 1986 y en el 2000, ese número sobrepasó los 1.6 millones. Es decir, la cantidad de detenciones no fue por mucho la más alta en la historia, según las propias estadísticas de la Patrulla Fronteriza. Y ni el gobierno de Bush ni el de Clinton ni el de Reagan aplicaron políticas de Tolerancia Cero o de separación familiar de manera sistemática. Esta fluctuación en el número de personas que cruzan la frontera suroeste es más representativa de la naturaleza cíclica de los flujos migratorios y las condiciones en los países de origen de los migrantes, que de cualquier reacción a las políticas migratorias estadounidenses.

Las estadísticas también ocultan un detalle importante acerca de cómo se producen la mayoría de las detenciones. Todos los padres que entrevisté en el juzgado federal me dijeron que en cuanto cruzaban el río, buscaban a un agente de la Patrulla Fronteriza para entregarse voluntariamente. Los relatos del propio gobierno sobre las detenciones coinciden. La mayoría de los migrantes que cruzan a Texas por el río no intentan ocultarse o huir de los agentes. Al contrario, los buscan, les piden ayuda para poder solicitar asilo o algún otro tipo de protección.

Con ese trasfondo, a mediados de junio de 2018, Padilla no pudo decirle a Gayle King en *CBS This Morning* que estaba en desacuerdo con la política de Cero Tolerancia y con arrancar a los niños de sus padres.

—Estoy de acuerdo con que tenemos que hacer algo —dijo, con su uniforme verde olivo perfectamente planchado—. Nosotros mismos creamos esta situación al no hacer nada —agregó.

Cuando King lo presionó con las historias que había escuchado directamente de los padres separados, Padilla la llamó "Señora Gayle" y se quejó de que se estaba difundiendo mucha "información falsa" acerca de las separaciones. Le aseguró a King y a los televidentes que si tan solo pudiéramos "mirar esto sin emoción y sin políticas… si pudiéramos mirarlo objetivamente", todos entenderíamos.

¿Qué era exactamente lo que se supone que tenemos que entender y cómo podríamos entenderlo sin emoción? ¿Sin las emociones de los padres? ¿De los niños? Al escuchar estas palabras, era imposible no pensar en Viviana y en Leonel, y en Patricia y en Arturo y tantos otros. Ellos fueron las primeras personas cuyas emociones me vinieron a la mente. Tal vez era porque había hablado con ellos en los días anteriores y la emoción con la que respondieron a mis preguntas seguía fresca. O tal vez fue porque, en el fondo, no me veía a mí mismo tan diferente a ellos; no veía a mi propio padre como alguien tan diferente a ellos.

Al escuchar a Padilla intentar justificar las acciones de sus agentes, no pude unirme a su llamado a ver las separaciones "sin emoción". No pude ser parte de un intento por distanciar a los televidentes del programa y al público estadounidense en general de los padres separados. Nuestras emociones —y nuestro entendimiento de estas emociones— es precisamente lo que nos hace humanos y yo no estaba dispuesto a borrar eso ni de los padres de familia, ni de mí mismo. No podía darme el lujo de ver a estos padres de cualquier otra forma que no fuera como los había conocido: como seres humanos con esperanzas, defectos, historias y, ciertamente, con emociones.

La entrevista concluyó y Padilla no aclaró de quién era la emoción que sugería suprimir, pero creo que se refería a la de los televidentes. Un espectador podría haber interpretado estas palabras como un permiso para no pensar empáticamente en estos padres o sus hijos muertos de miedo, solos en una celda. Para no ponerse en sus zapatos y sentir su dolor. Para no imaginar cómo se sentirían ellos en esta misma situación. Para no pensar en ellos como seres humanos, sino como "el otro".

Durante las siguientes semanas, vi a Padilla en CrossFit varias veces a la semana. Lo vi llegar con su hija. Lo escuché pujar y gruñir y lo vi sudar al hacer peso muerto, levantamientos en dos tiempos y saltos al cajón. Lo vi salir del gimnasio con su hija. Por lo que pude apreciar de estas limitadas interacciones que presencié, tenían una relación cariñosa. Era difícil imaginar que los agentes que Padilla dirigía separaban "unidades familiares" en celdas frías durante el día y luego volvían a sus hogares a la calidez de sus propias familias por la noche.

El mismo día en que Padilla estuvo en *CBS This Morning*, por la tarde, las personas en todo el país escucharon por primera vez los llantos de los niños enjaulados. ProPublica y un medio digital local, Neta RGV, publicaron un audio de ocho minutos de un grupo de niños, en su mayoría niñas, llorando y rogando por sus mamás y sus papás, aparentemente en el centro de detención Úrsula al sur de McAllen, donde el secretario Julián Castro había hablado en un mitin apenas el día anterior. Por lo que podía oírse en el audio filtrado, alguien había grabado los llantos y sollozos, probablemente usando un celular, consiguió un abogado y luego se fue a los medios.

Desde principios de junio les había estado diciendo a Georgina y a Roberto en la oficina que tenía la esperanza de que alguien filtrara una fotografía o un video de los niños separados de sus padres. Tal vez el ver directamente cómo estaban siendo enjaulados los niños despertaría más la indignación pública de lo que cualquier palabra mía podría. Mi esperanza era que un agente de la Patrulla Fronteriza, uno con acceso directo a las "hieleras" y los centros de detención, tuviera cargo de consciencia y estuviera dispuesto a arriesgar su trabajo y su carrera para mostrarle al país y al mundo lo que estaba sucediendo ahí dentro. Pero los días se volvieron semanas y, si alguien con acceso directo a los niños tenía consciencia, no habían tomado acción todavía.

Me sorprendió que hubiera sido un audio lo que se filtró. En 2018, cuando las fotos y videos de teléfonos celulares estaban en todos lados, jamás me cruzó por la mente que lo que saldría de esas jaulas sería solamente el sonido. Un audio filtrado daba sensación de cinta de Watergate, algo de otra época en este mundo que está loco por las imágenes, el *livestreaming,* Instagram y YouTube. Pero eso fue todo lo que el grabador anónimo pudo sacar de ahí. Los sonidos.

Cuando vi el encabezado de ProPublica por primera vez, *Listen to Children Who've Just Been Separated From Their Parents at the Border,* "Escucha a los niños que acaban de ser separados de sus padres en la frontera", no pude evitar leerlo como una orden: como si estuvieran diciendo que lo hiciera, que lo escuchara. Pero cuando leí las primeras líneas del artículo de Ginger Thompson me dieron ganas de hacer cualquier cosa menos eso:

> Muchos de ellos suenan como si estuvieran llorando tan fuerte que apenas pueden respirar. Gritan "mami" y "papi" una y otra vez, como si fueran las únicas palabras que conocen.

No era difícil encontrar otra cosa que hacer en lugar de escuchar esa grabación tan dolorosa. Con más nombres, fechas de nacimiento y países de origen que agregar a nuestra hoja de cálculo que no paraba de crecer, fue fácil encontrar algo que "tenía que hacer" para justificar, aunque fuera inconscientemente, que no tenía ocho minutos para escuchar el audio. Horas más tarde, cuando salí de la oficina en la noche, todavía no había terminado de leer el artículo de Thompson.

Cuando entré al tribunal la mañana siguiente, Azalea salió disparada hacia la entrada de la sala en cuanto me vio. Caminaba a pasos cortos y apresurados en mi dirección, y miré rápido alrededor. La escena se había vuelto la norma: la multitud de acusados llenando las bancas codo a codo, como sardinas apretadas y confundidas, con sus ropas sucias y maltratadas, los intérpretes probando el equipo y los defensores públicos e investigadores pasándose papeles entre ellos, preparándose para entrevistar a sus clientes. Podría decir que aquello parecía una colmena de actividad, si creyera que ahí estaba pasando algo bueno, productivo. Pero, más bien, se parecía más a una fábrica de producción en masa, con decenas de piezas sueltas en una cadena de ensamblaje, cada una haciendo su trabajo con cara de robot en una rotación coordinada para producir el "producto": decenas y cientos y miles de inmigrantes acusados, condenados y sentenciados.

—*I'm so upset,* —se quejó Azalea cuando llegó hasta mí, haciendo un esfuerzo por hablar bajito pero claramente enojada.

Uno de los guardias, dijo, refiriéndose a los empleados del GEO Group que escoltaban a los acusados de un lado a otro en el juzgado, había estado reproduciendo el audio filtrado con su celular, enseñándoselo a sus compañeros en una de las bancas al fondo de la sala. Era un teléfono de la empresa, por eso le permitían meterlo a la sala del tribunal. El guardia había estado reproduciendo el audio disimuladamente, o eso creyó él, pero el volumen estaba lo suficientemente alto como para que Azalea lo oyera desde la mesa de abogados y, por lo tanto, también lo debieron haber escuchado los padres y madres separados que estaban ahí ese día.

—Tuve que ir hasta allá y decirle que lo apagara —dijo.

Sacudí la cabeza, apreté los labios y miré a los acusados amontonados. Me dio la impresión de que Azalea asumió que yo ya había escuchado la grabación; no le dije que no me había atrevido a hacerlo.

Caminé hasta una de las mesas de los abogados y saqué el montón de formularios en blanco de mi maletín para empezar a entrevistar a los padres separados de esa mañana, sin tiempo ni cabeza para preguntarme en qué había estado pensando ese guardia. Había reproducido el sonido de niños llorando en frente de quienes bien podrían ser los padres de esos niños o quienes muy probablemente habían sido separados de sus propios hijos. ¿Había sido un descuido, involuntario e imprudente, hacia la reacción que podrían tener los padres al escuchar esos llantos? ¿O estaba intentando, deliberadamente, *hacerlos* reaccionar?

Cuando llegué a casa esa noche, Karla estaba preparando la cena. "Pasta ñaña", como le decía Julián tratando de pronunciar "pasta naranja", era su favorita a esa edad: espagueti con salsa de tomate. Le encantaba hacer un desastre y embarrarse todo de la salsa roja. Después de comer y de limpiar las manchas rojas que dejó, Karla le dio un baño antes de dormir y yo me senté en la mesa del comedor, cansado, con la mirada perdida, clavada en la pantalla de mi computadora.

Había evitado escuchar el audio por más de un día, diciéndome que no había necesidad, preguntándome qué bien me haría. ¿Qué caso tenía? Me estaba volviendo cada vez más insensible a las historias de los papás, pero ¿por qué escuchar a los niños llorando y suplicando, sobre todo si sentía que había muy poco que pudiera hacer por ellos? Estaban en Úrsula, a solo seis kilómetros de mi casa, pero por más que quisiera, no podía simplemente caminar hasta la entrada del centro de detención y exigir que los liberaran y los reunieran con sus padres. Simplemente no era opción. Me froté los ojos y abrí el artículo de Thompson en el sitio web de ProPublica.

Pensándolo bien, creo que me obligué a escuchar el audio porque sentía que era mi deber: yo era el abogado representando a sus papás. Debí haber pensado que tenía que escuchar el dolor de los hijos de mis clientes para poder entender de verdad el daño que la separación les estaba causando. En un nivel un poco más consciente, me dije lo que había dicho en una de las entrevistas: el gobierno federal estaba llevando a cabo esta política en nuestro nombre. Sin importar por quién votes, en una democracia representativa como la de Estados Unidos, los funcionarios electos deben representar la voluntad del pueblo, la voluntad colectiva. Esa voluntad ahora había sido retorcida y manipulada hasta convertirse en esos llantos y súplicas que ahora salían de las jaulas de Úrsula.

Cuando le di clic a *play* creí que sabía qué esperar. Por los fragmentos que había escuchado de paso en la oficina, me esperaba sobre todo gritos difíciles de entender. Apenas empezó el audio, apareció una pantalla negra durante un par de segundos y luego la imagen de una mujer latina y una niña, ambos sonriendo tímidamente a la cámara, como en una *selfie* tomada con un celular. La mujer tenía el cabello oscuro y ondulado con unas cejas igual de oscuras, mientras que la niña, que parecía como de cinco o seis años, llevaba una blusa blanca con lunares negros y cuello rosa. En la parte de abajo de la imagen venía un texto que decía:

> *Alison Jimena Valencia Madrid, de seis años, fue separada de su madre la semana pasada en una instalación de Aduanas y Protección Fronteriza de los Estados Unidos. Lo siguiente es una grabación de audio de Alison y otros niños mientras hablan con agentes de la patrulla fronteriza y funcionarios consulares.*

No reconocí el nombre, pero me pregunté si yo o alguien de TCRP habíamos entrevistado a su mamá en el juzgado. Más tarde, revisando los formularios de admisión, encontré el formulario de su mamá. Había ido al tribunal federal hacía menos de una semana, el 13 de junio. Su nombre era Cindy, tenía 29 años, originaria de El Salvador.

El Salvador es el más pequeño de los siete países de América Central. Es un poco más grande que el estado de Massachusetts. Con una población de alrededor de seis millones y medio, también es el país más densamente poblado. Un conquistador español le dio el nombre de “El Salvador” a principios del siglo XVI, pero antes de eso el territorio había sido habitado por las poblaciones indígenas lencas, mayas y pipiles, y el dominio más grande se conocía por su nombre indígena, Kuzshkatán o Cuzcatlán, que significa el lugar de las joyas preciosas. A principios de 1980, en medio de una insurrección izquierdista, un "escuadrón de la muerte" asesinó a Oscar Romero, el arzobispo de la capital, San Salvador, mientras daba una misa, en lo que muchos identifican como el inicio de la guerra civil del país. Un régimen militar financiado por Estados Unidos gobernó el país durante los 12 años que duró el conflicto, en el que fueron asesinadas más de 75.000 personas, según la Comisión de la Verdad para El Salvador de las Naciones Unidas. En uno de los episodios más espantosos de la guerra, conocido como la Masacre de El Mozote, un batallón del ejército salvadoreño entrenado por agentes estadounidenses violó a decenas de mujeres y niñas y mató a más de 800 civiles, más de la mitad eran niños.

En 1992, los acuerdos de paz pusieron fin al conflicto armado y un año después la legislatura salvadoreña aprobó una ley de amnistía que cubría todos los actos de violencia durante la guerra. Desde el 2001, el dólar estadounidense es la moneda oficial del país. Durante años, organizaciones internacionales de derechos humanos han informado sobre las alarmantes tasas de crimen y homicidio en El Salvador, que están directamente vinculadas a las actividades de pandillas o maras, las cuales tienen lazos con grupos criminales transnacionales.

Los gritos ininteligibles que había alcanzado a oír en la oficina comenzaron apenas quince segundos después de empezar la grabación. Levanté la mirada más allá de la pantalla de la computadora y me quedé mirando la pared blanca, vacía, de nuestro comedor. Una pequeña grieta donde la pared llegaba al techo me llamó la atención por un segundo, hasta que la voz de una niña, clara y suplicante a la vez, me atravesó los oídos:

—¡No quiero que me separen de mi papá, no quiero que lo deporten!

La pantalla volvió a ponerse negra. Los gritos de "¡papi!" "¡papi!" ahogados por llantos y sollozos. Las voces seguían llorando, llorando, llorando, el volumen subía y bajaba conforme la grabadora se acercaba o se alejaba de los niños. Sus llantos iban acompañados por un constante sonido granulado y estático de fondo, seguramente el ruido de una grabación escondida en un espacio cerrado.

Una cosa era imaginar lo que estaban viviendo los niños, hacerte una idea de lo que sufrían al estar lejos de sus padres. Pero fue algo muy distinto escucharlo de sus propias voces. En su poema de 1819, *Oda a una urna griega*, John Keats reflexionó que las melodías que han sido escuchadas son dulces, pero las no oídas lo son aún más. Su imaginación podía concebir una belleza mucho más grande que la que podían percibir sus sentidos. Casi dos siglos después, mi imaginación no adornaba la realidad de una manera romántica y dulce como lo había hecho la de Keats. Para mí, fue todo lo contrario: lo que me había imaginado no alcanzaba el nivel de horror que escuché esa noche. Durante semanas, mi imaginación no había podido visualizar algo tan crudo y visceral como lo que ahora salía de las bocinas de mi computadora. Imaginar los llantos de los niños había sido doloroso; escuchar los de verdad esa noche fue enloquecedor.

Mientras seguía escuchando y sufriendo los continuos gritos de las niñas, la autoritaria voz de un hombre adulto apareció de la nada, como si hubiera entrado en escena desde atrás de una cortina:

—Bueno, ¿aquí tenemos una orquesta? —preguntó con un acento caribeño. No sé si sería cubano, dominicano o puertorriqueño, pero cambiaba las erres por las eles, haciendo que la palabra sonara como "olquesta".

Uno de los niños preguntó, con voz inocente y confundida, apenas inteligible entre los gritos incesantes: —¿Qué es una orquesta?

—¡Faltaba el maestro! —exclamó la voz dirigiéndose a otro niño que seguía llorando, sin soltar la repugnante comparación.

La voz se fue alejando. Apenas se alcanzó a oír cuando dijo "no llores" en un tono casi compasivo mientras se disolvía entre la estática de la grabación. ¿Qué podría estar pensando ese agente mientras escuchaba a los niños llorar? Lo único que hizo fue desarrollar la siniestra analogía de la orquesta y ofrecer a los niños un tibio "no llores". ¿No se veía a sí mismo, a su familia, a sus propios ancestros que llegaron a este país antes que él, en los rostros y los llantos de estos niños? ¿Se veía a sí mismo como cubano americano o puertorriqueño y, por lo tanto, "diferente" a estos niños salvadoreños y guatemaltecos? Los oficiales del gobierno federal, especialmente los promotores de la política de Cero Tolerancia, claramente no veían esa diferencia. ¿Tal vez sólo pensaban "yo soy legal y estos niños son ilegales" y eso bastaba para justificar distanciarse de los niños, aunque hablaran el mismo idioma, compartieran historia y cultura y tal vez tuvieran el mismo color de piel?

A pesar de las tibias e inútiles peticiones que hacía la voz, los niños no podían dejar de llorar. Sus sollozos escapaban de las jaulas que atrapaban a sus pequeños cuerpos. Me aparté de la mesa y pausé la grabación.

Para este momento, el audio se había vuelto viral y yo llegaba un día tarde al furor. Al escuchar a los niños llorar en mi computadora, empecé a entender mejor el revuelo que esta grabación estaba causando por todo el país. Mi equipo y otros llevábamos semanas contando las historias de estos niños y sus padres, explicando los detalles de la Sección 1325, compartiendo la situación en los centros de detención de ICE y de los albergues de la Oficina de Reasentamiento de Refugiados (ORR). Pero este audio no necesitaba explicación. No necesitaba traducción, ni introducción, ni análisis: Los niños hablaban por sí mismos.

Cuando volví a reproducir el video, reapareció la voz del agente al final de una conversación. —Houston está a siete horas de aquí —dijo—. Está cerca.

—¿De dónde son? —preguntó la voz.

—Yo soy de El Salvador —respondió uno de los niños—. ¿Y tú?

—Guatemala —respondió otro, sin poder evitar que el nombre de su país se convirtiera en la cola de un sollozo que fue subiendo de volumen. La voz no mencionó la orquesta esta vez. "No llores", era lo único que repetía.

—Quiero irme con mi tía —dijo otra niña, llorando—. Nomás una llamada —rogó—. Quiero irme con mi tía. Nomás una llamada.

—Ella te puede ayudar si tienes el número de teléfono —le dijo la voz.

Siguió llorando y le tomó un segundo procesar lo que la voz le ofrecía.

—Sí me lo sé —se las arregló para decir.

Otro grito interrumpió su diálogo, pero no me quedaba claro de dónde venía.

—¡Papá! —se escuchaba la voz de otra niña. —Papá, papá, ¡ay, papá! —, y sus palabras se convertían en llanto.

Regresó la voz de la niña que quería llamar a su tía. Para entonces yo ya sabía que esa voz era la de Jimena, la niña que presentaron al principio del audio. Se calmó y le preguntó por la llamada a alguien, que por el contexto parecía ser una funcionaria consular.

—¿Puedes llamar a mi tía para que venga por mí después de comer? —Su voz era muy joven, infantil, pero al mismo tiempo firme, como quien sabe bien lo que está pidiendo. Hizo su pregunta tan inocente, tan genuinamente, como si realmente existiera la posibilidad de que se cumpliera.

Los llantos llevaban unos cinco minutos cuando Jimena regresó. —Me sé mi número de memoria —dijo—. 34 72 —y su voz se perdió en el fondo de la grabación.

—¿Le puedes marcar a mi tía para que venga a recogerme? Y para que mi mami pueda venir lo más pronto posible —en su mente de seis años, era así de sencillo: llamar a su tía para que viniera por ella y luego irse con su mamá de inmediato. Por supuesto que su tía vendría. Por supuesto que su mamá también llegaría tan pronto como pudiera. ¿Por qué no lo harían? Claro que querían recogerla. Lo más pronto posible.

Luego la funcionaria consular reapareció en la grabación.

—La niña quiere hablar con su tía… ¿podemos hacer esa llamada? —preguntó.

—Si es de El Salvador, sí —respondió una voz femenina. Era otra agente.

Los llantos continuaban de fondo, pero esta voz no mencionó nada sobre la orquesta.

—Sí, es de El Salvador —respondió la funcionaria—. ¿Dónde está la niña que era… de El Salvador… ella? —empezó a preguntar por ahí—. Dame el número —dijo, y se entendía que ya había encontrado a la niña.

—Treinta y cuatro, siete…—respondió Jimena, de manera instintiva, y luego una serie de *bips* silenciaron su voz. Era la redacción de *ProPublica* interviniendo para no divulgar el número telefónico.

—Y luego después de que mi tía venga a recogerme, mi mami va a venir tan pronto como sea posible para que me vaya con ella —repetía Jimena después de decir su número de memoria. Parecía como si repitiera esas palabras una y otra vez para ver si se volvían realidad.

El audio llegó a un final abrupto después de ocho minutos de llantos y sollozos. Pero quedaba claro que los llantos no terminaban ahí; los niños seguían ahí, atrapados en las jaulas, pidiendo una llamada, llorando por mamá y por papá, sus voces apenas logrando escapar al mundo a través de esa grabación.

Durante toda la grabación, ningún niño pidió a los agentes que lo dejaran ir, que lo liberaran. Yo esperaba que les rogaran a los agentes que los dejaran salir, pero ninguno lo hizo. Todos llamaban a sus mamás y a sus papás para que vinieran por ellos. Ni uno solo preguntó por qué los habían separado de sus padres.

Para el día que se filtró esa grabación, llevaba casi cuatro semanas entrevistando padres y madres separadas y ya había entrevistado a casi cien. Pero ésta fue la primera vez que tuve una mirada directa al punto de vista de los niños. Algunos padres se quebraban en llanto durante la entrevista inicial en el juzgado y, luego de unos minutos, Georgina o yo casi siempre lográbamos calmarlos, asegurándoles que haríamos todo lo posible por encontrar a sus hijos cuanto antes, incluso cuando sabíamos que podía tomar semanas. Pero estos niños lo único que escuchaban era “no llores”.

Nadie les daba consuelo, ni siquiera los funcionarios consulares. Escuché esos ocho minutos de la grabación, pero estaba seguro de que los llantos y sollozos continuaron toda la noche. Todas las noches.

A los seis años, la edad de Jimena, la corteza prefrontal del cerebro no está completamente desarrollada y los niños tienen dificultades para racionalizar sus emociones. Esa parte del cerebro es responsable, entre otras cosas, del razonamiento, la lógica, la resolución de problemas y la capacidad de entender diversos puntos de vista. Antes de que se desarrolle la corteza prefrontal, los niños hacen lo que los adultos llamamos "berrinches" y batallan para entenderse con sus padres frustrados. Cuando la corteza prefrontal aún no está desarrollada por completo, los niños tienen dificultades para controlar sus reacciones emocionales. Algunos expertos consideran que esta parte del cerebro no se termina de desarrollar hasta la adolescencia y tal vez hasta los veinte años. Antes de los diez años, es indiscutible que la corteza prefrontal no está completamente desarrollada. Esto explica por qué los niños a veces son incapaces de interpretar lo que sucede a su alrededor más que a través de la emoción pura, lo cual a menudo implica el llanto.

Es por esto que la corteza prefrontal subdesarrollada de Jimena no podía entender por qué su mamá no podía venir a recogerla. Ciertamente no estaba haciendo un berrinche, pero no podía entender que su mamá estaba siendo procesada bajo la política de Tolerancia Cero, que probablemente se declararía culpable de entrada ilegal, y que sería procesada en unas cuantas horas para su deportación expedita. Para el cerebro de Jimena, todo esto se resumía en una emoción simple y directa: llamar a su mamá para que viniera por ella. Su cerebro de seis años no sabía sobre fronteras internacionales, sus inevitables jerarquías y la violencia que conlleva preservarlas. Ella estaba al margen de todo eso y no podía entender por qué el adulto del uniforme verde no podía ayudarla a reunirse con su mamá. A sus seis años no entendía la diferencia impuesta, ya sea real o imaginaria, entre un estadounidense y un salvadoreño. El uniforme del agente de la Patrulla Fronteriza aún no significaba para ella lo que significaba para su tía y para todos los demás adultos que habían cruzado la frontera. Su cerebro no era consciente todavía del efecto que esta experiencia traumática tendría para su psique, probablemente por el resto de su vida. A Jimena aún le faltaban años para llegar a la inevitable realización de que vivimos en un mundo dividido por líneas en un mapa y de que ejercemos una violencia desmedida para imponer esas líneas en nombre de la soberanía. De alguna forma, todos acabamos dándonos cuenta—y cargando con el trauma, en distinto grado—de que éste es un mundo dividido por nacionalidades, fronteras, exclusión y violencia; y terminamos normalizándolo como si fuera la manera "natural" de vivir.

Cerré la laptop como si al bajar la tapa encerrara esa realidad dentro de la pantalla, haciéndola desaparecer.

Me levanté de la mesa y caminé por el pasillo hasta la recámara. Alcancé a ver mis ojos rojos de cansancio en el espejo del baño, mientras Karla sacaba a Julián de la bañera envuelto en una toalla gris. Le encantaba la hora del baño y todavía era pura risa.

—¿Listo? —le pregunté mientras le hacía cosquillitas en el cuello.

—'To —balbuceó con su vocecita de bebé, repitiendo la última sílaba de la palabra que escuchó, y su sonrisa se convirtió en una risita.

Karla lo desenrolló de la toalla y me lo pasó. Lo abracé un poco más fuerte. Le puse un pañal limpio y el mameluco para dormir. Mientras le ponía el mameluco por encima de su cabeza, fingí sorpresa al verla salir por el otro lado y él se soltó riendo. No tenía sueño todavía y estaba impaciente cuando Karla lo cargó. Apagué la luz y Karla se sentó con él en la mecedora que teníamos en la esquina, junto a la luz de noche. Julián recargó la cabeza en el pecho de Karla y se acurrucó. Empezó a amamantar en completa paz y al poco tiempo se quedó dormidito, un sueño tranquilo y placentero.

En aquellos días era difícil evitar que el trabajo llegara hasta la vida familiar, especialmente la parte mental y emocional. Todos los consejos que había recibido sobre cuidado personal, salud mental, "*work-life balance*", decían que había que dejar el trabajo en el trabajo y estar en casa cuando estás en casa, pero ese verano fallé en ambos frentes. Especialmente esa noche, al ver a Julián descansar sobre el pecho de Karla, no pude evitar hacer la conexión con lo que había escuchado unos minutos antes en la computadora. El padre en mí se sentía afortunado y bendecido de tener a Julián aquí con nosotros, en la seguridad y el calor de nuestro hogar. El abogado en mí se sentía impotente ante los niños que no dormirían esa noche con sus papás y, peor aún, que ni siquiera sabían cuándo podrían hacerlo otra vez.

Ese verano no era la primera vez que niños y familias llegaban a los Estados Unidos en cantidades significativas. Tampoco lo fue el verano de 2014, cuando llegaron miles de "menores no acompañados" desde Centroamérica a la frontera de Texas, lo que llevó al gobierno del presidente Obama a declarar, primero, una crisis humanitaria y, segundo, a habilitar centros de acopio y detención de inmigrantes para albergar a familias enteras. En un típico acto de eufemismo gubernamental, el gobierno del presidente Obama llamó a estas instalaciones "centros residenciales familiares", pero los defensores de derechos humanos no tardaron en describirlos como "*kiddie jails*", cárceles para niños.

Entre los primeros grupos de personas nacidas en el extranjero que llegaron a este país, después de los colonos blancos provenientes de Europa, estuvieron los africanos traídos en contra de su voluntad a bordo de barcos esclavistas para construir este país con trabajo forzado y sin pago. Las separaciones forzadas de padres e hijos esclavizados han sido ampliamente documentadas.

En cuanto a los inmigrantes en el sentido más convencional, en enero de 1892, la primera persona registrada en Ellis Island fue Annie Moore, una niña de quince años proveniente de Irlanda que había cruzado el océano sola. Durante los quince años posteriores a la llegada de Annie Moore, miles de niños —algunos huérfanos, otros refugiados y otros más buscando reunirse con sus familias en Estados Unidos— llegaron a Nueva York, principalmente desde Europa. En aquella época, quienes se oponían a la llegada de inmigrantes y refugiados aseguraban que los inmigrantes italianos y judíos "mestizaban" a Estados Unidos, culpándolos de traer enfermedades y un estilo de vida inferior.

Children of Ellis Island (Los niños de Ellis Island) es una recopilación fotográfica de Barry Moreno, bibliotecario e historiador del Monumento Nacional de la Estatua de la Libertad y del Museo de Inmigración de Ellis Island. La obra narra historias conocidas sobre niños inmigrantes que llegaron a Estados Unidos enfrentando maltratos y encierro. Ofrece un retrato de Nueva York a principios del siglo XX que es inquietantemente parecido a la situación en la frontera sur a principios del siglo XXI. Las imágenes del libro muestran jaulas de maya ciclónica, no muy diferentes a las que fueron tristemente célebres en el 2018. Un artículo del Washington Post de 1904 describe a cientos de niños detenidos, incluyendo a "*bambinos* italianos con los ojos morados, niños polacos de pelo rubio con vestimenta pintoresca que llegan hasta el suelo y ocultan sus pies descalzos, rumanos, austriacos, sirios, árabes, turcos, eslavos, hunos, finlandeses, suecos, rusos, antillanos, galeses, escoceses y alemanes". Un número incalculable de niños llegó a la bahía de Nueva York en la primera década del siglo pasado. Para 1907, el rechazo a la llegada de cientos de miles de inmigrantes a través de Ellis Island llevó a la promulgación de la Ley de Inmigración, que restringía la entrada de todos los "idiotas, imbéciles, débiles mentales, epilépticos, dementes y personas que hayan sido diagnosticadas con enfermedades mentales en los cinco años previos; personas que han tenido dos o más ataques de locura en cualquier momento anterior; indigentes; personas con probabilidades de convertirse en una carga pública; mendigos profesionales; personas que hayan padecido tuberculosis o alguna enfermedad contagiosa o repulsiva". Para ser un país que se jacta de ser una nación de inmigrantes desde sus inicios, había bastantes inmigrantes que no eran bienvenidos. Estamos hablando de apenas unos ciento treinta años después de la Declaración de Independencia y cincuenta años después del final de la Guerra Civil. El rechazo de ciertos inmigrantes que llegaban a este país era claramente un esfuerzo por controlar y definir qué grupos podían aspirar a volverse "*American*", y cuáles no.

En 1915, el New York Times informó sobre dos niños colombianos no acompañados, de quince y siete años, que llegaron a Ellis Island sin un padre, madre o tutor legal. En una espantosa normalización de la detención infantil que raya en lo absurdo, el artículo señaló que aunque "los niños estaban detenidos, comían plátanos y parecían muy felices". Casi cien años después, el mismo periódico volvió a idealizar la detención de menores migrantes, reportando en 2012 que "no es inusual que los jóvenes recuerden a los centros de detención... como uno de los mejores momentos de sus maltratadas vidas". En julio de 2018, Matthew Albence, subdirector interino de ICE, declaró bajo juramento ante el Comité Judicial del Senado que los centros de detención familiares eran "como un campamento de verano", sorprendiendo tanto a los abogados como a los legisladores. Niños encerrados en una bodega con rejas de metal, separados de los adultos, durmiendo sobre bancas de concreto con una manta de Mylar para cubrirse y quizá con permiso para salir a tomar aire libre una vez al día; nadie en su sano juicio puede considerar aquello como un campamento de verano.

Durante la Segunda Guerra Mundial, cuando cientos de miles de niños y niñas en edad escolar de ascendencia japonesa—tanto ciudadanos estadounidenses como inmigrantes— fueron enviados a campos de internamiento, un número incalculable de familias fueron separadas: los hijos acababan internados en un campo y los padres y madres en otro. En diferentes épocas y usando diferentes leyes y políticas como justificación, en este país el enjaulamiento de la niñez inmigrante ha sido mucho más común de lo que a mucha gente le gustaría reconocer.

Esta vez, la diferencia fue que en 2018 había teléfonos celulares por todas partes, y uno de ellos grabó a los niños dentro de Úrsula y envió sus sollozos directamente a millones de computadoras y hogares alrededor del mundo. La grabación generó una indignación colectiva. Los audios publicados por *ProPublica* y *Neta RGV* fueron reproducidos millones de veces en internet y los noticieros nocturnos los cubrieron extensamente. El audio pareció tocar los corazones y las entrañas de las personas de una manera en la que las tres semanas anteriores de los noticieros cubriendo las separaciones no habían logrado. Las historias que habíamos compartido —desde la huida de Viviana después del asesinato de su esposo hasta Patricia y su hijo con necesidades especiales— habían recibido una cobertura significativa y habían ayudado, pero ninguna provocó el furor generalizado como lo hizo aquel audio. Ni cerca.

Por fortuna, lo único que se filtró fue el audio y no fotos o videos de los niños. Esos llantos resultaron mucho más efectivos para provocar indignación y enojo en el público en general de lo que hubiera sido un video o una imagen. Y, aunque me duela aceptarlo, esto fue porque, al escuchar solo los llantos de los niños, nadie podía ver el color de su piel. De las miles o millones de personas que escucharon a los niños llorar en ese audio, ninguna supo cómo eran físicamente. De haberse difundido una foto o un video, habría sido más fácil ver a los niños como "otros", verlos como "diferentes", con su piel morena y cabello oscuro. Pero todos los niños lloran igual, sin importar su país de origen, qué idioma hablan o su estatus migratorio. Esos llantos le permitieron a cualquier persona reconocer la humanidad de los niños, su fragilidad e inocencia, su desesperación, todo en menos de ocho minutos de audio, sin la comodidad de poder distanciarse al verlos como diferentes a sí mismos. Y, aunque muchos culpan a los padres —¡bueno, violaron la ley!—, no es tan fácil tachar de "criminales" a unos niños llorando desconsolados.

Cuando escucho a esos niños llorar, todavía escucho a Julián. Julián llora como esos niños cuando quiere estar con Karla. Escucharlos llorar hizo que muchos pensaran "ese podría ser yo, ese podría ser mi hijo". Entonces, y sólo entonces, estalló la condena pública colectiva. Parecía que incluso para los defensores de las políticas fronterizas y de migración "de mano dura", esos llantos representaban una línea moral que no estaban dispuestos a cruzar. Una línea moral que, por cierto, siempre había existido y que esas mismas personas habían estado dispuestas a cruzar antes, antes de escuchar cómo sonaba realmente cruzarla.

La grabación y la presión que generó se volvieron un punto decisivo ese verano. Menos de dos días después de que se filtrara el audio, el presidente Trump firmó una orden ejecutiva que se suponía pondría fin a las separaciones y reduciría la parte más cruel de la política de Tolerancia Cero. En ese momento, ver cómo el gobierno tuvo que cambiar de rumbo, en contra de los deseos de los obstinados defensores de las políticas más crueles, se sintió como una victoria que semanas atrás parecía imposible. Junto con muchos defensores, abogados y un público indignado en todo el país, pensamos que habíamos logrado poner fin a las separaciones contra todo pronóstico.

Pronto descubriríamos lo equivocados que estábamos.

8
De noche

De repente me encontré en medio de un campo muy amplio, acercándome a una casa pequeña y a medio construir. Estaba al borde de un claro donde, en lugar de mezquites, había robles y otros árboles grandes. La hierba llegaba hasta las rodillas y cubría por completo el suelo. Incluso se alcanzaban a ver unos girasoles. La maleza aquí no estaba tan espesa, así que nuestro grupo pudo caminar rápida pero silenciosamente hacia la casa. La casa parecía abandonada o aún en construcción; las paredes de block estaban enjarradas sólo parcialmente, cubiertas con cemento gris aún sin pintar. Parecía un proyecto abandonado a medias que jamás se terminaría. Las paredes eran altas, pero no había techo por ninguna parte, por lo que el sol entraba directamente hacia el interior de la casa.

Entramos corriendo a la casa sin hacer ruido, madres y padres agarrando las manos de sus hijos. Algunas mamás se llevaban los dedos a los labios para indicarles a los niños que guardaran silencio. Nos agachamos y nos recargamos contra una de las paredes, en cuclillas y evitando los huecos que nunca tendrían ventanas. Escuché unas voces a lo lejos, pero no pude entender lo que decían. Me asomé por uno de los huecos, pero no vi a nadie. Sentí alivio al no escuchar tampoco a ningún perro policía. Los agentes de la Patrulla Fronteriza seguramente venían solos, pensé.

Me agaché otra vez y seguí escondiéndome. De reojo noté la falda de una de las mujeres. Larga y colorida, roja con amarillo y naranja con verde, me recordó a las faldas que había visto usar a las mujeres indígenas en Guatemala. Parecía bordada a mano, adornada con esos hermosos diseños y colores que contrastaban con nuestra situación tan angustiante.

En ese momento, mientras miraba alrededor de la casa, tratando de recuperar el aliento, se me cruzó por la mente un pensamiento: podía salir corriendo. Los agentes pronto pasarían por aquí y encontrarían la casa, tal y como nosotros lo habíamos hecho. Si corría ahora, lejos de este terreno entre la maleza, probablemente haría algún ruido que atraería su atención hacia mí y hacia la casa, pero eso parecía inevitable. De todos modos, lo más probable era que encontraran la casa eventualmente.

Pero si corría ahora, nadie podría venir conmigo. Tendría que dejar a todos atrás y los agentes los encontrarían. Al encontrarlos en la casa, los agentes seguramente no dejarían ir a un grupo de inmigrantes sólo para perseguirme a mí, un fugitivo solitario. En mi mente, había dos agentes detrás de nosotros, aunque no estaba seguro. En nuestro grupo éramos como doce.

O tal vez podíamos intentar huir todos. Podía tratar de convencer a las mamás y a los papás de abandonar este escondite y aventurarse otra vez en la maleza espesa y espinosa, con los niños a cuestas, bien calladitos, mientras yo corría en dirección opuesta para crear una distracción. Las probabilidades de lograrlo eran menores con esta opción, sobre todo para mí, pero al menos ellos tendrían una oportunidad.

Mi corazón latía con fuerza, acelerado por el miedo. No podía decidirme, pero tenía que tomar una decisión. Y rápido.

Mientras intentaba mirar de nuevo por el hueco, con el sudor escurriéndome por la cara, una sensación de pavor invadió mi cuerpo. Me paralicé. Desesperadamente, quería moverme, pero no podía. Sentí en mi cuerpo la indecisión que me dominaba.

Justo en ese momento escuché pasos acercándose. Mi corazón se detuvo. Respiré hondo y levanté la mirada. Antes de poder ver a nadie, desperté. Miré a mi alrededor en la oscuridad, tratando de confirmar dónde estaba. Karla y Julián seguían dormidos y afuera el canto de los pájaros anunciaba que ya casi amanecía.

9
They will go see her tonight

(21 de junio de 2018)

La mañana después de que el presidente firmó la orden ejecutiva que se suponía pondría fin a las separaciones familiares, llegué al juzgado con altas expectativas de lo que encontraría. El presidente había firmado la orden en la Oficina Oval la tarde del miércoles 20 de junio, unas dieciocho horas antes. Seguramente, pensé, era tiempo suficiente para que las instrucciones derivadas de la orden llegaran a McAllen. De todos modos, decidí que era necesario ir al juzgado en persona para verificar.

Era una calurosa mañana de jueves, exactamente cuatro semanas después del día en que Georgina y yo fuimos al juzgado por primera vez. Ni siquiera me había dado cuenta de que era el solsticio de verano; ya desde hacía tiempo que los días se sentían veraniegos: un calor pesado interrumpido por un par de días de lluvias torrenciales. Las cuatro semanas anteriores habían intensificado ese calor con el caos de las separaciones; pero aún así, logramos entrevistar a más de 360 padres y madres separados de sus hijos, sólo en McAllen.

Durante ese mes, habíamos desarrollado un sistema para intentar localizar a los niños y ayudar con su liberación y reunificación. El primer paso consistía en llamar a la Oficina de Reasentamiento de Refugiados para ver si el niño o niña estaba en un albergue del gobierno. Rápidamente nos enteramos de que los albergues no iban a proporcionar información a cualquier persona que llamara, "por la seguridad de los niños", decían. Era al mismo tiempo fascinante y frustrante ver cuántas cosas se hacían supuestamente "por la seguridad de los niños", pero nadie parecía pensar en la seguridad de los niños cuando los separaban de sus papás sin ningún tipo de sistema o procedimiento serio de registro, ni mucho menos un plan claro para reunificarlos con sus familias. Como no podíamos confirmar desde la primera llamada si el niño o la niña estaba en un albergue, dejábamos nuestro nombre y número, y esperábamos a que un administrador de casos nos regresara la llamada— supuestamente, dentro de uno a tres días hábiles. Estos retrasos adquirían otro significado para nosotros, porque cada "día hábil" era un día más en el que Sandro y Miriam y Alessandro, y quién sabe cuántos otros niños estaban quién sabe dónde, pero lejos de sus padres.

Alexis, Georgina y el resto de nuestro equipo llamaban a la ORR, a veces esperando hasta una hora en la línea sólo para dejar su información con el operador o una grabación automática. La llamada de regreso frecuentemente tomaba más de los tres días prometidos, y a veces nunca llegaba, por lo que había que volver a llamar. Cuando por fin nos regresaban la llamada, los administradores de casos normalmente sólo podían decirnos si el niño estaba "admitido" o "no admitido", es decir, si el niño estaba o no en el albergue. Únicamente nos daban más información después de que les enviábamos pruebas de que éramos los abogados de sus padres.

Para este punto en nuestros esfuerzos por localizar a cientos de niños, Alexis y el equipo habían encontrado una manera más eficiente. Después de decenas de llamadas a la ORR, habían hablado varias veces con el mismo administrador de casos y, una vez que este administrador—a quien llamaré Manuel—entendió quiénes éramos y lo que estábamos haciendo, decidió ayudarnos. Manuel nos ayudaba a buscar a los niños con mayor rapidez e incluso a veces nos informaba cuando algún niño todavía no estaba en un albergue pero iba en camino, o si ya lo estaban procesando para su liberación y reunificación con un familiar.

De hecho, un pequeño porcentaje de familias se reunificaron relativamente rápido, cuando los niños todavía estaban en la estación de la Patrulla Fronteriza al momento que los papás regresaban del juzgado. Gracias a retrasos logísticos y administrativos, algunos niños no habían sido trasladados todavía a un albergue de la ORR y esto evitaba una separación más prolongada. Estas reunificaciones sucedieron en el interior de una estación de la Patrulla Fronteriza y nadie más que otros inmigrantes y agentes fronterizos las presenciaron. Los padres y los niños nunca supieron lo cerca que estuvieron de ser separados por semanas o hasta meses. Pero estas situaciones afortunadas en realidad representaban una fracción muy pequeña del total de separaciones. Algunos papás fueron deportados sin sus hijos, obligados a pasar por el proceso de "deportación acelerada" en cuestión de días. Otros fueron deportados junto con sus hijos. La mayoría, sin embargo, seguían separados de sus padres, esparcidos a lo largo y ancho del país en una red de albergues para niños "no acompañados", hogares temporales y otras agencias gubernamentales. En ese momento, se calculaba que más de dos mil niños habían sido separados de sus familias a lo largo de la frontera, pero nadie sabía la cifra exacta. Alrededor de una quinta parte de todas esas familias separadas pasaron por McAllen.

La línea directa de la ORR no había logrado localizar a todos los hijos de nuestros clientes. Muchos de ellos, incluyendo a los hijos de tres de nuestros clientes del primer día en el juzgado —Rivaldo, Jorge y los tres hijos de María— seguían apareciendo como "no admitidos", lo que quería decir que aún no habían llegado a un albergue. ¿Dónde estaban?

De manera similar, no habíamos podido localizar a sus padres, lo que significaba una de dos cosas: o ICE los había liberado dentro de los Estados Unidos o ya los había deportado. No teníamos manera de saber si se habían reunidos con sus hijos. La imposibilidad de encontrar más información sobre nuestros clientes le añadía frustración a un proceso que ya era de por sí extremadamente cruel y disfuncional.

Fue a través de este proceso de llamar a la ORR y esperar a que el administrador de casos nos devolviera la llamada que nuestro equipo pudo confirmar la ubicación de Alessandro, el niño de seis años que había tragado líquido al nacer y quien nos preocupaba que no estuviera recibiendo la atención médica que necesitaba. Después de la separación, lo trasladaron a un albergue en San Antonio, mientras que su mamá permanecía en el Centro de Detención de Puerto Isabel, cerca de la frontera.

Construido en 1950 y ampliado significativamente en el 2007, el Centro de Procesamiento de Puerto Isabel, mejor conocido como el PIDC por sus siglas en inglés, es un complejo distópico rodeado de kilómetros y kilómetros de campos vacíos en Los Fresnos, Texas, a unos 80 kilómetros de la oficina del Proyecto de Derechos Civiles de Texas, donde yo trabajaba. Las extensas instalaciones están rodeadas de alambre de púas y altas torres de vigilancia con un sistema de iluminación amenazante, como de película. Su capacidad de detención supera las 1.200 personas y pronto nos dimos cuenta de que cientos de inmigrantes procesados bajo la política de Tolerancia Cero habían pasado por ahí antes de ser deportados. A Patricia la encerraron en el ala de mujeres, sin ninguna información sobre el paradero de su hijo o si estaba recibiendo los medicamentos que necesitaba. Cada vez que preguntaba por él, los guardias le decían que no tenían ninguna información, lo cual probablemente era cierto, pero no había nadie más a quien preguntarle.

Yo no sabía qué tan grave era la condición de Alessandro y me preocupaba por él y por Patricia todos los días. Nuestro equipo llamó a la ORR más de una vez para suplicar a los administradores de casos que los reunificaran. Pero nos dijeron que, mientras Patricia permaneciera detenida, no había manera de entregarle a Alessandro, debido a cuestiones de autoridad legal y jurisdicción. Desesperados y sin opciones, nos concentramos en buscar la manera de lograr la liberación de Patricia.

La mañana siguiente al anuncio de la orden ejecutiva, entré a la sala del juzgado y me encontré con la misma escena de siempre. El aire olía, como era habitual, a ropa usada durante demasiado tiempo. Pero esta ocasión noté que había más hombres vestidos de traje gris y negro que antes. Supuse que eran alguaciles federales, U.S. Marshalls, representantes del gobierno de los Estados Unidos. Generalmente había uno o dos, pero esa mañana conté hasta cuatro. Los alguaciles estaban acomodando a un grupo de aproximadamente una docena de inmigrantes, ordenándoles que se levantaran de sus asientos y se formaran contra la pared, cerca de la entrada del juzgado. A veces, los alguaciles y los guardias de seguridad del GEO Group acomodaban y reacomodaban a los acusados en las bancas por razones que nunca entendí del todo y que prefería no cuestionar. Pensé que tal vez era uno de esos reacomodos.

Saqué un montón de formularios en blanco de mi portafolio y me acerqué a Azalea, la defensora pública encargada de las audiencias esa mañana. Caminaba por la sala asegurándose de que todo estuviera en orden y preparando su propio espacio de trabajo para entrevistar a los acusados. Le pregunté si algún acusado había sido separado de sus hijos.

—Creo que no hemos preguntado todavía —respondió—. Pero no debería haber ninguno después de la orden ejecutiva de ayer, ¿verdad?

Verdad.

Uno de los alguaciles, robusto y de traje gris que estaba reuniendo al grupo de inmigrantes, llamó a Azalea discretamente. Ella captó la señal y caminó hacia él con paso firme.

—Estos dieciséis van a… —le empezó a decir mientras se acercaba a él. Desde donde estaba, al otro extremo de la sala, no pude entender el final de la oración. Azalea hojeó su expediente, tomó notas y tuvo una breve conversación que no alcancé a escuchar.

Un momento después, Azalea me hizo una señal para que me acercara. Mientras cruzaba la sala del tribunal hacia la pared donde estaba el grupo, asentí con la cabeza levemente hacia los inmigrantes sentados que hicieron contacto visual conmigo, en señal de buenos días.

—Le van a retirar los cargos a todos ellos —dijo Azalea.

Eran los padres separados del día, dieciséis en total. Sus nombres estaban en el expediente, pero no iban a presentar cargos penales en su contra. Sus nombres aparecían en la lista con un número de caso asignado, como todos los demás, pero estos dieciséis no iban a ser procesados. Habían tenido suerte: fue una decisión discrecional de la Fiscalía.

Alguien, en algún lugar entre Washington y McAllen, tomó una decisión de último minuto de no presentar cargos contra los padres separados como resultado de la orden ejecutiva del presidente. Resultó que, después de todo, las instrucciones derivadas de esta orden no habían llegado a tiempo a McAllen. Ya fuera por negligencia o por decisión deliberada, los funcionarios de Washington no habían transmitido el mensaje con la rapidez necesaria. Por eso, estos dieciséis padres despertaron antes de que saliera el sol, se subieron a un autobús esposados y encadenados, fueron traídos al juzgado y sus nombres aparecieron en el expediente de esta mañana. Pero, justo antes de que empezara su audiencia, los retiraron, sus nombres fueron tachados del expediente con una pluma azul y su número de caso se canceló de último minuto. Así como los habían llevado al juzgado, así mismo serían sacados de ahí. Con esposas y grilletes. De la misma manera en que no les explicaron por qué les quitaron a sus hijos o a dónde los habían llevado o con quién, ahora tampoco tendrían ninguna explicación sobre por qué sus casos fueron cancelados. Una vez más, alguien dentro del sistema decidió por ellos.

—¿Quieres entrevistarlos de todas maneras? —me preguntó Azalea.

—Sí —respondí instintivamente. No sabía lo que eso significaba para los padres. No serían procesados bajo la política de Tolerancia Cero, pero, ¿se reunirían con sus hijos esa misma tarde? Probablemente no. Para cuando los padres llegaban al juzgado, ya habían estado separados de sus hijos, por lo general, uno o dos días. En ese lapso, la Patrulla Fronteriza ya había clasificado a los niños como "Niños Extranjeros No Acompañados" (*unaccompanied alien children*, UAC's), la misma categoría que cualquier menor de dieciocho años que cruza la frontera solo. Al clasificarlos así, los agentes de la Patrulla Fronteriza prácticamente borraban a los padres con unos cuantos tecleos en la computadora al procesar a los niños y etiquetarlos como UAC's. Así, los padres dejaban de existir y sus hijos— que habían viajado miles de kilómetros a su lado— de pronto quedaban solos, "no acompañados" en esta ficción legal. Los "menores no acompañados" pasan a ser responsabilidad de la Oficina de Reasentamiento de Refugiados y, para ese momento, los hijos de estos dieciséis padres probablemente ya estaban en un refugio de

ORR o en camino a uno. Ésta era la única oportunidad de documentar sus nombres y fechas de nacimiento.

—Sí —repetí—. Necesitamos la información de los niños.

Los dieciséis papás se veían tan confundidos como yo. Se miraban entre ellos, intercambiaban algunas palabras en voz baja y luego veían a los demás acusados que esperaban sentados a ser llamados. No sabían si haber sido separados del resto era algo bueno o malo. Uno de ellos intentaba rascarse la nuca, pero las esposas lo hacían imposible. Para estos padres, era una confusión tras otra. Una decisión política del presidente, tomada apenas la tarde anterior, había cambiado por completo el curso de sus casos penales esa mañana. Después de entrevistarlos, un alguacil los fue sacando de la sala y los condujo hacia uno de los elevadores. Cuando las puertas del ascensor se cerraron y los padres desaparecieron detrás de ellas, me imaginé que todavía estaban tratando de comprender qué significaba todo esto para ellos y para sus hijos. Para los hijos—que ya estaban camino a un albergue, tal vez cercano o tal vez a cientos de kilómetros de distancia— esa decisión del presidente probablemente llegó demasiado tarde. El sistema de inmigración y el sistema penal habían cambiado de repente, otra vez, por razones que ellos no alcanzaban a entender, dispersándolos como bolas de billar tras un golpe violento: rebotando contra las barandas, chocando entre sí, incapaces de controlar su dirección, raspándose y lastimándose en el proceso.

Una tarde la semana siguiente recibí una llamada frenética de Georgina mientras manejaba.

—¡Efrén! ¡Viviana me acaba de llamar!—exclamó emocionada en cuanto contesté.

Llevábamos más de un mes intentando localizar a Viviana, desde que la entrevistamos por primera vez en el juzgado aquel 24 de mayo. Habíamos localizado a su hijo, Sandro, poco después, en un refugio para niños en el sur de Texas. Pero no habíamos tenido señales de Viviana. No aparecía en el sistema de localización de detenidos de ICE, ni en la línea directa del tribunal de inmigración. En ningún lado. Nos preocupaba que la hubieran deportado sin Sandro, pero tampoco podíamos confirmarlo. Georgina le había entregado su tarjeta de presentación el día de la entrevista, así que Viviana tenía su número. Esa tarde, más de un mes después, finalmente había llamado.

Georgina estaba tan emocionada que apenas podía contenerse. Viviana le contó que agentes de ICE la habían subido a un avión y la mandaron a una prisión de inmigración llamada Northwest Detention Center, y que alguien le había dicho que estaba cerca de una ciudad llamada Seattle. No sabía nada de Sandro y no tenía idea de lo lejos que estaba de él o de McAllen. Su entrevista inicial de asilo, la "Credible Fear Interview" ("Entrevista de temor creíble", CFI por sus siglas en inglés), estaba programada para el día siguiente a la una de la tarde. Viviana tenía algunas preguntas sobre el proceso, pero sobre todo tenía preguntas sobre su hijo.

Todavía estaba tratando de imaginar posibles escenarios en mi cabeza cuando estacioné el carro. ¿Había alguna manera de ayudar a Viviana en este momento, con su entrevista de temor creíble a menos de 24 horas y a miles de kilómetros de distancia?

Salí del carro y pasé junto al asta de una bandera de Estados Unidos en la entrada del Centro Comunitario Las Palmas. Estaba aquí para participar en un panel llamado "Los problemas legales y morales de la separación familiar", que había sido anunciado como "un diálogo interreligioso, reflexivo y no partidista acerca de las perspectivas morales y legales de separar familias en la frontera". Entré al vestíbulo e inmediatamente noté un par de puertas abiertas que llevaban a un gran salón donde se llevaría a cabo el evento. Caminé en esa dirección, saludé a los dos voluntarios que daban la bienvenida a los asistentes y entré al salón.

El lugar parecía un gimnasio de escuela preparatoria, con pisos de linóleo impecables, paredes color café con leche y lo que parecía ser un escenario al fondo, con largas cortinas color guindo, cerradas y que casi tocaban el suelo. Unas treinta o cuarenta sillas estaban alineadas ordenadamente frente al escenario, y más gente seguía llegando. Al pie de las cortinas, observé una mesa plegable cubierta con un mantel azul oscuro y sillas bien acomodadas para los panelistas. Todo el ambiente me recordó más a un *pep rally* en una prepa— esos festejos escolares para enaltecer el espíritu escolar con porras y música— que a un panel serio sobre política migratoria.

Al otro extremo del salón, noté al solitario guardia de seguridad. Era un hombre de unos sesenta y tantos años con la piel pálida y unos lentes gruesos. Vestía pantalón azul oscuro y una camisa de uniforme de guardia de seguridad azul claro, lo que a simple vista lo hacía parecer policía. Su mirada atenta recorrió lentamente la habitación de lado a lado. Su mano izquierda sujetaba ligeramente su muñeca derecha a la altura del abdomen, sus brazos descansaban sobre su barriga redonda en una posición en V que recordaba la pose de hoja de parra.

Antes de que iniciara el panel, parado junto a la mesa de los panelistas, saqué mi celular y empecé a redactar un mensaje grupal en un salto de fe, buscando cómo ayudar a Viviana. Me puse en contacto con los abogados de inmigración en los que más confiaba —Claire Antonelli y Lauren Joyner, ambas de Texas Río Grande Legal Aid, y Carlos García— para pedirles ayuda urgente. A diferencia de Carlos, Lauren y Claire eran "trasplantes" al Valle del Río Grande, pero tras vivir en el sur de Texas por tantos años, la frontera se había vuelto su hogar. Los tres habían sido voluntarios en las entrevistas de padres separados en el juzgado, así que estaban íntimamente familiarizados con lo que enfrentábamos.

"*Urgente. Do you have s contact at north western detention center?*[1]"

El autocorrector había convertido mi "*urgent*" a "urgente", pero no se había preocupado por cambiar la "s" que escribí por error a una "a".

1 Urgente. ¿Tienen un contacto en el North Western Detention Center? Se mantuvo el mensaje en el idioma original para conservar los errores ortográficos.

Lauren fue la primera en responder, sugiriendo un abogado de inmigración en el área de Seattle. Carlos también intervino: "Tengo contactos en NWIRP", refiriéndose al *Northwest Immigrant Rights Project,* una organización con sede en Seattle que brinda servicios a inmigrantes en esa parte del país.

Cuando pregunté si los abogados de NWIRP podrían preparar a Viviana para su CFI, Carlos no se anduvo con rodeos: "Güey, ¡la CFI es mañana! ¿Cuándo la van a preparar?

Ese era mi miedo también. Mi esperanza era más bien que ya hubieran preparado a Viviana: decirle qué tipo de preguntas esperar en una CFI, la importancia de incluir todos los detalles posibles y de narrar su historia de forma cronológica y coherente. Le envié a Carlos el nombre completo de Viviana y su Número A de todas formas, por si acaso. Carlos y yo estábamos conscientes de que con tan poca anticipación y la CFI a la vuelta de la esquina, no había mucho que pudiéramos hacer. "No creo que valga la pena", escribió, "pero quién sabe".

Más gente entraba al salón y algunos reporteros habían colocado sus cámaras frente a la mesa de los panelistas. Los voluntarios caminaban alrededor del salón, asegurándose de que todo estuviera en orden y haciendo plática con los asistentes. Todos los presentadores habían llegado y estábamos a punto de comenzar, por lo que, aunque estaba ansioso por tratar de encontrarle ayuda a Viviana, guardé mi teléfono, tomé un trago de agua de mi botella y me senté.

Cuando la presentación ya estaba en marcha, sentí el teléfono vibrar en mi pierna. Traté de sacar el teléfono discretamente por debajo de la mesa, queriendo no ser grosero con el presentador, pero cuando vi que era un mensaje de Carlos, lo abrí rápidamente.

"¡AY CABRÓN!" apareció en la pantalla de mi celular. No sabía si la palabrota de Carlos se debía a una buena o una mala noticia.

Esperaba impaciente mientras Carlos escribía otro mensaje. Levanté la mirada de la mesa azul, tratando de hacer contacto visual con los asistentes de forma casual. Luego volteé a la izquierda, hacia la doctora que hablaba sobre los impactos de la separación familiar en la salud mental, y después regresé la vista a mi teléfono.

"*They will go see her tonight*", decía el segundo mensaje de Carlos. Esa misma noche irían a verla.

Solté un suspiro de alivio. Por fin una buena noticia. Al menos habría un abogado que le explicaría a Viviana en qué consistía una "entrevista de temor creíble". Iba a estar mucho mejor preparada que la gran mayoría de los solicitantes de asilo que enfrentan su CFI solos, sin representación y sin una idea clara sobre el proceso. Esta noticia me dio esperanza de que lograra pasar la entrevista. Esos momentos de esperanza eran tan pocos, tan lejanos entre sí y a menudo efímeros que normalmente prefería no ilusionarme. No quería decepcionarme si las cosas no salían bien.

Mientras los otros panelistas continuaban con sus presentaciones, volví a observar al guardia de seguridad en la parte trasera del salón. Se acomodó los lentes y dio unos pasos hacia un lado, cruzando los brazos con un gesto corporal que transmitía escepticismo. Cuando por fin fue mi turno, intenté cubrir la mayor cantidad de información posible sobre las experiencias de los padres en los siete minutos que se me asignaron. Recité los datos de manera mucho más mecánica de lo que habría hecho unas semanas atrás, y me di cuenta de que empezaba a sonar insensible. Cada vez me costaba más contar la historia de Viviana, de Arturo y Patricia, y tantas otras, con el mismo nivel de indignación e incredulidad de la primera vez que las conté. Aún no lo sabía, pero mi voz ya empezaba a mostrar señales de fatiga por compasión, también conocida como desgaste por empatía.

No había dormido bien esa semana, y las noticias constantes sobre separaciones familiares ya comenzaban a afectar mi concentración. Después de ir al tribunal en las mañanas, pasaba el día en la oficina intentando coordinar nuestros esfuerzos para localizar a los niños, contestando llamadas de familiares que tenían preguntas sobre sus seres queridos, los padres o niños que todavía no aparecían, o en el teléfono con agentes de ICE. Había pasado un mes desde que empezamos a trabajar con las familias, pero se sentía como si fuera mucho más. Estaba físicamente exhausto. De vez en cuando, un caso particularmente difícil también dejaba un peso emocional adicional, como un último golpe cuando ya te estás tambaleando. Todo esto se sumaba a mi carga habitual de casos de derechos civiles, los cuales había intentado pausar, pero algunos casos todavía tenían plazos próximos. Empezaba a darme cuenta de que este ritmo no era sostenible por mucho más tiempo, pero la adrenalina, la urgencia de los casos y las cantidades nada recomendables de café me empujaban a seguir adelante.

—El único otro país en el mundo que conozco —dije, al final de mis comentarios —el *único* país que castiga a los hijos por lo que hacen sus padres, además de los Estados Unidos hoy en día, es Corea del Norte.

Hice una larga pausa y miré a los asistentes.

—Gracias.

Mi intención con ese comentario era provocar una reacción entre los asistentes, pero también era cierto. Sabía que, en Corea del Norte, los prisioneros políticos pasan tota su vida en campos de internamiento y trabajos forzados y, si tienen hijos ahí, ellos también crecerán y morirán dentro de esos campos. Para mí, la comparación con la política de separación familiar no era tan exagerada: al igual que Corea del Norte, el gobierno de los Estados Unidos estaba castigando a los niños por algo que hicieron sus padres. Y lo que hicieron sus padres fue simplemente cruzar una frontera, tal vez con la intención de solicitar asilo político. Así como los niños norcoreanos no saben por qué no pueden salir de esos campos, los miles de niños inmigrantes separados de sus papás en la frontera no tenían idea de por qué les arrancaron violentamente a sus papás.

Volví a mirar al público buscando reacciones. Una señora sentada en la primera fila se cubrió la boca con la mano, instintivamente. Otras personas bajaron la mirada y movieron la cabeza con desaprobación. El guardia de seguridad en el fondo se movió incómodo en su lugar. Justo lo estaba observando cuando mis pensamientos se vieron interrumpidos por una nueva vibración en mi pierna: otro mensaje en el celular. Esperé la primera oportunidad para sacar el teléfono discretamente.

Era Carlos otra vez.

"¿Adivina qué?", decía su mensaje. "Tiene un abogado pro bono para asistir a su CFI y ya está preparada."

Apenas podía creerlo. Quería abrazar a cada uno de mis copanelistas y chocar las palmas. ¡Viviana tendría un abogado en su CFI! Ahora sí tenía *realmente* una oportunidad. La tasa de aprobación de la CFI para los solicitantes de asilo que tienen un abogado durante la entrevista inicial es mucho más alta que la de los que acuden sin representación, que son la gran mayoría. Quería aplaudir de emoción. Pero en lugar de eso, simplemente miré a la hermana Norma, una de las otras panelistas, mientras explicaba que todos éramos hijos de Dios, todos hermanos y hermanas, y asentí con la cabeza.

—Los agentes de ICE y los agentes de la Patrulla Fronteriza, todos tomamos la comunión juntos —dijo. La hermana Norma Pimentel, una monja católica del sur de Texas, fue noticia nacional en 2015 cuando el centro de ayuda humanitaria que fundó en McAllen para ayudar a niños no acompañados recibió una llamada en vivo del Papa Francisco.

Su comentario me sorprendió. Por lo que entendí, la observación de la hermana Norma era un intento para que la audiencia reconociera la humanidad de los agentes, a no despojarlos de su condición humana. Hasta ahí lo entendía. Pero aún así me costaba trabajo escucharla decir eso cuando yo *veía* día tras día en el juzgado cómo muchos de esos mismos agentes no eran capaces de ver la humanidad de los inmigrantes que detenían y separaban. Estaba de acuerdo con su comentario en lo abstracto, pero, sentado en esa silla, se me hacía difícil ignorar el hecho de que muchos de esos agentes que tomaban la comunión los domingos separarían a los niños de sus padres al día siguiente. Pensaba en los papás en una celda fría y en los niños en un albergue, solos, preguntándose dónde estaban sus papás. ¿Acaso los agentes de migración pensaban en *ellos* como hermanos y hermanas?

Después de las presentaciones y la sesión de preguntas y respuestas, me levanté y atravesé el salón hacia la salida. Antes de llegar a la puerta, el guardia de seguridad, que había estado escuchando desde la parte de atrás del salón, se me acercó.

Caminaba despacio, vacilante, como con vergüenza. Me detuve para saludarlo y le sonreí. De cerca, su pálida piel mostraba manchas rojizas, signos de piel dañada y vejez, quizás por haber pasado largas horas en el sol. Su cabello cano y corto estaba peinado con esmero.

—Hola, licenciado —dijo respetuosamente. Se subió los lentes gruesos y pesados a la nariz y se ajustó el cinturón.

—Hola, ¿cómo está?

—Sabe… —dijo—, yo sólo soy el guardia de seguridad aquí, pero estuve escuchando las presentaciones. Independientemente de lo que piense de la migración, siento mucho lo que pasa con esos niños de los que hablaba, de verdad lo siento. Pero bueno, sus padres violaron la ley…

Ya había escuchado eso muchas veces: que sus padres violaron la ley, que son delincuentes, que las separaciones son su culpa. Los padres habían sido condenados a "tiempo cumplido" por violar la ley al cruzar la frontera sin autorización. Cuando los ciudadanos estadounidenses son condenados por un delito menor que no resulta en privación de libertad, regresan a casa y sus familias los están esperando; el gobierno no les quita a sus hijos. Pero en contraste, semanas después de haber sido sentenciados a tiempo cumplido, cientos de padres inmigrantes todavía no habían vuelto a ver a sus hijos. La separación era un castigo adicional a la sentencia judicial. Ni hablar del castigo que se imponía a los niños. Siempre me han parecido inquietantes las maniobras morales necesarias para resolver esa disonancia cognitiva y tratar de justificar separaciones como si fueran aceptables.

Pero en lugar de ponerme a debatir con él las falacias de su argumento mientras estábamos parados, a un par de metros de la salida, le dije al guardia que no estaba de acuerdo con la política de separación familiar para las personas que habían cruzado la frontera ilegalmente, ni siquiera para personas que hubieran cruzado en múltiples ocasiones. Juntó las manos y las apoyó en su cinturón mientras me escuchaba decir que esa práctica representaba una forma de castigo extrajudicial. Le expliqué que se trataba de una cuestión básica de derechos humanos.

—No es que no sienta nada por los niños, porque sí lo siento —insistió. Tuve la clara impresión de que buscaba mi aprobación.

Quise interrumpir su explicación y preguntarle: ¿usted aceptaría que el gobierno le quitara sus hijos a ciudadanos americanos simplemente porque sus padres cometieron un delito menor? ¿Estaría de acuerdo con que un niño blanco americano fuera separado a la fuerza de su madre porque, digamos, ella se pasó un alto en el Pentágono, lo que es un delito menor que impone la misma pena que cruzar la frontera ilegalmente por primera vez?

A pesar de que insistía una y otra vez en que *de verdad* sentía compasión por los niños, se apresuraba tanto a justificar lo ocurrido que dudé qué tanto le dolía realmente. En el mismo aliento en que decía que lo sentía, aclaraba que los padres habían quebrantado la ley, como si esa afirmación neutralizara toda empatía. Y por los padres no dijo haber sentido nada. Al referirse a los niños inmigrantes y sus padres, los llamaba "esas personas" de una manera que hacía parecer como si los estuviera poniendo en una categoría aparte No logré identificar con claridad esa categoría, pero estaba claro que era una a la que él no pertenecía. En toda nuestra conversación no mencionó nada sobre *nosotros*. Aunque los padres hubieran violado la Sección 1325, ¿eso justificaba que *nosotros*, como gobierno, como sociedad, le quitáramos su hijo a otro ser humano? ¿Justificaba eso la separación a la fuerza?

A pesar de lo mucho que insistía en que "lo sentía" por los niños, para mí era claro que no veía a los padres inmigrantes y a sus niños como se veía a sí mismo. Esa distancia le impedía ponerse verdaderamente en su lugar. Por eso podía elaborar una versión de los hechos que resultara aceptable para su brújula moral. Puede que haya sido capaz de sentir simpatía por los niños —lo repetía una y otra vez —, pero en mi opinión, no llegó a sentir empatía: no logró ponerse en el lugar de esos papás y esos niños. Sólo cuando consideramos a la otra persona como un ser humano igual que nosotros, cuando literalmente los vemos como nos vemos a nosotros mismos, merecedores de justicia, compasión y respeto únicamente por el hecho de ser seres humanos, sólo entonces podemos trascender las diferencias materiales que nos separan, como el lugar de nacimiento, la nacionalidad, el color de piel, el idioma, los antecedentes penales y la pobreza. Sólo así se puede sentir empatía verdadera.

Miré alrededor del salón. Más de la mitad de los asistentes ya se habían ido.

—Y… —añadió el guardia de seguridad— yo sé que usted quiere provocar y todo eso, pero, sabe, yo soy veterano de guerra, estuve en Vietnam —pausó como esperando una reacción de mi parte. Intercambiamos miradas y asentí con la cabeza.

—¿No cree que se pasó un poco al comparar a nuestro país con Corea del Norte?

Sintió la necesidad de decirme que era veterano antes de expresar su molestia con la comparación. Como en otras ocasiones, esa frase provocó malestar. Para él debía ser difícil concebir a Estados Unidos y Corea del Norte—probablemente la dictadura más represiva del mundo— como similares en algún sentido. La sola idea de que el país por el que había arriesgado la vida pudiera parecerse, aunque fuera remotamente, a una dictadura autoritaria como la de Corea del Norte le resultaba desconcertante.

—No dije que fueran iguales —le respondí—. Dije que no sé de ningún otro país que castigue a los niños por lo que hacen sus padres. Y no lo conozco.

No quedó conforme con mi respuesta. Se ajustó el cinturón subiéndose ligeramente los pantalones, y frunció los labios visiblemente incómodo. Mencionar a los dos países en una misma oración le parecía absurdo, ofensivo, como ciudadano americano, quizás más aún como un veterano de guerra. Tal vez su concepto de patriotismo no le permitía criticar al actual gobierno de su país, incluso mucho tiempo después de haberse retirado de las fuerzas armadas y de que el presidente hubiera dejado de ser su comandante en jefe. Quizás su sentido de "deber ciudadano" estaba ligado a una lealtad absoluta a Estados Unidos y sus políticas. O tal vez su experiencia como veterano lo llevaba a ver a aquellos que venían de otros países sin papeles como enemigos, como una amenaza.

Yo no compartía esa visión. Para mí, la mejor manera de apoyar los principios democráticos del gobierno era denunciar a los cuatro vientos cuando éste violaba los derechos humanos. Cuando el gobierno viola los derechos fundamentales de hombres, mujeres y niños que llegan hasta su frontera, guardar silencio equivale a ser cómplice. Y si denunciarlo iba a significar criticar el país donde vivía, donde me ganaba la vida y donde criaba a mi familia, pues que así sea. Para mí, esa era la manera más honesta en la que yo concebía de ser un miembro responsable de la sociedad. Más aún, lo veía como una forma de defender a los padres y a los niños que no podían alzar la voz. O que, cuando la hacían, no eran escuchados. Ser su voz, aunque fuera una pequeña fracción, esta noche, en este centro comunitario, en frente de este guardia de seguridad, era parte de mi deber.

El giro de los acontecimientos en el caso de Viviana había sido más que improbable. Cada año, miles de personas que buscan solicitar asilo enfrentan la Entrevista de Temor Creíble; la gran mayoría lo hacen sin representación legal y casi todos fracasan. En los últimos veinte años, un 45 por ciento de los solicitantes de asilo que cuentan con un abogado ganan sus casos de asilo. Para aquellos que enfrentan el proceso solos, la tasa de éxito apenas supera el 10 por ciento. Es casi inevitable que, por sí solos, no logren avanzar en el proceso. El caso de Viviana fue una excepción. Después de todo lo que había vivido en Guatemala, de recorrer casi dos mil kilómetros hasta llegar a Texas, después de que agentes de la Patrulla Fronteriza le quitaran a Sandro en McAllen, se podía decir que, a final de cuentas, había tenido "suerte" de tener un abogado presente en su CFI.

El abogado de NWIRP que representó a Viviana en su CFI también accedió a tomar su caso para la solicitud de fianza para que saliera libre. Contra todo pronóstico, el juez de inmigración fijó una fianza y un donante anónimo pagó los $13.000 dólares necesarios para su liberación. ¡Trece mil dólares! Todavía me parece inaudito requerir que una persona que huye de amenazas de muerte y busca refugio y protección tenga que pagar esa cantidad de dinero. ¿Qué estaba pensando el juez? ¿Puso esa cifra esperando que Viviana no pudiera pagarla? Si consideraba que Viviana no representaba un riesgo de fuga ni una amenaza para la comunidad, ¿por qué exigirle que pagara tanto dinero? El monto de esa fianza parecía reflejar más el deseo de mantenerla detenida o, peor aún, un intento de lucrar a expensas de una solicitante de asilo viuda y sin recursos que llevaba semanas rogando por ver a su hijo. Pero una vez más, los astros, los abogados voluntarios y los buenos samaritanos se alinearon desde McAllen hasta Seattle y Viviana fue liberada unos días después.

La mayoría de los inmigrantes no son tan afortunados. Miles de Vivianas son deportadas cada año, muchas a lugares donde son perseguidas, hostigadas e incluso asesinadas, pues nuestro sistema de inmigración está diseñado para deportar, no para proteger. Son deportadas porque todos los actores del sistema, desde Washington hasta McAllen, hacen su parte para deportar a la mayor cantidad de personas posible, lo más rápido posible. Cada engranaje de la maquinaria burocrática, desde los agentes de campo hasta los jueces de inmigración, empuja la cinta transportadora de la deportación sin detenerse a pensar si ellos mismos son descendientes de inmigrantes que llegaron en otra época, hace una, dos o tres generaciones. Si las puertas del país estuvieron abiertas cuando sus padres o abuelos llegaron a Ellis Island, esas mismas puertas han sido cerradas con fuerza para los padres y abuelos que hoy cruzan el Río Bravo. Tal vez sean diferentes costas, pero las personas que llegan hoy a la frontera lo hacen motivados por las mismas razones que han traído a personas a estas tierras desde antes de la fundación del país: la búsqueda de seguridad y oportunidad. ¿Y por qué se cierran las puertas ahora? No es realmente porque vengan a quitar los trabajos de otros o porque representen un riesgo para la seguridad nacional, como nos quieren hacer creer los partidarios de las políticas antinmigrantes. Esos argumentos se han hecho por décadas, siempre para esconder la verdadera razón por la que los inmigrantes no blancos han sido históricamente rechazados en este país: porque no encajan en el molde de lo que los fanáticos más intolerantes consideran como americanos "auténticos".

A finales de ese mes, sentado en mi oficina, por fin logré comunicarme con Arturo, el papá que le había inventado a su hija la historia del campamento de verano. Seguíamos actualizando la lista de familias todos los días con nueva información, después de llamar a los padres, hermanos, familiares lejanos, pastores, doctores, amigos de la familia y cualquier persona cuyos datos de contacto los padres nos hubieran proporcionado durante la entrevista inicial. A menudo llamábamos a familiares en Guatemala u Honduras si no había nadie más en Estados Unidos. Para los casos más difíciles, por ejemplo, un padre deportado sin su hijo, sin ninguna información de contacto de ningún familiar, recurríamos a Justicia en Movimiento, una organización sin fines de lucro que se especializa en localizar a personas deportadas a México o Centroamérica.

Marqué al número de la hermana de Arturo en Santa Bárbara. Me contestó ella y enseguida lo puso al teléfono.

—Hola Arturo, buenas tardes —lo saludé con gusto.

—Buenas —dijo. Me lo imaginé sonriendo ligeramente como aquella vez en el tribunal.

Le pregunté si se acordaba de mí, el abogado que lo entrevistó cuando le quitaron a su hija Miriam.

—Me contaste lo del campamento de verano —le dije, recordando nuestra conversación.

—Sí —dijo—. Sí me acuerdo.

Cuando le pregunté si ya se había reunido con su hija, se quedó callado.

—Sí, sí, ya —respondió con una voz contenida.

Arturo y Miriam habían sido trasladados a California y luego fueron liberados juntos días después de su llegada. Su separación había sido más breve que la de otras familias, pero su respuesta me dejó claro que no quería entrar en detalles. Todo rastro de sonrisa había desaparecido de su voz y sus respuestas se volvieron breves y hasta cortantes. Después de haber sido abandonado por su esposa cuando Miriam tenía tan solo tres años, ahora había estado a punto de perderla también. Entendí que no quería revivir ese trauma, ni siquiera para hablar de la reunificación, y lo respeté.

Le pregunté sobre su caso migratorio y me dijo que su hermana estaba buscando un abogado de inmigración para él y para Miriam. Me dio un poco de esperanza escucharlo.

—Bueno, esas son buenas noticias. Y me alegro de que Miriam esté de vuelta contigo —fue todo lo que pude decir.

—Sí, sí —dijo. Luego nos despedimos rápidamente y nunca volvimos a hablar.

10
Juntos otra vez
(1996)

Mi mamá, Héctor y yo llegamos a McAllen un jueves a principios de febrero de 1996. La noche anterior, en Allende, Héctor y yo habíamos ayudado a empacar la ropa en dos maletas pequeñas. Mis papás habían vendido la mayoría de los muebles o los habían apilado en la lavandería, en la parte de atrás de la casa, el mismo lugar donde Silvia me había escrito el abecedario en un pizarrón de juguete diez años antes.

Héctor y yo nos sentíamos contentos de volver a estar con nuestro papá, como habíamos soñado durante años en la mesa de la cocina. Supuse que mi mamá también estaba emocionada, pero no decía mucho. Simplemente puso el álbum de fotos y un par de cintas de VHS en una caja y se las llevó a la lavandería. Cuando visitamos a mi papá meses antes para la cita con la notaria, él y Leoba habían estado quedándose en un cuartito a un lado de la casa de mi tía Tila, una de las hermanas de mi papá, en la calle Chicago. La verdad, me sorprendí cuando vi dónde vivían. Nunca había visto una casa construida sobre bloques de cemento como la de tía Tila. Estaba al fondo de un terreno rectangular y la habitación donde Leoba y mi papá dormían estaba separada de la casa, también sobre bloques de cemento. Había varias cortadoras de pasto tiradas por ahí, con los motores a medio desmontar y algunas piezas faltantes, como si el mecánico hubiera estado trabajando en ellas y se hubiera detenido a la mitad. Llantas desechadas, colillas de cigarro y latas de cerveza vacías cubrían el terreno, que en su mayor parte era de tierra, excepto por algunos parches de zacate amarillento. No vi rosales ni geranios por ningún lado.

Cuando vi por primera vez la habitación donde mi papá se estaba quedando, pensé que estaba abandonada. Subimos dos escalones de madera y abrimos la puerta mosquitero para entrar. Las bisagras rechinaron como cadenas de columpio viejo. A pesar de ser mediodía, todo el lugar estaba mal iluminado, y el olor a polvo y tierra era más fuerte adentro que afuera. A la derecha, junto a una camita, la ropa de mi papá estaba cuidadosamente doblada y acomodada en un estante improvisado de madera, apenas un poco más alto que la cama. No había ropero. El extremo izquierdo de la habitación, que servía de cocina, no tenía estufa, sólo un refri pequeñito y una parrilla eléctrica portátil, de las que tienen dos espirales que se ponen de color naranja fosforescente cuando se calientan. Aunque el lugar parecía limpio, el olor a polvo lo hacía parecer lúgubre y descuidado. El piso de madera rechinaba con cada paso que daban mis papás o Leobal; Héctor y yo todavía éramos demasiado livianos como para incomodar las tablas del piso.

Sólo había una cama y me empezó a preocupar dónde dormiríamos Héctor, mi mamá y yo una vez que nos mudáramos; dormir en el piso parecía la única alternativa. Mi papá debió haber notado la preocupación en mi rostro. Quizás el rostro de mi mamá reflejaba lo mismo.

—No se preocupen —dijo—. Cuando ya estemos todos aquí, vamos a rentar otro lugar, una casa más grande y bonita.

Me sorprendió saber que estaban pagando renta por ese cuarto. No podía creer que alguien pagara por vivir aquí.

En los meses siguientes, después de esa visita y antes de que por fin nos mudáramos definitivamente, mi hermana Tania también se fue de Allende a vivir a McAllen, con Leoba y mi papá. Como había dicho él, encontraron otro lugar. Era un departamento en la misma calle, a unas cuantas casas de distancia. No era mucho más grande ni mucho más bonito.

Tania es hija de mi papá pero no de mi mamá, y por lo tanto la notaria recomendó, de la manera más natural, que ella debía presentar una solicitud de inmigración por separado, distinta a la que mi papá presentó para mi mamá, Héctor y para mí. Era lo mejor, lo que indicaba la ley, nos dijo, y mi papá siguió su consejo. Nunca lo escuché a él o a Tania lamentar esta decisión de tener que presentar solicitudes separadas, aunque ahora éramos parte de la misma familia y vivíamos bajo el mismo techo. Así funcionaba la ley, nos explicó la notaria, y eso era lo que teníamos que hacer.

El departamento en el número 2023 de la calle Chicago era angosto, largo y rectangular. Nunca había visto paredes como esas, blancas como nubes pero delgaditas, como si estuvieran hechas de cartón. Nada que ver con las de cemento duro de nuestra casa de Allende o de adobe fresco de la casa de mi abuelita en Loma Prieta. Cada habitación estaba conectada con la siguiente y no había pasillo, así que para llegar a la cocina o al baño, que estaban hasta el fondo, tenías que atravesar todo el departamento: una "sala" en la entrada, luego una habitación pequeña con clóset que utilizábamos como dormitorio, y al final la cocina. Leoba y Tania dormían en la sala de estar, cerca de la entrada, en un sofá; mis papás, Héctor y yo nos acomodábamos en la habitación de en medio.

La primera vez que entré al departamento, me di cuenta de que la pared que separaba la habitación del medio de la cocina no llegaba hasta el techo, por lo que había una abertura entre estas dos habitaciones. Ese detalle me parecía extraño, como si la pared hubiera quedado sin terminar o la hubieran añadido después de construir la casa para dividir ese cuarto de la cocina, como si el departamento nunca hubiera estado pensado para albergar una familia. La abertura en esta pared también significaba que los olores de la cocina impregnaban todo el departamento día y noche.

Esa primera noche en el departamento, Héctor y yo descubrimos que dormiríamos en un colchón plegable en la habitación del medio. Era un colchoncito áspero de unos 15 centímetros de grueso que raspaba la piel a pesar de que mi mamá lo había cubierto con una sábana. La tela no era lo suficientemente gruesa como para protegernos la espalda de la superficie rugosa. A la mañana siguiente, cuando recogimos el colchón del piso, se desprendieron pequeños pedacitos de su dura tela exterior, pequeñas cortezas que delataban que hacía mucho había dejado de ser un colchón nuevo. Todas las noches, mi mamá sacaba el colchón y todas las mañanas lo guardaba en el clóset, doblándolo en tres, y cada vez se caían más pedazos de tela. En Allende, Héctor y yo teníamos nuestras propias camas. Aquí tampoco había patio trasero y no conocíamos a ninguno de nuestros vecinos. De todas maneras, estaba contento de estar aquí, aún con ese colchón rasposo. La falta de comodidad física estaba más que compensada por la tranquilidad de saber que Héctor, mi mamá y yo ya no estábamos solos.

Lo siguiente era inscribirnos en la escuela. Pero Héctor y yo no podíamos matricularnos hasta que entregáramos un papel demostrando que estábamos completamente vacunados. Cuando mi mamá llevó las cartillas de vacunación mexicanas, nos dijeron que cada uno necesitaba un par de vacunas más. Así como antes no tener la visa nos había impedido visitar a mi papá, ahora el no tener esa cartilla con todas las vacunas nos impedía matricularnos en la escuela y comenzar de lleno nuestra nueva vida. Una vez más, era un documento lo que dictaba si podíamos o no pertenecer. Después de años de esperar, finalmente estábamos físicamente en McAllen, pero la vacunación era el último paso para realmente "llegar". Mi mamá se mortificaba porque no iríamos a la escuela por varias semanas, hasta que recibiéramos las vacunas adicionales. Héctor tenía once años y yo trece, y a mi mamá le preocupaba que nos atrasáramos en las clases. Pero no había de otra, dijo mi papá. Ni modo. Eso era lo que pedía la escuela, así que eso había que hacer. Su manera de aceptar las cosas como venían, sin cuestionar el por qué, me confundía un poco.

Un mes después, por fin recibimos las vacunas que nos faltaban en una clínica pública del condado. Un piquetito en cada brazo resultó ser el último pasaporte, y una enfermera nos declaró listos y seguros para entrar a una escuela de este lado del río.

Esa misma noche, como todas las noches, mi papá puso el despertador a las 5:45 a.m. Excepto que, a diferencia de otros días, a la mañana siguiente Héctor y yo también tendríamos que levantarnos cuando sonara la alarma, con sus números digitales rojos brillantes avisando que ya era hora de despertar. Con los cuatro durmiendo en el mismo cuarto—mis papás compartiendo un colchón un poco más grande en el suelo, Héctor y yo compartiendo el nuestro, áspero y plegable, a un lado suyo— era difícil ignorar el zumbido de la alarma.

Así eran los tiempos: la alarma sonaba a las 5:45, salíamos del departamento a las 6:00, llegábamos al enorme estacionamiento donde todos los autobuses escolares estaban ordenaditos en fila a las 6:20 o 6:22 y mi papá "ponchaba la tarjeta"— marcaba su entrada al trabajo— antes de las 6:30.

Para poder despertar y estar listos para salir en quince minutos o menos, Héctor y yo hacíamos lo que hacía mi papá: dejábamos la ropa preparada desde la noche anterior. La poníamos en la mesa de la cocina, los pantalones doblados sobre el respaldo de una silla, calcetines encima de los zapatos bajo la silla. Al principio no entendía por qué mi papá incluso pasaba el cinto por las presillas del pantalón desde la noche anterior, pero luego entendí que esos preciosos segundos eran clave para estar listos a tiempo.

En ese primer viaje la mañana siguiente, no vi ninguna de las luces brillantes que tantas veces me había imaginado en Allende. Héctor y yo nos subimos al carro y me dormí durante todo el camino. Si pasamos por delante de algún arco de McDonald's o letrero de Walmart, no los vi. Llegamos al estacionamiento de autobuses unos veinte minutos después. Mantenerme despierto no era menos que una batalla constante. Arrastré los pies hasta el camión número nueve, bajo la oscuridad previa al crepúsculo, apenas iluminada por los faros de un autobús cuyo motor ya estaba en marcha. Como todos los demás, el autobús que manejaba mi papá estaba estacionado en diagonal, con la parte trasera increíblemente cerca de la malla ciclónica que rodeaba todo el lote. Héctor y yo subimos al autobús y nos quedamos dormidos otra vez, cada uno en un asiento cerca del frente del camión, mientras mi papá encendía el motor. Abrió el enorme cofre amarillo—yo nunca había visto uno tan grande o que se abriera de esa forma, en dirección opuesta al parabrisas— para revisar el anticongelante y el líquido de los frenos, y verificar que las luces de los frenos y las direccionales estuvieran funcionando bien. Cada tantos minutos, el rugido de otro motor encendiéndose me despertaba, y poco a poco el sol empezaba a salir, sus tímidos rayos matutinos brillaban débilmente y revelaban, uno por uno, esos vehículos gigantes color mostaza preparándose para el día.

En mi somnolencia, recordé una anécdota que mi madre solía contar frecuentemente, con mucho orgullo, acerca de mi primer día de clases en la primaria en Allende, cuando tenía apenas seis años.

Como la mayoría de las noches a esa edad, me había ido a la cama de mis papás en la madrugada. Nunca recordaba haberlo hecho al día siguiente, pero siempre amanecía mágicamente en su cama.

—Ya es hora —dijo mi mamá en una voz suave, su mano acariciando tiernamente mi hombro, como queriendo despertarme y no molestarme al mismo tiempo—. ¿Todavía tienes sueño? — me preguntó al notar mi esfuerzo para despertar mientras me giraba en la cama. Los periquitos de la vecina chirriaban desde sus jaulas, confirmando que ya había amanecido.

—Sí, tengo sueño —dicen que dije—, pero no quiero llegar tarde.

Así que me desperté y mi mamá inmediatamente se alegró de mi compromiso y dedicación.

—Siempre fuiste tan bueno para la escuela —repetía mi mamá cada vez que recordaba esa anécdota—. Y tan chiquito.

Mi mamá ha contado esa historia tantas veces, con las mismas palabras y los mismos detalles, radiante de orgullo, que ya no estoy seguro si realmente es un recuerdo mío o más bien el recuerdo de escucharla contar esa historia una y otra vez. Es como si su satisfacción por mi disciplina a tan temprana edad creciera cada vez que la repite. Al igual que el protagonista de la película argentina *El secreto de sus ojos*, ya no sé si es un recuerdo, o el recuerdo de un recuerdo lo que me va quedando.

Otro recuerdo que vive en esa misma zona borrosa, en la que no sé si es un recuerdo de mi infancia o un recuerdo que he reconstruido con los años tras escucharlo tantas veces, es que me preguntaran a cuál de mis padres quería más.

—¿A quién de los dos quieres más? —preguntaba mami, de la manera más entrañable, con la más hermosa de las sonrisas, como retándome a elegir uno u otro, pero sabiendo perfectamente bien lo que diría en respuesta.

La primera vez que me preguntaron eso, yo la verdad no estaba pensando si quería más a mi papá o a mi mamá. Estaba pensando si podría decir que quería más a uno que a otro. No me atrevía a elegir uno. No podía.

—A los dos igual —era mi respuesta siempre.

—No, —insistía mi mamá, su sonrisa burlona haciéndose cada vez más amplia. —Pero ¿a cuál de los dos quieres *más*?

Nunca dudé. Respondí una y otra vez que quería a los dos por igual. Sin importar cuántas veces insistiera mi mamá, me mantenía firme en mi respuesta, lo cual a ella la llenaba de orgullo, especialmente si había alguien presente que escuchara mi expresión imparcial de amor. Una vez que descubrí que decir que quería a los dos por igual no sólo me libraba de tener que elegir a alguno de los dos, sino que también era una respuesta celebrada (aunque no respondiera realmente la pregunta), seguí repitiendo la escena cada vez que me preguntaban.

Otros recuerdos, en cambio, son tan vívidos que todavía puedo verlos como si estuvieran ocurriendo por primera vez. Una tarde de finales de verano en Allende, ya cuando mi papá se había mudado a McAllen, Héctor y yo estábamos jugando con dos vecinos para ver quién podía saltar más lejos. Pusimos dos pedazos de madera en el suelo para marcar la distancia de cada salto, en medio de la calle frente a la casa. A veces era un pedazo de palo de escoba, otras veces una rama o una tabla que nos encontrábamos por ahí. Cuando los cuatro saltadores superábamos la distancia inicial, movíamos uno de los marcadores un poquito más lejos y volvíamos a intentarlo, y así una y otra vez. Mi mamá estaba regando los rosales y nos echaba un ojo desde la banqueta, levantando la mirada cada vez que se acercaba un carro. Los carros disminuían la velocidad cuando se acercaban, y nosotros nos hacíamos a un lado, dejando los marcadores en su lugar para no perder la cuenta de dónde estábamos y quién iba ganando. Cuando la distancia del salto se hacía considerable, un centímetro o dos podían determinar al ganador. Éramos atletas olímpicos saltando sobre el asfalto agrietado y grava en lugar de una pista de arena suave.

Ese día, usamos un pedazo de mango de escoba como marcador. En lo que fue probablemente nuestra mayor novatada, colocamos ese marcador cilíndrico en el lado donde se aterrizaba, en lugar de la zona del despegue. Cuando tocó mi turno y la distancia ya se me hacía bastante, por lo menos varios metros— estaba seguro de que iba a romper algún récord— caminé hacia atrás para agarrar bastante vuelo antes del salto decisivo. Con el sol a mis espaldas por encima de la Sierra Madre, podía ver mi sombra extendiéndose frente a mí, siempre un paso adelante. Respiré hondo y empecé a correr lo más rápido que pude, con los puños apretados y los brazos en un vaivén cada vez más rápido, la leve brisa golpeando mi cuerpo con más fuerza con cada paso que daba. Cuando mi pie derecho tocó el marcador de salida, salté con todas mis fuerzas. Levanté los brazos hacia delante, impulsándome en el aire, y volé muy por encima del asfalto. En la fracción de segundo que estuve en el aire, sentí que mi cuerpo se estiraba en toda su longitud tratando de aterrizar lo más lejos posible. Era nada menos que uno de esos saltadores de longitud que había visto en la tele.

Y entonces aterricé. Mis talones cayeron justo en el pedazo de mango de escoba, empujándolo violentamente hacia delante y haciendo que perdiera el equilibrio. Me raspé el muslo derecho con la grava y el asfalto sin remedio. Cuando por fin me detuve, sentí el ardor que subía por el costado de la pierna como si se estuviera quemando, mis shorts quedaron arrugados por haberse restregado contra el suelo. Me senté despacito, aguantándome las lágrimas y sacudiéndome las manos. Giré la pierna con cuidado para ver qué tanto me había raspado. No sangró mucho, pero el ardor fue intenso cuando me paré y traté de caminar.

Mi mamá escuchó el alboroto. Me fui cojeando hacia ella y vi como aventó la manguera al suelo y caminó apresurada hacia mí, la preocupación evidente en su rostro.

—A ver, a ver, ¿qué fue? —preguntó mami, pero antes de que pudiera responderle, agregó—: No fue nada, no te pasó nada. Me empezó a revisar la pierna mientras yo hacía todo lo posible por contener las lágrimas. Volvió a agarrar la manguera, se echó un poco de agua en la mano y me lavó la pierna, todo mientras repetía con ternura que no pasaba nada, que estaba bien.

Y lo más increíble: funcionó. Cuanto más la escuchaba repetir esas palabras, menos dolor sentía y la sensación de ardor iba disminuyendo de a poquito. Tenía razón, parecía que no había sido nada. Estaba bien.

En casi todos los otros golpes, caídas y rasguños que recuerdo, antes y después de ese día, mi mamá repetía alguna versión de esas palabras mágicas. Años antes de ese salto, cuando iba en mi bicicletota amarilla y choqué de cabeza en el tronco de un crespón y le tumbé casi todos los botones, su "no fue nada" había aliviado el chichón que me salió en la cabeza. Estaba bien. Y años antes de ese choque, cuando apenas aprendía a andar en bici y me fui directamente contra un Grand Marquis estacionado, le expliqué entre sollozos que no era que no supiera andar bien en bici, sino que simplemente no había visto el carro. Su voz de canción de cuna me había traído paz.

—Levántate mi amor, no fue nada, estás bien.

Siempre recibí sus palabras provenientes del amor más profundo. Me limpiaba las lágrimas y mantenía bien embotellado cualquier dolor que pudiera haber sentido. Si no lo expresaba, se iba. Así aprendí a reprimir el dolor físico, diciéndome a mí mismo que no era nada, que estaba bien. Con el tiempo me di cuenta de que lo que consideraba mi predisposición "natural" a no expresar mis emociones y sentimientos incómodos tal vez no era tan natural después de todo, sino que podía estar relacionada con la manera en la que había aprendido a controlar el dolor. Las instrucciones y frases de que no me dolía, de que no debía dolerme, que no llorara y que todo estaba bien, siempre iban de la mano con la actitud inexpresiva de mi papá. Casi nunca lo vi llorar o expresar abiertamente sus emociones. En especial cuando se trata de dolor, angustia u otra carga emocional, hasta el día de hoy me cuesta admitirlo, hasta que se me pasa.

—Listos —dijo mi papá, más como afirmación que como pregunta, y el autobús comenzó a avanzar poco a poco, con el sol brillando ya en lo alto. Mi papá estaba listo, nosotros estábamos listos, el autobús estaba listo. Cuando llegó nuestro turno, salimos del estacionamiento formando una fila interminable de autobuses amarillos; nos alejábamos de ese lugar y de su malla ciclónica, y nos acercábamos cada vez más a nuestro primer día de clases.

La primera vez que entré a la secundaria Valley View Junior High School, sentí que estaba en una escuela como las de la tele americana. Lo primero que me llamó la atención fue el aire acondicionado. Había aire acondicionado en *todos* lados. No sólo los salones de clases estaban a una temperatura perfectamente fresca y regulada como jamás había sentido, sino que también los pasillos tenían aire acondicionado. Las puertas que daban al exterior siempre estaban bien cerradas, con una tira de hule en la parte de abajo para evitar que se escapara el aire fresco. En Allende, en la Veteranos y en la Pablo Livas, los pasillos que conectaban un salón de clases con otro estaban al aire libre, expuestos al clima del día, así que si llovía, pues ni modo, te mojabas. Aquí, todo era como una burbuja gigante y agradable, fresca y protegida de todo lo que sucediera en el mundo exterior. El aire frío te seguía a la biblioteca, a la cafetería, a la oficina del director, a la enfermería — ¡no podía creer que hubiera enfermería en la escuela! A dondequiera que fueras, todo estaba fresco y limpio.

Los pisos de la escuela, sobre todo, estaban siempre relucientes. Al terminar su turno de chofer escolar por la mañana, mi papá se unía al equipo de conserjes. Para lograr que los pisos brillaran con tanta claridad que hasta podías ver tu reflejo en los azulejos, utilizaban lo que parecía ser un trapeador eléctrico con manubrios enormes y un gran cepillo redondo en la parte inferior que giraba sin parar cuando el aparato estaba operando. La máquina tenía un cable largo para que el pulidor pudiera recorrer largas distancias para lustrar cada centímetro del pasillo. Entre clases, veía a mi papá y a los otros conserjes recorrer los pasillos lentamente empujando esa máquina, ida y vuelta, a lo largo y ancho de los pasillos asegurándose de que cuando saliéramos del salón de clases no pisáramos ni una sola mota de polvo. Pasé de ver a mi papá sólo un par de días cada varias semanas a verlo todos los días, incluso en la escuela, antes de entrar, entre clases, y al salir de clases. No hablaba con él mientras trabajaba porque no quería interrumpirlo, pero saber que estaba ahí era suficiente consuelo para mí.

Matemáticas se convirtió rápidamente en mi materia favorita. Cuando entré al salón de clases y vi "Ms. Gonzalez" escrito a lo largo del pizarrón, respiré aliviado, estaba seguro de que esta maestra hablaría español. Siempre había visto "Gonzalez" escrito "González", con acento en la "a", pero ella lo omitió. Este "pizarrón" donde escribió su nombre no era como a los que estaba acostumbrado en Allende. Éste era blanco y no había gis por ninguna parte, su superficie era suave, lisa, brillante y fácil de borrar. Todos los pizarrones en la Veteranos y en la Pablo Livas eran verdes y siempre estaban llenos de polvo por los residuos del gis que nunca se quitaba del todo, incluso cuando los maestros usaban un trapo húmedo al final del día para limpiarlos. Este pizarrón estaba limpio como la seda, los problemas de matemáticas desaparecían tan fácilmente como habían aparecido en él, sin dejar rastro.

La "Miss" Gonzalez me saludó como si estuviera realmente feliz de verme. Su cabello corto no alcanzaba a tocar sus hombros, unos pantalones beige y una blusa perfectamente planchada vestían su pequeña figura.

—O-la —dijo ella, su sonrisa revelando una dentadura blanquísima—, ¿Effrin? —me preguntó, ladeando un poco la cabeza, como si no estuviera segura. Su voz era suave y amable, pero me confundió la manera en la que dijo mi nombre, como si estuviera haciendo una pregunta, como cuando te topas con alguien que no has visto en mucho tiempo y no estás seguro si lo reconoces.

No sabía qué decir. Era la primera vez que escuchaba mi nombre pronunciado así, con la "r" en inglés y el énfasis en la primera sílaba. Así no me llamaba yo. ¿O sí? Para ella, al parecer sí. Le devolví la sonrisa, intentando imitar su alegría, y no pude hacer más que responder con un "hola".

—*Welcome, Effrin* —dijo Miss Gonzalez, satisfecha consigo misma.

Una vez que tomé asiento, intenté repetir mi nombre como lo decía Miss Gonzalez en mi mente; pero simplemente no me salía. Incluso en el silencio absoluto de mis pensamientos, me salía "Efrén" cada vez, la manera en que siempre había sido, como siempre lo había escuchado, como todo mundo lo habían pronunciado, hasta ese día. Hasta ese momento, no me había cruzado por la mente que nuestra mudanza a McAllen implicaría no sólo cambiar de casa y escuela, sino también de nombre.

Mis papás eligieron mi nombre por el día en que nací, el 9 de junio. San Efrén era el santo de ese día en el calendario católico, y así fue que me bautizaron. Si hubiera nacido un día antes, me pude haber llamado Medardo, un día después y hubiera sido Asterio. San Efrén, a veces escrito Ephrem en inglés, fue un asceta que vivió en el siglo IV en lo que hoy en día conocemos como Siria. Cuando el pueblo de Edessa estaba sufriendo una hambruna devastadora, se le encomendó a San Efrén la tarea de intermediar en la distribución de cereales a los pobres y administrar la ayuda a los enfermos. Escribió himnos poéticos en arameo sobre el sufrimiento y la austeridad, y se dice que murió el 9 de junio del año 373.

Ese momento en la clase de matemáticas no fue la primera vez que deseé tener un nombre diferente. Un nombre "normal". Desde que entré al kínder y conocí a niños con nombres que había escuchado en la tele, como Juan, Edgar y Luis, deseé tener un nombre más común, fácil de reconocer. Hubiera estado perfectamente tranquilo con un Daniel o un Pablo. Pero no, me tocó el nombre que casi nadie había escuchado antes. Un nombre que casi siempre tenía que repetir al menos una vez para que lo entendieran. Para la mayoría de las personas que conocía, yo era el primer Efrén que conocían, y tenía que corregirlos y decirles que no, no es Efraín, es Efr*én*, con é. Ese día en el salón de Miss Gonzalez también deseé haber tenido otro nombre.

La presentación de Miss Gonzalez al frente de la clase interrumpió mis pensamientos. Cuando empezó la clase, no pude poner atención. Miró en mi dirección un par de veces y me ofreció la misma sonrisa con que me había recibido cuando me dio mi nuevo nombre. Pero sin importar qué tan amablemente me viera o qué tan lento hablara cuando me veía, yo simplemente no entendía lo que decía. Me sabía los números del uno al diez y algunas palabras sueltas en inglés, pero no era suficiente para entender lo que explicaba.

Pero cuando empezó a dibujar en el pizarrón, todo cambió. Dibujó cuatro líneas rectas para formar un cuadrado y después el número seis junto a la línea del lado derecho y otro seis debajo de la línea de abajo. En el lado derecho, escribió "area: L x W =" y continuó con su explicación. Aún no conocía las palabras *length* y *width*, largo y ancho, pero reconocí el problema inmediatamente. Mira nada más qué coincidencia, pensé, la palabra en inglés "area" era casi igual al español "área", completamente ajeno al mundo de los cognados.

Durante el resto del año escolar pude seguir la clase de matemáticas basándome solamente en los números y las figuras que Miss Gonzalez dibujaba en el pizarrón. Había aprendido muchos de los conceptos en la Pablo Livas meses antes, lo cual me dio una confianza que me ayudó en otras materias donde todavía no podía entender las lecciones de la misma manera, como Historia de Texas o Ciencias Naturales. Todos los días esperaba con ansias la clase de matemáticas, los números y las figuras geométricas se convirtieron en las llaves que abrieron la puerta al lenguaje.

Una mañana, meses más tarde, Miss Hernández, la consejera de la secundaria, me llevó a su oficina. Ubicada al final del pasillo después de la oficina de la directora, su pequeña oficina sólo tenía una silla para el visitante, como consultorio de terapeuta, pensado para ver sólo un paciente a la vez. La luz blanca brillante era, como en todos los demás lugares de la escuela, esa luz artificial que emanaba de dos barras detrás de una cubierta de plexiglás. Me senté y sentí el cojín de la silla aplastarse debajo de mí, como si muchos alumnos se hubieran sentado en ese lugar antes.

—¿Cómo te va? —me dijo con una sonrisa, quitándose los lentes. Yo nunca había tenido una consejera escolar y no entendía bien su rol. Una mujer de mediana edad y una disposición servicial, Miss Hernández hablaba un español impecable, pero nunca había escuchado su acento. Sobre su escritorio tenía una fotografía enmarcada de dos niñas que supuse eran sus hijas. A un lado, había una cruz de madera y una bandera con dos rayas azules horizontales, una raya blanca en el medio y un escudo de armas en el centro apoyado sobre una corona de laurel. No reconocí que era la bandera de El Salvador, y como nunca había oído el acento salvadoreño, supuse que tenían que ser de algún país latinoamericano.

La primera vez que entré a la oficina de Miss Hernández había sido en mi primer día de clases y acompañado por mi papá. Aquella vez Miss Hernández me había dado la noticia: como no hablaba inglés, iba a entrar a séptimo grado, aunque en México había cursado hasta segundo de secundaria, el equivalente a octavo. Esto no era nada malo, me había dicho, sino que me permitiría aprender inglés y ponerme al corriente con el material. Héctor tampoco hablaba inglés y a él no lo retrasaron un año, así que no entendía por qué a mí sí. Mi papá asentía mientras la Miss hablaba y yo, sentado a su lado, no había logrado verbalizar el "pero" que retumbaba en mi cabeza, reprimiendo todas mis preguntas, sin estar seguro de si la decisión pudiera estar abierta a discusión. Todos los días desde entonces, las clases de matemáticas de Miss Gonzalez habían sido un constante recordatorio de que, más que ponerme al corriente, estaba repasando en inglés lo que ya había aprendido antes en español.

—Bien — le sonreí de vuelta esta mañana, asintiendo ligeramente a la pregunta de Miss Hernández.

—Me dicen que te está yendo muy bien con Miss Gonzalez. ¿Te gustan las matemáticas? —me veía con anticipación, como si esperara un enfático "sí, ¡me encantan las matemáticas!"

No era que me encantaran las matemáticas, pero se me habían hecho fáciles desde que llegué a Valley View. Era la única materia en la que podía seguir el material, y el estar familiarizado con casi todo lo hacía aún más fácil. La confianza que encontré en las matemáticas gradualmente superó la decepción por haberme retrasado un año. No era algo que pensara todos los días, pero cada vez que lo recordaba, no podía evitar pensar que nuestra mudanza me había atrasado de una manera muy concreta y me preguntaba si algún día lograría recuperar ese año perdido.

—También te está yendo bien en ESL —añadió Miss Hernández, levantando las cejas alegremente. "ESL" son las siglas de *English as a Second Language*, inglés como segundo idioma, y la impartía Miss Velasco, que se supone debía enseñarnos inglés, aunque yo sentía que estaba aprendiendo más con Miss Gonzalez y sus números.

—¿Estarás listo para tomar clases regulares de inglés el próximo año? — postuló, como preguntándose a sí misma, mirando el papeleo que tenía enfrente.

Yo no estaba tan seguro. La clase de Historia de Texas había sido particularmente difícil —todavía confundía los *stagecoaches*, un tipo de carreta antigua, con Nacogdoches, un poblado al este de Texas— y temía que el próximo año las clases fueran todavía más difíciles. Me acomodé con algo de duda en mi asiento, el cojín ofrecía poca comodidad.

—Yo creo que sí —levantó la mirada respondiéndose a sí misma antes de que yo pudiera decir una palabra, y su sonrisa se ensanchó de entusiasmo. —Sólo tienes que pasar la prueba de vocabulario —añadió con seguridad— y ya con eso estarás listo.

A duras penas dije algo en todo el rato que estuve en su oficina, pero Miss Hernández parecía disfrutar la conversación consigo misma.

Se recargó hacia atrás en su silla y sacó un libro grande de uno de los cajones. Lo puso frente a mí, sus páginas eran gruesas como un libro de cartón para bebés.

Cada página, me explicó, tenía cuatro imágenes. —Todo lo que tienes que hacer es nombrar una de ellas, la que tú quieras. ¡Facilito! —añadió en tono de broma.

Las imágenes en la prueba se parecían a los dibujos en los libros para colorear. Contornos sin color de un par de pantalones, una casa, un árbol y un perro, todo en la misma página esperando a que yo los nombrara. Un libro, un lápiz, unas tijeras y un sacapuntas, este último era lo único en esa página que todavía no sabía decir en inglés. Cada vez que nombraba una de esas imágenes, Miss Hernández apuntaba algo en una hoja y luego pasaba a la siguiente página. Conforme avanzaba la prueba, las imágenes se volvían menos infantiles y más difíciles de identificar. Reconocí de inmediato el semáforo, el desarmador y la tuerca. Todas eran familiares y muy sencillas en español, pero aún no las conocía como *traffic light, screwdriver* o *bolt nut*. De todas formas, pude nombrar al menos una de las imágenes en la mayoría de las páginas del libro.

—Okey —dijo Miss Hernandez cuando llegó a la última página del libro—. Ésta es la última, vas muy bien —era la última pregunta y tenía que responder correctamente para aprobar el examen.

Miré las imágenes en la página una por una y me quedé completamente en blanco. Arriba a la izquierda, arriba a la derecha, abajo a la izquierda y abajo a la derecha. Nada. Me enderecé un poco apoyándome en los brazos de la silla y luego me acerqué para mirar las imágenes otra vez. Levanté la mirada y me encontré con la sonrisa jovial de Miss Hernández mientras se acomodaba los lentes, su expresión trataba de transmitir una tranquilidad que no me llegaba del todo.

Volví a ver las imágenes y esperé un milagro mientras miraba la cruz en el escritorio de Miss Hernández, y luego bajé la mirada otra vez hacia la página. Otra vez nada. Un vago aroma a hierbas, seguramente de la maceta detrás de su escritorio, empezó a hacerse más presente mientras yo seguía viendo las imágenes, incapaz de identificarlas. Años después supe que ese aroma era romero, y más de una vez ese olor me ha transportado de regreso a esa oficina y a esa prueba.

Después de un largo rato, cuando Miss Hernández debió haber sentido mi desesperación, se inclinó hacia delante y se acercó al libro que estaba frente a mí. Sosteniendo una pluma entre sus dedos índice y medio, señaló la imagen de abajo a la derecha. Era un dibujo de un zíper, como el de un suéter, representado solo, medio abierto, con un tirador grande en el centro. Era un zíper, sin duda. Pero yo no tenía idea de cómo decir zíper en inglés. Levanté la cara y crucé la mirada con Miss Hernández, mis ojos nerviosos tratando de decirle *sí, ya sé*, pero *no sé*.

Ella asintió con la cabeza y, sonriendo, golpeó ligeramente la imagen con la pluma un par de veces, como confirmando la instrucción que intentaba transmitir. Nuestros ojos se encontraron de nuevo y volvió a repetir el gesto como diciendo, ándale, tú puedes, inténtalo.

Me quedaba claro que ella quería que dijera— que adivinara— la palabra en inglés para decir zíper. Pero yo no tenía idea, así que hice lo único que pude.

—Zí… —dudé por un segundo y tomé aire. Miss Hernández me vio dudar y me animó de nuevo con la cabeza. —¿Zí…zíp…pper? —dije, lleno de dudas.

—¡Eso! —exclamó en español. —¡Excelente! —y su sonrisa se convirtió en carcajada.

Había dicho la palabra en español que yo conocía para zíper, intentando pronunciarla como si fuera en inglés y encomendándome al destino. Sin duda, la suerte también estuvo de mi lado: si hubiera crecido en España, donde los zípers se conocen como *cremalleras*, o incluso en el centro de México, donde se les conoce como cierres, la estrategia no habría funcionado. Pero tuve la suerte de haber crecido con el anglicismo zíper y, con la ayuda de Miss Hernández, deliberada y precisa como el bisturí de un cirujano con experiencia, funcionó a la perfección.

En aquel momento no me di cuenta de todo lo que eso implicaba, pero gracias a ese empujoncito pasé la prueba de vocabulario. Gracias a eso, entré a clases regulares de inglés el siguiente año escolar, dejando atrás para siempre las clases de ESL. Gracias a eso, pude cursar el plan de estudios estándar y logré aprobar el examen estatal al final de la secundaria.

Esa pequeña gran ayuda que me ofreció Miss Hernández desencadenó una serie de eventos que impulsaron mi trayectoria académica en la preparatoria. Esos dos golpecitos con la pluma fueron más determinantes de lo que ella probablemente pudo imaginar. Al igual que con mi hermana Silvia, que me enseñó al abecedario antes de que entrara al kínder, ahora estaba endeudado con Miss Hernández por haberme dado ese apoyo, por ponerme una escalera para que yo pudiera subir el primer peldaño y seguir adelante.

11

Dime que no es tu hija

(9 de julio de 2018)

Escuché a Alexis antes de que pudiera verla. Irrumpió en el vestíbulo de la oficina, provocando conmoción al llegar. Por poco entra corriendo a mi oficina con las llaves del coche todavía en una mano y los formularios en la otra. Ni siquiera pasó por su cubículo a dejar sus cosas, sino que se detuvo en seco en la puerta, algo apenada cuando se dio cuenta de que había alguien más en mi oficina.

Alexis había crecido en el Valle del Río Grande, hija de refugiados cubanos y de personalidad agradable y extrovertida, lo cual resultó muy útil a la hora de entrevistar a los padres de familia en el juzgado. Su español no era particularmente fluido a principios del verano, pero, luego de entrevistar a docenas de papás centroamericanos en el último mes, había mejorado considerablemente. Llevaba un año estudiando derecho en la Universidad de Miami, donde se había reconectado con la comunidad cubanoamericana en el sur de Florida.

Cuando Alexis entró a trompicones a mi oficina, yo estaba sentado frente a Laura Peña, la nueva abogada temporal que había llegado temprano a su primer día de trabajo con nosotros. Era lunes, después de la semana festiva por el día de la independencia de Estados Unidos. Estaba explicándole cómo trabajábamos con las familias separadas cuando Alexis se detuvo casi cayéndose y se aferró al marco de la puerta antes de exclamar:

—Oh, I'm sorry, lo que pasa es que hoy hubo una separación, y nos habías dicho que te avisáramos luego luego, como se supone que ya no debería haber...

Las órdenes ejecutivas surgen generalmente del Artículo II de la Constitución y, en su forma más simple, son instrucciones presidenciales dirigidas a funcionarios del poder ejecutivo. El cumplimiento de dichas directrices depende, en gran parte, de la voluntad de los superiores para supervisar su cumplimiento. Es decir, si la oficina del presidente no le da seguimiento al cumplimiento de una orden ejecutiva en particular, no hay garantía de que se cumplirá. A diferencia de lo que pasa con las órdenes judiciales, por ejemplo, los tribunales normalmente no se preocupan por si una orden ejecutiva se cumple o no. Eso es tarea del poder ejecutivo.

La orden de poner fin a las separaciones familiares instruía al Departamento de Seguridad Nacional a que "mantuviera bajo custodia a las familias extranjeras mientras estuviera pendiente cualquier procedimiento penal por entrada ilegal o de inmigración que involucre a sus miembros", en la medida permitida por la ley. Era una redacción legal para mantener a los niños bajo la custodia de la Patrulla Fronteriza, parte del Departamento de Seguridad Nacional, mientras los padres eran procesados, con el fin de que la familia pudiera reunirse después de la audiencia penal de los padres, aunque ambos estuvieran detenidos.

Para mi consternación y la de muchos otros abogados defensores, la orden no decía nada sobre reunificar a las familias que ya habían sido separadas. Incluso si cada agente federal cumplía la orden ejecutiva al pie de la letra, no se haría absolutamente nada para que los niños que ya habían sido separados regresaran con sus padres. Quedaba claro que la orden no haría nada por esas familias. Necesitábamos seguir buscando a los niños, llamando a Manuel y a los demás administradores de casos en la ORR, contactando a los consulados guatemaltecos y salvadoreños, entre otros, casi todos los días, y elaborando estrategias con Justice in Motion y sus contactos en Centroamérica para lograr las reunificaciones.

Aun así, pensé que al menos era un alivio saber que ya ningún niño sería desprendido de su padre o madre en el futuro. Nuestra lista de padres había aumentado a 382 en menos de un mes, y esto era sólo en McAllen. Habíamos estado en el juzgado dos veces al día durante los turnos de mañana y tarde, entrevistando a tantos padres y madres separados cada día que apenas nos dejaba tiempo para contactar a la Oficina de Reasentamiento de Refugiados e intentar localizar a los niños. Mucho menos podíamos conocer a fondo la historia de cada familia: por qué huyeron de su país de origen, hacia dónde se dirigían o si tenían familiares en Estados Unidos. El ritmo de las detenciones, separaciones y audiencias en los tribunales hacía casi imposible conocer las historias individuales. Muchos simplemente se convertían en un número en nuestra lista. Papá número 347, fila 285, en una hoja de cálculo codificada con tantos colores que ya hacía rato habían dejado de tener sentido. Cuando se emitió la orden ejecutiva, sentí cierto consuelo al pensar que tal vez ahora sí podríamos bajar el ritmo de las separaciones y empezar a conocer a nuestros 382 clientes y sus hijos.

Pero ese consuelo se vino abajo en cuanto Alexis entró a mi oficina casi tirando las llaves al piso. Apenas Laura escuchó lo que había sucedido en el juzgado esa mañana, se ofreció de inmediato a encargarse del caso de Mario. Mario Pérez Domingo había viajado desde Tojlate, una pequeña comunidad indígena en las afueras de Colotenango, un pueblito en las montañas del oeste de Guatemala, más o menos del tamaño de Allende. Viajaba con su hija Oralia, quien aún no había cumplido los tres años. Me impactó que fuera tan chiquita, prácticamente una bebé. Era la niña separada más pequeña que habíamos conocido en todo el verano y, de hecho, hasta entonces no habíamos sabido de ningún caso con niños menores de cinco años. Me costaba entender cómo los agentes de la Patrulla Fronteriza cuidarían a una niña de dos años, sola, en una estación de procesamiento. Julián apenas tenía año y medio y no me lo imaginaba solo en ningún lado, mucho menos en una jaula dentro de una estación de la Patrulla Fronteriza.

Mario había cumplido veinticuatro años hacía menos de un mes. Como la mayoría de los residentes de Colotenango, hablaba mam, un idioma maya, y muy poco español. Oralia no hablaba mucho todavía y lo poco que entendía era mam, no español. Mam es uno de los veintiún idiomas mayas que se hablan en Guatemala y cerca de medio millón de personas lo hablan, principalmente en la Guatemala occidental y en el estado de

Chiapas, al sur de México. Con veintisiete consonantes y diez vocales, el idioma tiene múltiples dialectos, los cuales no siempre son mutuamente inteligibles, dado el contacto limitado entre los habitantes de las más de sesenta comunidades en donde se habla. Mario, como descubriríamos más tarde, hablaba mam de Huehuetenango, una variante relativamente común del dialecto. Su dominio del español, sin embargo, era extremadamente limitado.

Mario y Oralia habían llegado a la frontera el 4 de julio. Mientras millones de estadounidenses asaban hot dogs y hamburguesas con sus familias y disfrutaban de fuegos artificiales para celebrar la independencia y la libertad, Mario se había estado preparando para cruzar el río. Cruzó en balsa al día siguiente con Oralia, según el informe del gobierno, y se entregaron a los primeros agentes de la Patrulla Fronteriza que vieron, cerca de Mission, Texas, al oeste de McAllen. Cuando Alexis entrevistó a Mario en el juzgado la mañana del 9 de julio, Mario y Oralia llevaban detenidos cuatro días en la estación de la Patrulla Fronteriza y Oralia había sido separada un día antes. Los agentes de migración le dijeron a Mario que se la habían llevado porque estaba llorando. Esta versión coincidía en gran medida con los cientos de relatos que habíamos escuchado desde mayo. Pero el resto de la historia de Mario era diferente y nos preocupó desde un inicio.

Cuando Alexis le preguntó a Mario si le habían dicho por qué los iban a separar, él trató de explicar en un español a medias. Alexis dedujo que los agentes, por alguna razón, pensaron que Oralia era sobrina de Mario y no su hija. Como muchos padres inmigrantes, Mario viajaba con el acta de nacimiento de Oralia, pero eso no fue suficiente para los agentes. Al parecer, decidieron creer que el acta era falsa o fraudulenta. Esa mañana en el juzgado, esposado y maldormido, Mario se sintió alarmado, desesperado por saber algo de su hija y frustrado por la barrera del lenguaje. Cuando intentó explicarle a Alexis y al defensor público federal lo que había pasado, Mario repitió en un español deficiente y exasperado lo que le había dicho a los agentes cientos de veces: "mi hijo, mi hijo". Con su conocimiento limitado del español, Mario no había podido dar a entender que se refería a su hija, no a un hijo. Cometió un error tan básico que delató inmediatamente que el español no era su lengua materna. Si Mario había tenido dificultades para explicarle a Alexis lo que había pasado, ¿cómo pudo haber entendido el interrogatorio de los agentes acerca de su hija? ¿Fue simplemente un malentendido por falta de traducción? Incluso si sus respuestas erráticas en español eran poco convincentes para los agentes, el acta de nacimiento de Oralia, que seguramente estaba en español y que comprobaba que Mario era su padre, debió haber sido la prueba definitiva de lo que buscaban. Me parecía demasiado sencillo que esto hubiera sido nada más un malentendido, una confusión, y pensé que debía haber alguna otra explicación para lo que había pasado.

Alexis me entregó el formulario de la entrevista con Mario. En la parte derecha de la página, con letra escrita a la carrera, había garabateado, *"hija, pero creen que es mi sobrina"*.

La cantidad de posibilidades se disparaban en mi cabeza como chispas descontroladas de un cable roto. Mi intuición me decía que Mario probablemente decía la verdad y que ésta era solo otra separación ilegal más; pero en el otro extremo del espectro de posibilidades, mi juicio como abogado me decía que también existía la posibilidad de que Oralia no fuera realmente su hija. Teníamos que corroborar lo que nos decía.

—¿Tiene familia en Estados Unidos?

—Su cuñada vive cerca de Atlanta— respondió Alexis.

A principios del verano, habíamos actualizado nuestro formulario de admisión para preguntar si la persona tenía algún familiar en Estados Unidos. La mayoría tenía a alguien. Aunque no fuera un familiar, casi todos conocían al menos a una persona, un amigo de un amigo, un pastor en una iglesia, un compadre o una comadre, alguien que los conectaba con su destino. Anotábamos el nombre y el número de teléfono de esa persona y, si el número funcionaba, podíamos contactar al resto de la familia, ya fuera en Estados Unidos o en su país de origen.

La mañana siguiente, marqué al número que Mario le dio a Alexis mientras me servía otra taza de café. El teléfono sonó y sonó pero Martha, la cuñada de Mario, no contestó. Ni siquiera entró al buzón de voz. Verifiqué que el número estuviera correcto y volví a marcar. Nada. Era común, especialmente en horario de trabajo. Los parientes o amigos normalmente estaban trabajando y era más probable localizarlos por la tarde o en fin de semana.

Intenté contactar a Martha a través de la aplicación WhatsApp y confirmé que la persona con ese número telefónico tenía una cuenta activa. Mientras escribía el mensaje, me devolvió la llamada.

Le dije que me estaba comunicando con ella en relación con Mario y su hija, y de inmediato me confirmó que era tía de Oralia. En llamadas como ésta, normalmente seguía la buena práctica de omitir algún detalle con tal de no darle toda la información a la otra persona por teléfono y así verificar que en realidad se conocían. En este caso, había omitido el nombre de Oralia, y la manera en la que Martha se refirió a Oralia por su nombre, casi instintivamente, me hizo confiar en que efectivamente eran familiares. Mario y Oralia se dirigían a Atlanta a vivir con ella, dijo.

Le dije que, desafortunadamente, los habían separado en la frontera, y que los agentes del gobierno no creían que Oralia fuera hija de Mario. Martha se quedó callada unos momentos. La imaginé tratando de procesar lo que eso significaba, frunciendo el ceño en medio del silencio que se cernía sobre la línea telefónica.

—Pero si él es su papá de la niña —Martha me imploró, confundida, como si me tuviera que convencer a mí de que en realidad eran padre e hija. El español de Martha era claro, pero se notaba que tampoco era su lengua madre: su gramática entrecortada la delataba. Su voz se quebró un poco al hablar, perpleja por verse obligada a decir lo obvio, suplicando que le creyeran.

Le expliqué que yo no trabajaba para el gobierno, una percepción común cuando contactábamos a las familias por primera vez. No tenía que convencerme de nada, le aseguré. Le expliqué que estaba intentando encontrar a Oralia y que cualquier documento que confirmara que realmente eran padre e hija, especialmente con documentos, nos sería muy útil.

Le pregunté si había alguna manera de enviarme una copia del acta de nacimiento de Oralia.

—Sí, sí, yo se la mando, cabal.

Antes del mediodía ya tenía una imagen del acta de nacimiento de Oralia en mi celular. No tenía manera de saber si era igual al documento que Mario le había mostrado a los agentes de migración, pero al menos ahora teníamos *un* acta de nacimiento que mostraba a Mario como el padre y a Oralia como su hija. Las fechas de nacimiento en el certificado coincidían con lo que Mario le había dicho a Alexis. Si lográbamos que se admitiera como evidencia, este documento podría ser una prueba sólida ante el juez. Esto podría ser la clave para reunir a Oralia con su papá.

Tan pronto confirmé que los nombres y fechas en el acta de nacimiento coincidían con la información que Mario le había dado a Alexis durante la entrevista y no había evidencias obvias de que el documento fuera fraudulento —tenía número de folio y un sello aparentemente oficial del RENAP, Registro Nacional de las Personas, el registro civil nacional de Guatemala—, levanté el teléfono de mi oficina.

Había conocido a los funcionarios de los consulados de Guatemala, Honduras, El Salvador y México en McAllen en el 2015 cuando presentamos una demanda contra el estado de Texas por rehusarse a emitir actas de nacimiento a niños nacidos en Texas de docenas de mamás mexicanas y centroamericanas. Como las mamás no tenían identificación oficial del gobierno por ser "indocumentadas", el estado tomó la postura de que no se podía expedir el acta de nacimiento de sus hijos, aun cuando los niños habían nacido en los Estados Unidos. Otra vez el *Ius soli*. Argumentamos que se trataba de una forma de discriminación en contra de los niños ciudadanos estadounidenses. Después de muchos argumentos, evidencia y varias diligencias, el caso se resolvió dos años después, cuando el estado accedió a emitir las actas de nacimiento. Durante ese proceso llegué a conocer bien a los cónsules.

Desde mayo, habíamos retomado el contacto frecuente con funcionarios consulares, en esta ocasión en relación con las familias separadas. Los consulados recibían llamadas de familiares que buscaban a seres queridos que habían cruzado la frontera por Texas, y los representantes consulares nos llamaban para preguntar si los habíamos encontrado en la corte. Por nuestra parte, a menudo nos contactábamos con ellos cuando necesitábamos verificar la autenticidad de un documento, como en este caso.

La cónsul Claudia Anguiano era una funcionaria simpática y agradable de cuarenta y tantos años. Siempre fue educada y dispuesta a ayudar, pero, como muchos funcionarios del gobierno, a menudo tenía dificultades para evitar la burocracia.

Le expliqué la situación a la que nos enfrentábamos y le pregunté si podía ayudarnos a confirmar la existencia de un documento con este número de expediente en el RENAP y si la información de su registro coincidía con la información de nuestro documento. De ser así, tendríamos un argumento sólido de que el acta de nacimiento era auténtica. En mi entusiasmo desbordado, ingenuo esperaba que me dijera que podía buscar en su computadora en ese momento y darnos una respuesta en el acto.

—El cónsul no tiene esa capacidad, desgraciadamente—dijo.

Siempre me ha parecido interesante que muchos burócratas se expresan de esta manera, refiriéndose a sí mismos en tercera persona. Cuando insistí y pregunté si había alguna otra manera de confirmar la autenticidad del documento, advertí la desesperación en mi propia voz. Me dijo que debíamos contactar al RENAP directamente, en la Ciudad de Guatemala.

—¿No habrá alguna manera de que su oficina nos ayude con eso? —pregunté, sorprendido por el tono casi suplicante de mi voz.

—Déjeme ver qué puedo hacer —respondió—. Puede que me lleve un par de días.

Un par de días. Eso fácilmente podría significar una semana en lenguaje burocrático, o incluso más. Mario y Oralia estarían separados durante días, a pesar de la orden ejecutiva en contra de las separaciones, y no había nada que pudiéramos hacer. Me invadió una sensación familiar de impotencia. Reconocí las señales: mis hombros se encogieron cuando colgué el teléfono y suspiré profundamente. Ya había perdido la cuenta de cuántas veces me había sentido así este verano, pero la familiaridad con la sensación no la hacía más fácil de procesar. Era la misma impotencia que había sentido cuando llegué a mi carro después de que Georgina y yo salimos del juzgado aquel primer día a finales de mayo. Parecía como si hubiera pasado toda una vida desde aquella mañana y, sin embargo, a pesar de una orden ejecutiva, un fallo de un tribunal federal en California que ordenaba al gobierno reunificar a las familias, cientos de padres y madres en audiencias penales, un sinnúmero de súplicas en entrevistas de radio y televisión, aquí estaba nuevamente esta misma sensación de impotencia, igual de insoportable y pesada como siempre. Y, como todas las veces anteriores, no sabía cómo sobrellevarla. El sentimiento me invadió y se quedó conmigo hasta que dejé de sentir su presencia.

Esa misma tarde de lunes, la defensora pública nos avisó que la audiencia penal de Mario por ingreso ilegal había sido pospuesta para el viernes. Mario permanecería detenido en una cárcel federal toda la semana. Pero, ¿y Oralia? ¿Dónde estaba?

Siguiendo los métodos que habíamos desarrollado y mejorado durante las semanas anteriores, Alexis trató de localizarla por todos los medios posibles. Contactar a la ORR siempre tomaba tiempo, a veces días, pero era la fuente más confiable de información.

—No admitida —le dijo Manuel, el administrador de casos de la ORR con quien hablábamos frecuentemente. Pero pudo confirmar que Oralia estaba en camino a El Paso. Era tan chiquita, le explicó, que lo más probable era que la colocaran con una familia de acogida temporal. —Para que su situación de vida sea lo más normal posible—añadió.

"Lo más normal posible", pensé. Traté de imaginarme quién sería esta familia temporal, cómo sería su casa, si había otros niños en la familia, sus edades. Pero estaba casi seguro de que una familia de acogida temporal en El Paso no iba a hablar mam y su casa no se parecería en nada al pueblito de Oralia en las montañas de Colotenango.

—Por su propio bien —añadió Manuel. Y ahí estaba, una vez más, esa noción de que había una preocupación genuina por el bienestar de una niña a quien acababan de separar de su padre, mientras él estaba encerrado en una celda a cientos de kilómetros de distancia, cada uno preguntándose dónde estaba el otro. Manuel y los demás trabajadores sociales en verdad parecían preocupados por el bienestar de los niños. Para nosotros resultaba desconcertante escuchar a los trabajadores sociales decir cosas como ésta después de ver a los papás llorar en el juzgado. Al final de cuentas, tanto los trabajadores sociales de la ORR como los agentes de migración que separaban a los niños formaban parte de la misma maquinaria federal.

La mayoría de los padres separados ese verano habían concluido sus procedimientos penales en una audiencia breve, en el turno de la mañana o de la tarde. Los pocos minutos que teníamos para entrevistarlos en el juzgado antes de la audiencia eran la única oportunidad para verlos en persona. En muchos casos, ese era nuestro único contacto con ellos. Así estaba diseñada la política de Cero Tolerancia: privar a los migrantes y solicitantes de asilo de cualquier oportunidad real de interactuar con abogados o cualquier tipo de representante legal. Pero como el caso penal de Mario se había reprogramado para el viernes, eso nos dio una pequeña ventana para intentar reunirnos con él nuevamente y hacer una entrevista más completa. Mientras llegaba el viernes, el gobierno lo encerró en una cárcel federal ubicada a unos cuarenta y cinco minutos de

McAllen, y pudimos visitarlo ahí.

Laura estaba ansiosa por involucrarse en el caso desde el principio. Justo para eso había dejado su despacho privado en San Francisco y había regresado al Valle del Río Grande todos estos años después. De unos treinta y tantos años, Laura era alta y de cabello ondulado, portaba lentes al sentarse frente a la computadora. Se integró de inmediato a nuestra oficina. Se llevaba bien con Georgina, con Roberto, con Alexis, y conmigo. Empecé a escuchar rumores de que colegas en otras oficinas de la organización estaban consternados porque habíamos contratado a una ex abogada de ICE, alguien que se había ganado la vida deportando familias durante el gobierno del presidente Obama. Comprendía la crítica, pero no vi ninguna otra opción. Cuando recibí su email el Día del Padre y vi que tenía experiencia con las leyes migratorias, no pensé ni un segundo en dónde había conseguido esa experiencia. Estaba tan desesperado por encontrar ayuda que su pasado con ICE quedó en segundo plano, siempre y cuando estuviera dispuesta a ayudar a reunificar familias.

Tener dos abogados en la oficina fue un cambio radical. Laura y yo nos dividíamos el trabajo y las labores del día, duplicando literalmente nuestra capacidad legal. El jueves de esa misma semana, Laura asistió a una reunión con agentes de la Patrulla Fronteriza y otras organizaciones comunitarias en el centro de detención Úrsula, el lugar donde se tomaron las fotografías que se viralizaron de los niños enjaulados, mientras yo visitaba a Mario.

El Centro de Detención del Condado de Willacy es un complejo extenso de ladrillos naranjas rodeado de alambre concertina ubicado en Raymondville, Texas, un pueblo rural de diez mil habitantes. Lo administraba la empresa privada Management & Training Corporation (MTC), competidora del Grupo GEO, y cuyo lema es: "Un líder en impacto social" (*A leader in social impact*). El descaro de su eslogan llamaba la atención cada vez que alguien lo escuchaba. Willacy County, como se le conoce comúnmente, tiene capacidad para 550 reos bajo custodia federal, la mayoría esperando su audiencia penal, como Mario. Esta era la primera vez que visitaba esta cárcel y me sorprendió cómo el complejo llamaba la atención al borde de la Autopista 77, como algo extraño y fuera de lugar en el paisaje seco del sur de Texas.

Cuando llegué, Roxana ya me estaba esperando en el estacionamiento. Era la investigadora que trabajaba con la abogada de oficio asignada al caso y, como el proceso penal de Mario todavía seguía abierto y él era técnicamente su cliente, Roxana había planeado esta visita.

El vestíbulo de Willacy County parecía detenido en el tiempo. A la izquierda había un mostrador demasiado bajo, con un guardia haciendo funciones de recepcionista, y un detector de metales que se veía mucho más nuevo y elegante que el resto del mobiliario. El mostrador de vinilo blanco estaba desgastado, mostraba huellas de manos y antebrazos que con los años habían dejado manchas de grasa y polvo en forma de pequeñas hendiduras. El olor a polvo en la entrada se perdía entre un aroma a Pinol y otros productos de limpieza una vez adentro. Tres sillas de plástico con las patas oxidadas y los asientos agrietados estaban contra la pared, como tratando de evitar el momento en que algún extraño dejara caer su peso sobre ellas. La pluma negra para que los visitantes firmaran sus nombres en el libro de visitas se había zafado de la cadena que alguna vez la ató al mostrador. Todo en ese vestíbulo parecía que había dejado atrás sus mejores años, excepto por el detector de metales. Era una máquina blanca, reluciente, llena botones con luces rojas, verdes y amarillas, un recordatorio de que, aunque todo lo demás en este lugar estuviera roto e inservible, ni el más pequeño clip sería capaz de pasar sin ser detectado.

El guardia de seguridad nos escoltó por los pasillos, túneles amplios y silenciosos, hasta que llegamos a la pequeña sala de entrevistas donde Mario estaba sentado en una esquina, vestido con el uniforme de reo color azul marino. Su cuerpo caído se animó cuando el guardia finalmente encontró las llaves para abrir la puerta y nos dejó entrar. Había visto una fotografía de Mario y Oralia que su familia nos había enviado desde Guatemala; Oralia sonriendo como haciendo un berrinche y Mario de cuclillas, el antebrazo izquierdo apoyado sobre la pierna y su cara delatando una leve sonrisa frente a unas flores coloridas. Verlo en carne y hueso, con este uniforme de prisionero y sin rastro de aquella sonrisa, me sacudió. Su rostro mostraba rasgos indígenas marcados; cabello negro, frente ancha y plana, labios gruesos y un espacio visible entre los dientes al hablar. Sus tímidos ojos negros no habían sonreído desde hacía algún tiempo.

Desde que lo saludamos quedó claro que el español no era su lengua materna.

—Hola Mario, buenas tardes —dije. Ya pasaban de las 2:30 de la tarde.

—Mhmm —dijo, sonriendo y asintiendo con la cabeza.

Habíamos acordado tener a un intérprete disponible por teléfono. Me dijeron que llamara a la compañía de intérpretes y, después de marcar el código de confirmación, debía aparecer del otro lado del teléfono una voz que hablaba mam. Cuando Roxana y yo nos presentamos con él antes de llamar al intérprete, apenas entendía las cortesías y la plática coloquial. Me desconcertaba verlo y darme cuenta de que no podía hablar español, me sentía en una especie de encrucijada mental. Por un lado, aquí estaba un hombre cuyo nombre era Mario Pérez, que "parecía" como que su lengua materna debiera ser el español. No quedaba duda. Pero por otro lado, estaba más que claro que no podía formular oraciones completas en español, por mucho que lo intentara. La contradicción en mi mente no se resolvió de inmediato. Así de profundo es el peso de las falsas narrativas que relegan a las poblaciones indígenas como algo del pasado. Quizá el agente de la Patrulla Fronteriza que procesó a Mario unos días antes había sentido la misma disonancia que yo estaba sintiendo y por eso se había negado a proporcionarle un intérprete, a pesar de que Mario había hecho su mejor esfuerzo por solicitarlo en su español entrecortado.

Levanté el teléfono que el guardia había dejado sobre el escritorio y marqué al 1-800. En cuanto Mario escuchó al intérprete hablar mam a través de la bocina, su rostro se iluminó. Acercó su silla al teléfono y se inclinó hacia el altavoz. Le cambió el semblante por completo. Yo no entendía las palabras, pero podía sentir la urgencia en su voz. Escuchar por fin un idioma familiar pareció darle algo de esperanza: tal vez, ahora sí, alguien lo entendería. Tal vez alguien podría ayudarle a encontrar a su hija. Con ayuda del intérprete telefónico, le pedí a Mario que por favor nos explicara lo que había pasado cuando fue detenido junto con Oralia. ¿Qué les dijeron los agentes? ¿Qué les respondieron ustedes? Que nos explicara lo mejor que pudiera.

Mario relató que, después de tomarle su nombre, fotografía y huellas digitales, el agente de migración comenzó a preguntarle por la bebé.

—Es mi hijo —dijo Mario, delatando un español a medias al cambiar la "a" por "o". Pero en lugar de conseguirle un intérprete, desde ese momento el agente cambió su tono de voz. Me lo imaginé, con su uniforme verde olivo, ajustándose la pistola y el *taser* en el cinturón, sentándose recto y endureciendo el rostro.

A través del intérprete Mario nos contó que cuando sacó el acta de nacimiento, el agente miró el documento rápidamente y después lo puso a un lado despectivamente.

—Dime la verdad —el agente le había dicho a Mario—. Yo te puedo ayudar.

Durante los siguientes minutos en esa pequeña sala de entrevistas, Mario repitió la misma frase en mam al teléfono una y otra vez. El mam tiene una cadencia entrecortada, con frecuentes sonidos fuertes de la "h" y la "ch". También utiliza sonidos que no existen en español ni en inglés como letras independientes. Una de ellas suena como un chasquido de la lengua, mientras que otro como una breve pausa, el sonido que uno escucha en medio del "oh-oh" entre las vocales. Ese sonido se conoce como la oclusión glotal, representada fonéticamente por el símbolo ʔ, y existe en varias lenguas indígenas de América, así como en hebreo, tagalo, algunas lenguas polinesias, entre otros.

A pesar de que no entendía lo que decía, me di cuenta de que Mario repetía las mismas frases una y otra vez. El intérprete lo interrumpía para transmitirnos las frases en español: "dime la verdad, yo te puedo ayudar, dime que no es tu hija".

Me tomó un rato asimilarlo. El agente le había pedido a Mario muchas veces que dijera "la verdad", pero había decidido, independientemente de lo que dijera Mario, cuál era esa verdad: que Oralia no era su hija. Una y otra vez el agente repetía que si Mario decía que no era su hija, podría ayudarlos. Esto había durado mucho tiempo, Mario no estaba seguro de cuánto, pero calculaba que tal vez dos horas. Oralia lloraba descontrolada cuando los agentes se la llevaron.

—¿Cómo iba a ayudarte el agente? —le pregunté a Mario a través del intérprete.

—No sé —me respondió—. Le pregunté lo mismo… ¿ayudarme cómo? Y él seguía diciendo ayudarte, ayudar tu situación, ayudar con tu hija. Ayudarte. Te puedo ayudar, la puedo ayudar a ella.

Mario pausó la conversación, su mirada fija en el teléfono como esperando a que dijera las respuestas que él no tenía.

—¿Y qué dijiste tú? —pregunté después de un rato.

—Seguí diciendo no no no, ella es mi hija. Pero él seguía diciendo no no no, dime que ella no es tu hija. Yo puedo ayudarte. Si me dices que no es tu hija, puedo ayudarte. Puedo ayudarla a ella. Muchas veces, eso es lo que seguía diciendo.

Noté que su voz empezaba a quebrarse, incluso en mam. Me dirigió la mirada y pude ver la expresión en sus ojos por primera vez: miedo, derrota, vergüenza. Sus ojos llorosos miraron otra vez al teléfono y volvió a hablar al auricular.

—Y luego dije… bueno, no es mi hija —dijo el intérprete, devastado. Mario se limpió una lágrima antes de que pudiera escurrirle por el rostro.

Incapaz de entender qué tipo de ayuda estaba prometiendo el agente, desesperado por sí mismo y por su hija, después de horas de escuchar la misma cosa una y otra vez, cansado en una celda fría e inseguro sobre su futuro, Mario finalmente se quebró.

Es sorprendente cómo unas cuantas palabras pueden volverse tan consecuentes. Después de ser llamado mentiroso, un criminal en el que no se puede confiar, obligado a probar con documentos cada cosa que dice, desde su paternidad hasta el fundamento de su solicitud de asilo, de pronto las palabras de un inmigrante se volvieron la prueba definitiva de que él no era realmente el padre de su hija. A Mario lo trataron como un fraude, como un mentiroso, traficante de menores; pero en el momento en el que dijo las palabras que el agente le había obligado a pronunciar, su palabra de pronto, mágicamente, se convirtió en la verdad.

Esas cuatro simples palabras, en español entrecortado e incorrecto, tomaron el valor de un juramento. Bueno, no es mi hijo, está bien, ella no es mi hijo, se convirtieron en la peor pesadilla de Mario y Oralia. Después de repetir docenas de veces que ella *era* su hija, en el momento en el que dijo que no lo era, todo cambió. Esas cuatro palabras desencadenaron una serie de eventos que llevaron a Mario a estar aquí, en el Centro de Detención del Condado de Willacy, enviaron a Oralia a más de mil kilómetros de distancia y lo dejaron preguntándose dónde estaba la ayuda que el agente le había prometido.

Tras escuchar la historia de Mario acerca de la "confesión" forzada— si a eso se le puede llamar confesión— obtener la certificación del consulado de Guatemala se volvió mucho más crítico.

Como la cónsul Anguiano me había prometido, dos días después de que hablamos por teléfono recibí un documento consular certificando que existía un acta de nacimiento en la que Mario Pérez Domingo aparecía como el papá de Oralia. El documento consular era una simple hoja tamaño carta con un sello oficial y el escudo de armas de Guatemala, con un resplandeciente quetzal—el ave nacional— con su larga y colorida cola arqueada posando majestuosamente sobre dos rifles y una corona de laurel, que contenía toda la información crítica que habíamos solicitado. Cada dato coincidía con la información del registro guatemalteco. Teníamos lo que necesitábamos.

En mi mente de abogado litigante sin experiencia, me imaginé un momento dramático en el juzgado. Cuando el juez llamara el caso de Mario y preguntara a su abogado si había alguna prueba que cuestionara la afirmación del gobierno de que Mario no era el padre, Azalea, la defensora de oficio, se pondría de pie, agitando los documentos en su mano, para la sorpresa del juez y del fiscal. Todos en la corte se quedarían boquiabiertos y el juez golpearía su martillo e impartiría justicia. Las certificaciones serían la prueba definitiva de que Mario había estado diciendo la verdad todo este tiempo, sería declarado inocente y se reuniría con Oralia ese mismo día.

Pero lo que realmente pasó fue mucho menos dramático y mucho más perturbador. Ese viernes, temprano por la mañana, antes de que su caso fuera convocado, el fiscal retiró todos los cargos contra Mario por cruzar la frontera ilegalmente. Incluso con la política de Tolerancia Cero aún en vigor, Mario no sería procesado. Mario estaba en la Torre Bentsen, nos dijeron, pero no lo habían traído al juzgado en el octavo piso porque se habían retirado todos los cargos. Así como así, el fiscal descartó su caso "sin prejuicio", lo que significaba que el gobierno se reservaba el derecho de volver a presentarlo más adelante. Aun así, Mario estaba libre de toda responsabilidad penal por ahora.

Seguramente, pensé, esto significará que lo reunirán con Oralia de inmediato. Pero en lugar de eso, cuando Mario preguntó por su hija, los guardias le dijeron que no sabían nada de eso. El fiscal había retirado los cargos por razones que no entendíamos, pero lo que sí quedó claro fue que no querían abordar el tema de la separación.

—Eso es un asunto aparte, no tengo control sobre eso —había dicho el fiscal.

De regreso en la oficina, Laura y yo nos apuramos para intentar encontrar a Oralia y a Mario. Hasta donde sabíamos, Oralia todavía estaba en El Paso con una familia de acogida temporal. Y ahora que el caso penal de Mario había sido desestimado, lo más probable era que fuera transferido a la custodia de ICE y deportado de manera sumaria mediante un proceso conocido como *expedited removal*, una suerte de deportación expedita. Adoptada en 1996 y promulgada como ley por el presidente Clinton, la deportación expedita permite a los agentes de migración expulsar del país a personas que ingresaron "sin admisión" y que han estado físicamente presentes en Estados Unidos por menos de dos años. Técnicamente, esta ley exime de este proceso a las personas que buscan asilo o que expresan temor de una persecución en su país de origen. Pero en la práctica, la deportación expedita se ha aplicado de manera más amplia. Los inmigrantes sujetos a este proceso no se presentan ante un juez de inmigración; el oficial en turno puede simplemente "ordenar" que los expulsen del país. En sus inicios, la ley se aplicaba solo a inmigrantes que buscaban ser admitidos en los puertos oficiales de entrada, pero en 2004, el gobierno federal promulgó normas que le permitieron aplicar la deportación expedita a cualquier extranjero detenido a 150 kilómetros de la frontera y que hubiera entrado sin inspección en los catorce días previos a su arresto. La carga de la prueba recae en el inmigrante, quien debe demostrar que no cumple con estos criterios.

Esa franja fronteriza de 150 kilómetros cubre aproximadamente dos tercios de la población estadounidense, ya que también se extiende hacia el interior desde las costas y e incluye metrópolis como Nueva York, Los Ángeles, Houston y Chicago —las más pobladas del país— así como todo el estado de Florida. La deportación expedita se ha convertido en un método tan generalizado para expulsar, sin proceso alguno, a cientos de miles de inmigrantes y solicitantes de asilo cada año, que resulta fácil olvidar que esta versión ampliada de la política apenas tiene un par de décadas de existir.

Cuando fue detenido, Mario cumplía con todos los requisitos para ser sujeto a una deportación expedita, por lo que podría ser expulsado del país sin ni siquiera ver a un juez de inmigración. ¿Lo deportarían sin su hija?

Después de que nuestro intento de utilizar la certificación consular como prueba no tuvo éxito en la corte, intentamos otra alternativa. Yo había asistido a la facultad de derecho con la idea de que los tribunales serían un lugar para reparar injusticias, pero este caso fue una ocasión más en la que esa ingenua esperanza se desmoronó. El gobierno había decidido desentenderse de Mario y su hija, y nuestras opciones dentro del sistema legal se estaban agotando. Tuvimos que buscar justicia en otra parte.

Tras consultarlo con Mario, recurrimos a los medios de comunicación. Se suponía que ya no debía haber separaciones después de la orden ejecutiva y pensamos que la indignación pública aún estaba lo suficientemente fresca como para generar presión y lograr que Oralia regresara de El Paso antes de que Mario fuera deportado. Emitimos un comunicado de prensa con la fotografía de Mario y Oralia en frente de unas flores, el rostro de la niña cuidadosamente difuminado, y comenzamos a llamar, con urgencia, a todos los periodistas que conocíamos.

Créditos: Mario Pérez Domingo y Texas Civil Rights Project.

El medio de comunicación nacional *BuzzFeed* cubrió la historia. Eso nos permitió contar lo que habíamos descubierto en la entrevista más detallada con Mario y el intérprete, subrayando que el acta de nacimiento que lo identificaba como padre de Oralia era auténtica. Esa misma tarde, Border Patrol emitió un comunicado en respuesta. Era la primera vez que la agencia respondía directa y específicamente a uno de nuestros casos y, al leer su respuesta, me empezó a hervir la sangre: "Hay casos en los que un menor puede ser separado de un adulto/padre solamente por el bienestar del menor." Ahí estaba, otra vez la misma frase. "La separación es una posibilidad bajo circunstancias extremas para proteger al menor y asegurar su bienestar." Lo único en lo que yo podía pensar era Oralia con una familia de extraños, quién sabe dónde, en El Paso. "El señor Pérez Domingo inicialmente admitió que la niña con quien viajaba era en realidad su sobrina y que había conseguido un documento fraudulento de un contrabandista en Guatemala para respaldar su versión." Mi mente volvió a esa sala de entrevistas en Willacy County, con Mario mirando al teléfono, esperando a la voz que le hablara en mam, sus ojos temblando de la desesperación y decepción mientras nos contaba cómo lo habían presionado hasta quebrarlo.

El comunicado de la Patrulla Fronteriza no hacía mención de la certificación consular o de por qué el agente de migración no había intentado corroborar la autenticidad del acta de nacimiento. Después de todo, los agentes tienen acceso directo al personal consular desde sus estaciones de procesamiento. El agente pudo haber tomado el teléfono y llamar al consulado, como lo hice yo. Le habría tomado cinco minutos. Pero decidió no hacerlo. Prefirió aferrarse a una falsa narrativa a pesar de no haber entrevistado a Mario con un intérprete ni haber intentado verificar su historia. No, simplemente regurgitaron las palabras que le habían sacado a Mario bajo presión, sin más. Fue un comunicado de prensa realmente repugnante, repleto de acusaciones incendiarias, desprovisto de toda evidencia, y que además omitía pruebas que contradecían su versión.

Durante los siguientes días, la ira que sentía fue dando paso a la frustración. Me sentía perdido. La reunificación con Oralia parecía tan inalcanzable en ese momento y el sentimiento de impotencia se apoderó de mí una vez más. Martha, la cuñada de Mario, llamaba o escribía al menos una vez al día, en ocasiones incluso varias veces en un día, y cada vez tenía que decirle lo mismo con palabras distintas. Hacía todo lo posible por no contagiarle mi desesperanza, en su lugar, intentaba transmitirle esperanza y resiliencia. Pero su pregunta era siempre la misma: ¿ya le dieron a su niña? Sin importar todo mi esfuerzo por suavizar la respuesta, explicándole que seguíamos intentando, que estábamos hablando con los funcionarios gubernamentales, al final de cuentas, era la misma: No. No le habían devuelto su pequeñita a Mario y no sabemos cuándo lo harán.

El lunes siguiente, sentado en mi oficina, llamé al número que Dagoberto tenía escrito en el antebrazo con tinta azul: el de su cuñado. Al igual que Viviana, Dagoberto era uno de los cinco papás que habíamos entrevistado ese primer día en el juzgado; había sido separado de su hijo Jorge, de dieciséis años. De acuerdo con nuestras búsquedas periódicas en el sitio web de localización de detenidos de ICE desde mayo, Dagoberto había sido transferido de McAllen al Centro de Detención Stewart en una zona rural del estado de Georgia, de allí al Centro de Procesamiento de ICE en Folkston, cerca de la frontera entre Georgia y Florida, y de ahí lo devolvieron al sur de Texas al Centro de Detención de Puerto Isabel. Estos traslados constantes y sin explicación nos resultaban desconcertantes, sin ton ni son. Mientras que Dagoberto era trasladado de un centro de detención a otro, su hijo permanecía en un albergue en el sur de Texas, cerca del refugio de la ORR donde había estado detenido Sandro, el hijo de Viviana.

Llamé al cuñado de Dagoberto cerca del mediodía, tomando en cuenta la diferencia de horario y esperando a que fuera más tarde en la costa oeste. Contestó a la primera.

Le expliqué quién era y la razón de mi llamada. Ya estaba acostumbrado a estas llamadas y la cautela inicial de algunos de los familiares. Pero el cuñado de Dagoberto no quiso ni siquiera darme su nombre.

—Ajá, sí —dijo, pero lo sentí escéptico.

Me senté, algo sorprendido por el nivel de desconfianza. Después de un rato, dejé de intentar convencerlo de que sólo queríamos ayudar, por más que entendiera su desconfianza. A fin de cuentas, él y yo jamás habíamos interactuado, éramos dos perfectos desconocidos, y yo no tenía idea sobre su estatus migratorio. Tenía todo el derecho a desconfiar de un extraño que le llamaba preguntando por su familia.

—Está bien, no se preocupe —dije amablemente. Le expliqué que trabajaba con una organización que intentaba localizar a los niños separados de sus padres, y que un juez federal había ordenado que todos los niños separados fueran reunificados con sus padres. A finales de junio, en una demanda liderada por la ACLU (Unión Estadounidense por las Libertades Civiles) y conocida como *Ms. L v. ICE*, un juez ordenó poner alto a las separaciones y reunir a las familias separadas en un plazo de treinta días.

—Lo único que me gustaría saber es si Dagoberto y Jorge están juntos ahora —le dije al cuñado.

—Ok —respondió.

—¿Ya le entregaron a su muchacho?

—Sí —respondió en seco.

Le pregunté si sabía más detalles, pero me dijo que no sabía nada más de eso.

—Ok, muchas gracias.

Después de colgar, abrí el sitio web de localización de detenidos de ICE. Escribí el Número A de Dagoberto y la búsqueda arrojó un resultado: ahora estaba en el Centro Residencial del Condado de Karnes, al sur de San Antonio. "Karnes", como se le conocía, era un centro de detención de migrantes en donde, en ese momento, ICE detenía a padres con sus hijos. Sacudí la cabeza decepcionado, molesto al darme cuenta de que Dagoberto y Jorge estaban detenidos todavía, pero al menos ahora tenía suficiente información para confiar en que sí estaban juntos.

Cuando escribí los Números A de los otros dos papás y una mamá que habíamos entrevistado el mismo día que a Viviana y Dagoberto —Antonio, Leonel y María—, la búsqueda no arrojó resultados. De acuerdo con este sitio web, ninguno de ellos estaba bajo la custodia de ICE. Tampoco teníamos información de contacto de sus familiares, pues habían sido nuestras primeras entrevistas y no habíamos hecho esas preguntas el primer día. Lo único que teníamos eran sus Números A, que por ahora no estaban dando resultado.

Tampoco sabíamos dónde estaban sus hijos. Alexis y el resto del equipo habían estado llamando a la ORR durante semanas y, a finales de julio, los niños todavía "no estaban en el sistema". Faltaban sólo unos días para que se cumpliera el plazo que había fijado el juez en el caso *Ms. L*, y en nuestra lista, la columna de "estatus de reunificación" todavía contenía un desagradable "*desconocido*" en las filas de estas tres familias.

Si confiábamos en el sitio web de ICE, esto sólo podría significar que fueron deportados o liberados dentro del país. Al no contar con un abogado, era poco probable que hubieran sido liberados. Temía que ya los hubieran deportado, a casi dos meses después de su detención, con lo rápido que suele avanzar la deportación expedita. En las semanas que habían transcurrido, era casi imposible que María, Antonio y Leonel hubieran comparecido ante un juez. Si habían sido deportados, no teníamos forma de saber si sus hijos fueron deportados con ellos.

La Comisión Interamericana aún no se había pronunciado sobre nuestra solicitud de medidas cautelares, y el gobierno no había proporcionado ninguna información sobre estas familias, ni siquiera dentro de ese procedimiento legal formal. El número automatizado 1-800 del tribunal de inmigración tampoco tenía información sobre sus casos. Me sentí en un callejón sin salida. Habían pasado ya casi dos meses desde que Georgina y yo los conocimos en el tribunal, y empezaba a perder la esperanza de volver a saber algo de ellos, de saber qué había sido de su destino. Temía que nunca los encontraríamos.

Semanas más tarde, finalmente supimos lo que había pasado, gracias a los registros consulares. María y sus tres hijos fueron enviados a Alabama, donde fueron reunificados y continuaron su trayectoria hacia su parada final en Missouri. Teníamos suficiente información para confirmar que se habían reunido aproximadamente una semana después de su separación y que lograron llegar a su destino. Recordé la aparente disociación de María aquel primer día en el juzgado y me dio algo de consuelo pensar que tal vez ahora estaba mejor, junto a su esposo y sus hijos.

Leonel y su hijo Daniel también habían sido reunificados. De acuerdo con el consulado, para cuando Leonel regresó a Úrsula esa misma tarde después de la audiencia en que lo entrevistamos, Daniel seguía ahí. Estaba entre los pocos niños que no habían sido transferidos a la ORR con suficiente rapidez y, por un golpe de suerte, se reunificó con su padre a los pocos días en una de esas jaulas que llenaron los encabezados nacionales. Eventualmente, llegaron al noroeste del país y su proceso migratorio sigue pendiente en Portland, Oregón.

Antonio Bol Paau y su hijo no corrieron con tanta suerte: Antonio fue deportado a Guatemala, mientras su hijo, Rivaldo, se quedó en Estados Unidos. Me quedé horrorizado cuando lo supe, y más tarde, salió a la luz que había muchas familias más en la misma situación. Cuando informamos del caso de Antonio a los abogados trabajando en el caso *Ms. L*, nos topamos con la noticia de que el tribunal no había ordenado que los padres deportados sin sus hijos fueran traídos de vuelta a Estados Unidos. Rivaldo, quien tenía doce años al momento de la separación y que ahora era clasificado como "menor no acompañado", fue transferido a un albergue para niños inmigrantes.

De vuelta en la oficina, transcurrió otra semana. Después de incontables mensajes de voz y de enfrentarnos a grabaciones automatizadas una y otra vez, Laura por fin logró comunicarse por teléfono sobre el caso de Mario. Se trataba de un agente de la Oficina de Investigaciones de Seguridad Nacional, Homeland Security Investigations, HSI, la división de ICE que investiga supuestos crímenes cometidos en el interior del país. La HSI es sucesora de varias divisiones dentro del antiguo Servicio de Aduanas y adoptó su estructura actual en 2010. Su mandato incluye la jurisdicción para investigar "todo tipo de actividad criminal fronteriza", desde el lavado de dinero y la delincuencia cibernética, hasta el robo de arte internacional y la actividad de pandillas transnacionales. Fundamentalmente, su jurisdicción también incluye la trata de personas.

El agente le explicó a Laura, con tono sombrío, que la HSI se estaba preparando para presentar cargos por trata de personas en contra de Mario. Aseguró que tenían suficiente evidencia, para acusarlo de un delito grave. Insistió en lo que Mario le había dicho al agente de Border Patrol, su supuesta "confesión". Laura trató de explicarle que Mario no hablaba español con fluidez y que no se le proporcionó un intérprete, pero la explicación fue en vano. Todo lo que necesitaban, le dijo el agente a Laura, era una muestra de ADN de Mario y Oralia. Tan pronto como recibieran los resultados y confirmaran que Oralia no era su hija, procederían con los cargos. De ser declarado culpable, Mario enfrentaría hasta diez años de condena en una prisión federal.

Laura y yo estábamos horrorizados. Me senté en su oficina, perplejo. De pronto, lo que estaba en juego era muchísimo más grave. Desde el momento en el que involucraron a la HSI en el caso, supimos que no iba a ser fácil reunificar a Mario, pero no imaginamos que estarían por presentar cargos de trata. Estábamos completamente fuera de nuestra zona de experticia: ni Laura ni yo habíamos litigado un caso penal de trata de personas.

Llamamos a Willacy County, depositamos dinero en la cuenta de Mario para que pudiera devolvernos la llamada y esperamos, desesperadamente, a que lo hiciera. No era posible llamar directamente a un centro de detención de inmigrantes y hablar con un detenido, ni siquiera siendo su abogado. Por lo general, a las personas detenidas no se les permite hacer llamadas telefónicas. La única manera que tienen de hablar con alguien en el exterior es si tienen dinero en su cuenta, y la mayoría no tiene. Sin dinero en su cuenta no pueden llamar a nadie, ni a su familia ni a sus abogados. Los familiares normalmente llaman, depositan dinero en la cuenta de su ser querido y esperan la llamada. A lo largo del verano, habíamos estado depositando $5 y $10 dólares en docenas de cuentas como parte del proceso para contactar a los padres, darles noticias de sus hijos e informarles sobre el proceso de reunificación. A veces esa llamada nunca llegaba.

Fue alrededor de esa semana que empecé a filtrar las llamadas a mi celular personal. Me serví otra taza de café y, caminando por el pasillo desde la cocina hacia mi escritorio, sentí la vibración del teléfono en la bolsa del pantalón. La vibración se había vuelto parte de mi día a día y me provocaba la misma ansiedad, expectativa e impaciencia desde hacía varias semanas. Cada vez vibraban más y más llamadas de un "Número Desconocido" o "Privado", y sabía que esas llamadas venían de los centros de detención migratoria. A veces era alguno de los papás que habíamos entrevistado, pero la mayoría de las veces era alguien más pidiendo ayuda. Las llamadas al teléfono de la oficina siempre las contestábamos, pero las llamadas a mi número personal empezaron a aumentar y mi teléfono sonaba a todas horas del día. Como suele pasar, mi número personal había sido compartido entre inmigrantes dentro del centro de detención y las personas me llamaban buscando ayuda a todas horas. Cualquier ayuda, incluso si era alguien que no habíamos entrevistado o alguien que ni siquiera había cruzado la frontera cerca de McAllen. Lo único que querían preguntar era, simplemente, si había algo que yo pudiera hacer para ayudarlos.

La línea entre mi trabajo y mi vida personal se volvió cada vez más borrosa. Más de una vez me sorprendí tomando una de esas llamadas mientras jugaba con Julián en la casa, solo para que la llamada me regresara de golpe a la realidad de la que estaba tratando escapar. A veces no encontraba la fuerza de voluntad para contestar y dejaba que la llamada se fuera al buzón de voz. Mi tanque mental y emocional estaba prácticamente vacío y no encontraba las fuerzas, simplemente dejaba que algunas llamadas sonaran y sonaran aún cuando sabía que el "Número Desconocido" no podría dejarme un mensaje en el buzón. Si no contestaba, no habría nadie que presionara el número "1" para activar el buzón de voz. Contestaba muchas llamadas al día, incluso de noche y en fin de semana, pero había momentos en que simplemente no lo lograba, no podía obligarme a contestar una llamada más. No era una decisión consciente de no responder, era como si físicamente no pudiera deslizar el dedo sobre el botón verde de la pantalla del teléfono y contestar la llamada. Después me invadía la culpa: el peso de no tener respuestas para otra madre desesperada era una carga difícil de sobrellevar.

Con el tiempo, esa urgencia inicial, casi impulsiva de, tenemos *que ayudar a todos, tenemos que contestar todas las llamadas*, fue sustituida por un sentimiento doloroso: *sin importar a cuántos intentemos ayudar, no los podremos ayudar a todos.* A veces me preguntaba por qué enfocarnos tanto en un solo caso cuando había docenas, cientos de otros, iguales a él, que simplemente no podríamos alcanzar. Había cientos igual de merecedores de recibir justicia que ni siquiera conocíamos. Cada uno de ellos era una historia como la de Mario, la de Viviana, la de Patricia, o incluso peores, una historia que nunca sería contada, silenciada para siempre en un vuelo de deportación. Los abusos a los derechos humanos que el propio gobierno estaba infligiendo sobre miles de padres y niños inmigrantes parecían tan insuperables que una llamada más, un intento más, parecía apenas una gota en el mar.

Mientras esperábamos la llamada de Mario para explicarle el giro inesperado que había tomado su caso, planeábamos tener listo a un intérprete de mam para triangular la conversación en cuanto tuviéramos a Mario en la línea. No es nada fácil encontrar un intérprete de mam en Estados Unidos, y es mucho más difícil encontrarlo en el sur de Texas. Pero resultó que, el mismo día que necesitábamos un intérprete, Oswaldo Vidal, un intérprete de mam radicado en Oakland, California, estaba a tres horas de distancia en Laredo, trabajando de intérprete en otro centro de detención migratoria. Aceptó venir a McAllen al día siguiente y sentí un ligero alivio: por fin algo parecía salir a favor de Mario desde que cruzó la frontera.

Oswaldo habla inglés con fluidez, así como múltiples variantes del mam y tiene un nivel conversacional de español. Había migrado de Guatemala al Área de la Bahía, en el norte de California, con sus papás cuando tenía cuatro años y se mantuvo en contacto la comunidad indígena que radica en esa zona. Tendría poco más de veinte años de edad, y estaba en la universidad, al mismo tiempo que trabajaba de intérprete en tribunales de migración. El crecimiento de la comunidad mam en el norte de California desde principios de la década del 2010 había disparado la demanda de intérpretes que hablaran mam, y Oswaldo era uno de los pocos.

Al día siguiente, sentados en mi oficina, comenzamos a platicar en español. Oswaldo mide no más de un metro setenta y, cuando nos conocimos, llevaba puestos unos pantalones oscuros y una camisa abotonada con diseños tradicionales indígenas en el cuello, flores de muchos colores y patrones geométricos. Llevaba un pequeño morral al hombro donde guardaba su libreta. Cuando noté que tenía dificultades con el español, cambiamos al inglés. Hablaba de manera suave y lenta el español, pero cuando pasamos al inglés, de inmediato se notó su soltura, hablaba con seguridad, sin titubeos y con acento americano. Estaba repasando la situación de Mario con Oswaldo cuando apareció "*Unknown Number*" en la pantalla de mi celular. Contesté inmediatamente y escuché la tímida voz de Mario en la otra línea.

—Mario, un momento —dije, y le pasé el teléfono a Oswaldo. Habló con él un rato, mirándome de vez en cuando y asintiendo mientras escuchaba a Mario. Luego le respondía a Mario, con esa cadencia entrecortada y las oclusiones glotales, las cuales se volvían cada vez más familiares para mí.

—Sí, dice que está de acuerdo en que le tomen una muestra de ADN —dijo Oswaldo después de un rato—. Que ella sí es su hija —y aquí estábamos de nuevo, torpemente reafirmando lo obvio, Mario repitiendo una vez más lo que había dicho ya tantas veces sin ningún resultado.

El gobierno había adoptado la posición de que, como Oralia estaba bajo custodia federal, el gobierno federal tenía la potestad para tomar decisiones médicas por ella. Para nosotros, era importante que Mario diera su consentimiento informado antes de que se le tomara la muestra de ADN a la niña.

—¿Blood or saliva? —le pregunté a Oswaldo en inglés. El agente de la

HSI no había podido confirmar qué tipo de muestra de ADN planeaban realizar. Le había dicho a Laura que una prueba de sangre sería más acertada, pero HSI había tenido problemas para encontrar un laboratorio dispuesto a realizar un análisis sanguíneo de ADN en el sur de Texas. Varios laboratorios se habían negado a colaborar con el gobierno federal como forma de protesta por la política de separación familiar. Era una especie de boicot silencioso, lo que había provocado aún más retrasos en el caso. La ironía era dolorosa: una política injusta que ahora encontraba resistencia, pero que en el caso de Mario y Oralia solo significaba más espera.

—Sí, cualquiera de las dos está bien —dijo Oswaldo después de preguntarle a Mario—. Que ella es su hija —dijo nuevamente, interpretando fielmente las palabras de Mario.

Más tarde ese mismo día, en la casa, mucho después de cenar, la cuñada de Mario me volvió a llamar. Tomé la llamada en la sala y, tan pronto como dije hola, Karla me hizo un gesto para que bajara la voz. Julián ya estaba dormido y el sonido de mi voz podía llegar hasta su habitación. Eso era una cosa de familia: por alguna extraña razón que ninguno de nosotros ha podido explicar, todos en el lado de la familia de mi mamá tendemos a alzar la voz cuando hablamos por teléfono. Tal vez sea un vestigio de los tiempos en los que la recepción de los teléfonos fijos era deficiente y las personas necesitaban gritarle al auricular, un vestigio que a lo largo de los años evolucionó hasta volverse una mutación genética o una tradición familiar pavloviana. Sea lo que fuera, a Karla le preocupaba que mis decibeles adicionales despertaran a Julián.

Entré a la cochera para tomar la llamada de Martha, pero el calor era insoportable, incluso a esa hora. Abrí la puerta y salí a la calle detrás de la casa. Lo que tenía que contarle era importante y no podía enfocarme tanto en el contenido de la conversación como en el volumen de mi voz. La calle estaba vacía y silenciosa, una noche de verano calurosa y sin luna escondía las casas a lo largo de la cuadra. El tenue resplandor amarillento del farol iluminaba la calle mientras yo me disculpaba con Martha por mi retraso.

—Perdón, buenas noches —le dije—. Hoy hablamos con Mario —le expliqué a Martha cómo estaban las cosas. El gobierno insistía en que Oralia no era hija de Mario, que él la había traficado a Estados Unidos, y la única manera de probar que eso no era cierto era a través de una muestra de ADN. Sí, le dije, le mostramos el certificado de nacimiento que usted nos envió. Sí, el consulado de Guatemala confirmó que era auténtico. Sí, le mostramos la fotografía de Mario y Oralia. Ni siquiera entré en detalles sobre lo injusto que era poner toda la carga de la prueba sobre Mario.

—Entonces, el gobierno quiere tomarle una muestra de sangre a Mario y a Oralia —continué—. Mario ya dio su consentimiento, pero quería discutirlo también con usted.

—Bueno, sí, está bien —dijo ella.

—Si le sacan sangre a ambos, ¿cuál cree que sea el resultado?

—Sí, ella es su hija —respondió; me sentí hasta tonto al hacer la misma pregunta por enésima vez.

Le expliqué que el problema era que si el ADN resultaba negativo, Mario podría ir a prisión por muchos años.

—Déjeme preguntarle algo —intenté abordar el asunto de otra manera—. Hemos trabajado con familias de niños adoptivos. Padres que han criado a sus hijos desde que nacieron, pero que no son realmente sus padres. Bueno, sí son sus hijos, pero la muestra de ADN saldría negativa porque no son sus hijos biológicos. ¿Existe alguna posibilidad de que esto pase con Mario? —era posible que Oralia fuera adoptada y Martha no lo supiera.

—No, no, no, la niña sí es su hija.

—Okey. Lo que le tengo que preguntar es incómodo, pero es muy importante —dije—, porque Mario podría terminar en prisión. Si el resultado de la muestra de ADN sale negativo, no creo que podamos ayudarlo. Ni a él ni a Oralia.

—Sí… —dijo, confundida.

Traté de encontrar las palabras adecuadas para hacer la pregunta.

—Mire, cuando yo estaba chiquito y todavía vivía en México, a veces veía telenovelas…

Martha se rio, ligeramente confundida, incierta. En una de esas telenovelas, hubo una vez un papá que se enteró después de muchos años de criar a su hijo que el niño no era suyo. Lo quiso y lo crió como si fuera su hijo durante toda su vida, pero luego se enteró de que la esposa lo había engañado muchos años antes y que ese niño no era realmente suyo. Si les hubieran hecho una prueba de ADN a ese padre y su hijo, hubiera salido negativa.

—Mhm, no entiendo bien —dijo ella—. ¿Cómo pues?

—¿Hay alguna probabilidad de que Mario no sea el papá de Oralia?

—No, sí es su hija…— podía escuchar la confusión en su voz.

—¿Hay alguna probabilidad de que Mario no sea el padre de Oralia y usted no lo sepa? ¿Hay alguna probabilidad de que Mario no sea el padre de Oralia y que incluso *él* no lo sepa?

Unos segundos de silencio llenaron el otro extremo de la línea y sentí que por fin Martha había entendido lo que estaba tratando de preguntarle.

—Pero ella sí es su hija —suplicó, repitiendo las mismas palabras—. Yo… yo estuve ahí cuando nació —añadió, titubeando.

—Entonces, incluso con el riesgo de que vaya a la cárcel por muchos años si la muestra de ADN sale negativa, ¿usted está de acuerdo en que deberíamos seguir adelante con la prueba?

—Sí, tiene que ser positiva… —dijo en un tono contemplativo, ahora sí como hablando consigo misma.

Colgamos, pero yo todavía estaba perdido en mis pensamientos sobre las posibilidades. Tiene que ser positiva, me dije también.

Pasaron las semanas. Alexis llamaba a Manuel cada dos o tres días, pero lo único que él podía hacer era confirmar que Oralia estaba "bien", todavía con la familia de acogida en El Paso. Mario estaba ahora en detención migratoria y, una vez que confirmamos que estaba en una instalación al sur de Texas, Laura lo visitó. No tenía ninguna novedad real que compartirle, pero quería ver que estuviera bien dentro de lo posible y hacerle saber que no lo habíamos olvidado, para tratar de transmitirle un poco de esperanza. Seguí recibiendo llamadas y preguntas de Martha a través de WhatsApp casi a diario, y siempre tenía las mismas respuestas, un seco "todavía no", "ya casi", "estamos trabajando en eso".

Hacia finales de julio, la HSI finalmente encontró un laboratorio dispuesto a hacer las tomas sanguíneas de Mario y Oralia. Laura entró a mi oficina apresuradamente, con los lentes en una mano y una leve sonrisa en su rostro.

—Acabo de colgar con HSI —dijo, con naturalidad—. La prueba salió positiva —y su sonrisa se hizo más amplia.

Había imaginado este momento antes. Por las noches, en la cama sin poder dormir, me imaginaba que si esa muestra salía positiva, todos en la oficina celebrarían. Chocaríamos las manos y nos abrazaríamos y levantaríamos los puños en el aire en celebración. Pero, en lugar de eso, Laura y yo intercambiamos miradas de paciencia agonizante. El ánimo de celebrar siempre era rápidamente opacado por el recordatorio, molesto y desconcertante, de que Mario había dicho la verdad desde el principio. Que la niña sí era su hija. Que nada de esto debió haber pasado. Que todo esto era ilegal. Injusto. Arbitrario.

Volvió a mí el recuerdo del Fiscal General Sessions en la conferencia de prensa anunciando la política de Tolerancia Cero unos meses antes. "Si no quieres que te separen de tus hijos, entonces no los traigas ilegalmente a la frontera", había dicho. La política de Tolerancia Cero nunca había sido sobre "asegurar" las fronteras o proteger a los niños de los contrabandistas y traficantes de personas. Como muchas otras políticas migratorias, la Tolerancia Cero no se trataba de seguridad nacional o de "proteger" nuestros trabajos o la seguridad pública. Estas justificaciones eran una fachada. La política de Tolerancia Cero siempre tuvo como objetivo principal la "disuasión", es decir, infligir el mayor sufrimiento posible a los migrantes y solicitantes de asilo, tanto adultos como niños, con el fin de desalentar a futuros inmigrantes de venir a los Estados Unidos. Mientras más sufrieran éstos, menos probable sería que otros vinieran. Era una manera de disuadir a los inmigrantes centro y sudamericanos, en particular, de emprender el peligroso viaje; no vimos ni un sólo caso de inmigrantes europeos separados de sus hijos. El mensaje para los futuros inmigrantes era lo despiadado que podía ser Estados Unidos con ellos y sus hijos, para que lo pensaran dos veces antes de venir. El gobierno de Trump quería dejar claro que no escatimaría esfuerzos, por más crueles que fueran, para mantener a los inmigrantes de piel oscura fuera de su visión de Estados Unidos. Pero, por supuesto, para las Vilmas y las Patricias del mundo no había ninguna otra opción. Venir a Estados Unidos era un último y desesperado esfuerzo por salvarse a sí mismas y a sus hijos de la persecución, la violencia brutal, sin importar lo difícil que fuera la realidad si lo lograban.

Sacudí ligeramente la cabeza y miré hacia abajo.

—Bueno, y ¿cuándo van a reunificarlos? —pregunté, sin dejar de mirar a Laura.

—Dijo que necesita hacer otra llamada a la ORR para enviar la documentación —respondió Laura, los hombros caídos en señal de resignación—. Que puede tomar unos días.

Ya era primero de agosto. Mario y Oralia llevaban separados casi un mes, ilícitamente, en contravención de una orden ejecutiva y en violación de una orden judicial federal. Las pruebas de ADN ahora confirmaban, sin lugar a dudas, que él era su padre y aun así tardaría "unos días" para que volvieran a verse. Había tomado una fracción de segundo, cuatro palabras sacadas a la fuerza de la boca de Mario en un español a medias para separarlos. Y, después de todo esto, tomaría "unos días" reunirlos.

Me volvió a invadir ese sentimiento familiar de impotencia, y pude ver que también había alcanzado a Laura.

12

La rana y la olla

(1999-2001)

Una carcajada me distrajo y me asomé por la puerta mosquitero. El taller mecánico al otro lado de la calle había cerrado hacía horas pero, como todas las noches, tres o cuatro señores se reunían a tomarse unas caguamas después de cerrar, fumar cigarros y compartir risas intermitentes. Como todas las noches después de cenar, mi mamá estaba cocinando el desayuno del día siguiente y el almuerzo de mi papá para que se lo llevara al trabajo. Un leve pero inconfundible olor a calabacita en salsa llegó a todos los rincones del departamento, sólo superado por el olor a chorizo cuando cayó en el sartén, el chisporroteo fue el complemento ideal para el aroma. Me senté en el sofá, cerca de la entrada del departamento, lo más lejos posible de la cocina, tratando de sumergirme en el curso avanzado de Gobierno y Política, Advanced Placement Government and Politics, para evitar los olores y la plática de la cocina, pero fracasaba en ambos frentes.

Parecía que los sonidos de la calle eran menores que los del departamento, así que salí, cerré el mosquitero y me senté en el cofre del carro de mi papá, estacionado frente al departamento. La defensa delantera estaba tan solo a unos centímetros de la pared de la casa, por lo que podía sentarme en el cofre y, con las rodillas ligeramente dobladas, descansar los pies contra el muro y utilizar mi regazo como escritorio. Saqué mi carpeta blanca llena de hojas de trabajo y el libro de texto. Las hojas tomaron una tonalidad ámbar por el brillo del foco expuesto afuera del depa, mientras que Frederick Douglass me miraba fijamente desde la página, su barba entrecana parecía hecha de bronce bajo aquella luz tenue.

—¿Qué estás haciendo acá afuera? —preguntó mi mamá, asomándose por el mosquitero. Ni siquiera me había dado cuenta de cuánto tiempo llevaba leyendo.

Levanté la vista, bajé los pies y enderecé las rodillas.

—La tarea —dije, utilizando la palabra genérica de tarea para evitar explicar lo que era la prueba de AP.

—¿Pero por qué aquí afuera? ¿No está muy oscuro? —dio un paso afuera y volteó a ver al grupo que todavía estaba reunido en el taller de enfrente.

—Nombre, está bien —dejé el lápiz mientras miraba la luz, deslizando mis pies para quitarlos de la pared. La luz no era la mejor, pero me ayudaba a distinguir el texto de las páginas y me podía enfocar mejor ahí, afuera del departamento.

Me dijo que debía meterme porque se estaba haciendo tarde. Echó otra mirada al otro lado de la calle y se regresó a la cocina.

Dentro de todo, lo bueno era que el uniforme de mi papá ya estaba planchado cuando lo recogió de UniFirst, el servicio de lavandería en donde cada dos semanas dejaba los uniformes sucios y recogía los limpios. Los pantalones azul marino y la camisa de botones azul celeste con un parche con su nombre bordado— "J. Olivarez", con el apellido mal escrito, como siempre— estaban listos para usarse en todo momento. El concepto en sí era nuevo para mí: dejaba los uniformes en una bodega y regresaban no sólo lavados, sino perfectamente planchados y acomodados, cada par de pantalones con la camisa correspondiente, en su propio gancho, todo atado con un alambrito y una una cinta de papel que lo mantenía todo en su lugar. Me impresionaba con cuánta facilidad regalaban docenas, cientos, probablemente miles de ganchos de alambre con cada grupo de uniformes, cada dos semanas. Nunca los pedían de regreso cuando mi papá iba a dejar los uniformes sucios en una bolsa negra de basura. ¿Se los regalaban a todos los choferes de autobús? ¿En todas las escuelas? ¿En todas las ciudades? ¿De dónde salían tantos ganchos? Los guardábamos todos y, una vez que teníamos suficientes para toda nuestra ropa, guardábamos el resto adentro del clóset, reutilizando los alambritos para agrupar los ganchos por docenas. Mi papá luego se llevaba los ganchos sobrantes cuando visitaba a mi abuela en Allende.

Nunca supe si los vendía o los regalaba, pero siempre se aseguraba de que cada bonche tuviera una docena de ganchos, y contaba cuántas docenas llevaba. Para mi mamá, este arreglo que tenía el distrito escolar de Valley View con UniFirst significaba que ella no tenía que planchar los uniformes y sólo tenía que preparar su propia ropa para ir a trabajar al día siguiente.

Ahora que vivíamos otra vez con mi papá, mi mamá consiguió un trabajo de costurera en una fábrica de ropa de la marca Dickie's, al sur de McAllen, por la calle Ware Road, junto a los campos baldíos donde años después construirían el centro de detención Ursula. Nuestra solicitud de inmigración seguía pendiente, pero mi mamá había recibido un permiso de trabajo, y tan pronto lo obtuvo comenzó a buscar. Incluso con ella trabajando, no me quedaba claro si estábamos mejor ahora que cuando estábamos en Allende. Nos habíamos mudado a un departamento mucho más pequeño que la casa en la que habíamos crecido, Héctor y yo todavía dormíamos en un colchón plegable y mi mamá trabajaba fuera de casa. Tal vez, subconscientemente, esperaba que al mudarnos nuestra situación mejorara de inmediato, pero como en la fábula de la rana en el agua hirviendo, me fui adaptando poco a poco a nuestra nueva realidad sin darme cuenta.

Todas las noches después de cenar, mi madre lavaba el sartén sucio y lo colocaba de vuelta en la estufa. Luego cocinaba otra comida completa, el almuerzo del día siguiente para mi papá, así como un plato más pequeño de huevo: con chorizo, papas o nopales, con bastante chile del monte, que invariablemente ponía en cuatro tortillas de maíz, cuatro taquitos de almuerzo que luego envolvía en un papel aluminio. En la mañana, en los quince minutos que nos tomaba al resto de nosotros alistarnos, mi mamá calentaba los tacos en el comal y los envolvía de nuevo en el aluminio para que se mantuvieran calientes hasta que mi papá se los comiera después de terminar la ruta en el autobús. Ella por su parte se iba a la fábrica de Dickie's todo el día y, cuando regresaba en la tarde, era hora de empezar a cocinar la cena otra vez.

El día que mi mamá recibió su primer cheque del trabajo, fuimos los cuatro a El Globo a cobrarlo. Dos cheques, pensé, cuando siempre había habido sólo uno, seguramente cambiarían todo el panorama. Mi papá había estado pagando las cuentas con su único cheque y ahora uno adicional, aunque fuera de menor cantidad que el suyo, tendría que ser un impulso adicional. Game-changer. Me imaginé las posibilidades. Con el sueldo de mi mamá, seguramente habría dinero de sobra para comprarnos algo a Héctor y a mí. Ya no me sentía tan tentado como antes por los dulces junto a la caja registradora; había superado el deseo de dulces con el paso del tiempo y con la constante repetición de que "a la próxima". De todas maneras, me pasó por la mente que, si quisiéramos algún dulce, ahora sí se podía. Mi mamá también debió haber estado emocionada de por fin tener dinero propio, aunque, si lo estaba, no lo demostró.

Los pasillos del supermercado El Globo eran amplios y malolientes, el olor a Pinol ocultaba los olores polvorientos de cajas de galletas saladas y verduras enlatadas que llevaban meses atiborradas en los estantes. Normalmente veníamos a comprar frijoles y chorizo, siempre de la marca San Manuel, siempre a granel, porque así costaba veinte centavos menos cada libra. Al cabo que no necesitábamos el empaque, decía mi papá. Sin importar a qué hora del día estábamos ahí, las luces industriales en el techo llenaban cada rincón con una blanca fluorescencia.

La ventanilla para cobrar cheques estaba cerca de la entrada, al lado derecho entrando a la tienda, pasando las cajas registradoras como si te dirigieras a la salida. Debió haber sido día de pago para otros también, porque la línea para cobrar los cheques llegaba hasta el pasillo de la panadería. Cuando finalmente llegó nuestro turno, la señorita en la ventana saludó a mi mamá en español y le pidió una identificación. O su silla era demasiado baja, la ventana demasiado alta o ella misma era demasiado baja, o una combinación de los tres, pero por alguna razón su cara apenas se asomaba por el mostrador al interior de la oficina. Estaba sola en la ventana y le dijo algo que no alcance a escuchar a mi mamá mientras le devolvía su identificación. El letrero que colgaba de la pared con letras en naranja fosforescente que decían "Checks Cashed" obligó a mi mamá a alejar un poco la cara mientras recogía su credencial.

—¿Cuánto? —preguntó mi papá, tratando de disimular su sorpresa al escuchar el costo por cobrar el cheque.

Es la tarifa estándar, dijo la señorita. Si no quiere cobrar el cheque, está bien, pero ese es el costo y la línea es demasiado larga, así que decídase.

—No, pues sí —dijo mi papá, resignado.

Mi mamá recogió los pocos billetes de veinte dólares y el cambio que estaba en el mostrador y caminamos hacia la salida. Antes de que saliéramos de la tienda, vi a mi mamá entregarle el dinero a mi papá sin decir una palabra, como si ese hubiera sido el acuerdo desde el principio, como si los dos supieran que así iba a ser, como si el dinero nunca hubiera sido de ella. Nadie mencionó qué podríamos haber comprado con el dinero extra.

Sentí un gran alivio cuando, por fin, recibimos la carta que habíamos estado esperando por tanto tiempo. El exterior del sobre era como tantos otros que habíamos recibido antes, con las letras en color esmeralda en el remitente que decían Immigration and Naturalization Service, (Servicio de Inmigración y Naturalización), INS, que nos daba y nos robaba la esperanza a la vez. Pero esta vez el interior era diferente, esta vez por fin contenía una fecha y hora: la cita para nuestra entrevista de residencia permanente.

Las oficinas de INS en Harlingen en aquel entonces estaban en un pequeño edificio de una sola planta cerca del centro. Como se indicaba en la carta, nos aseguramos de llevar con nosotros los resultados de otro examen físico que confirmaba que seguíamos sin estar enfermos, nuestras cartillas de vacunación, por supuesto, y prueba de que llevábamos viviendo en los Estados Unidos desde que presentamos nuestra solicitud años atrás: todos y cada uno de los talones de cheques del sueldo de mi papá y mi mamá, así como cada una de las boletas de calificaciones de Héctor y mías, docenas. Mi padre, metódico como él solo, había acomodado todas las calificaciones en orden cronológico y las había separado con una liga elástica, las de Héctor y las mías. Entramos a la oficina de inmigración con nuestras esperanzas atadas como esa liga elástica un martes, 30 de noviembre del año 2000.

Para entonces, yo había enviado solicitudes universitarias por insistencia de Mr. Cerda, el maestro de inglés de onceavo grado. El año anterior, nos había asignado investigar una de las universidades de la "Ivy League" y escribir un ensayo sobre una de ellas. Yo escribí el mío sobre Princeton, que por alguna razón me llamó la atención, y me interesó todavía más cuando supe que Einstein había dado clases ahí. Tuve que aprender qué era la Ivy League y, aunque no lo entendía del todo, me quedaba claro que era un grupo prestigioso. Desde entonces, Mr. Cerda me animó—me empujó, diría yo— a aplicar a una de esas universidades. Incluso ya estando en doceavo, cada vez que pasaba por su salón entre clases y él estaba parado afuera en el pasillo, me preguntaba si ya había mandado la solicitud de admisión. Con el tiempo, ya ni siquiera decía nada, simplemente levantaba las cejas y la cabeza con una sonrisa cuando hacíamos contacto visual, como preguntando "¿ya?". Sus ánimos e insistencia nunca se sintieron incómodos. Era más bien como un estímulo constante, como diciendo, yo *sé* que puedes hacerlo, pero *tienes* que hacerlo, ¿ya lo hiciste? Yo le contestaba con una sonrisa, decía que estaba trabajando en la solicitud, ya casi sir, ya casi, y seguía caminando, hasta la próxima vez que me lo topaba.

Lo que nunca le dije a Mr. Cerda fue que me preocupaba el tema financiero. Había presentado la Solicitud Común de Texas y había sido admitido a UTPA, University of Texas - Pan-American, la universidad local, pero incluso ellos me habían pedido la Solicitud Gratuita de Ayuda Federal para Estudiantes, conocida en ingles como FAFSA, para poder ofrecerme un paquete de ayuda financiera. Cuando recogí una copia del formulario FAFSA en la oficina de la consejera, me di cuenta inmediatamente de que en la primera página, cerca de la parte superior, el formulario pedía un número de seguro social. Yo no tenía.

—Bueno —había dicho Ms. Torres, tratando de disimular su preocupación, subiéndose los lentes a la nariz—, si no tienes ese número podemos buscar otras opciones.

Nuestra consejera de la prepa era in pequeño dínamo incansable, de baja estatura y fornida, acostumbrada a utilizar la muletilla "este" hasta cuando hablaba en inglés, hasta cuando hablaba en un contexto formal, hasta cuando dio un discurso en nuestra graduación. No podía evitarlo y ese tic era inconfundible y característicamente suyo.

Le había dicho a Ms. Torres que no estaba seguro de cuándo podría tener un número de seguro social. Me había dicho que ojalá que fuera para cuando llegara la fecha límite de la FAFSA.

—Algunas universidades privadas no lo requieren —dijo—, podrían, este, ofrecerte las opciones que le ofrecen a los estudiantes extranjeros.

¿Era yo un estudiante extranjero? No estaba seguro, pero la posibilidad no parecía ideal, incluso por la forma en la que lo dijo.

—Si fueras a Pan-Am o, este, UT, ¿hay alguna manera de que tus papás te ayuden a pagarla? —debió haber notado la decepción en mi rostro, y agregó—, ¿o al menos una parte si, este, no puedes cubrirlo todo con becas?

Mentí y le dije que preguntaría. De la misma manera en la que me había preguntado si mi papá iría a mi ceremonia de graduación de la primaria o cuando tenía preguntas acerca de por qué tenía que estar atrasado un año en la escuela y Héctor no, esta vez tampoco pregunté nada, porque ya sabía la respuesta.

Cuando el oficial de inmigración por fin llamó nuestro nombre en la oficina del INS, nos encaminó por un pasillo estrecho. Pasamos al lado de algunos cubículos y entramos a una oficinita donde el agente nos pidió que tomáramos asiento. Había pilas de sobres manila y documentos sujetos con clips en ambos lados de su escritorio, y éstas, aunadas a su bigote rechoncho, lo volvían el retrato perfecto de un burócrata. El uniforme azul marino que portaba era apenas un tono más oscuro que los pantalones del uniforme de chofer de mi papá. Una bandera de Estados Unidos en un asta de juguete se alzaba entre las pilas de papeles en su escritorio y Bill Clinton nos miraba sonriente desde una fotografía enmarcada en la pared detrás de él. El agente sacó nuestro expediente y comenzó a revisar la información.

—¿Dónde trabaja? —le preguntó a mi papá, mientras su rostro examinaba el documento delante de él.

—¿En qué grado estás? —le preguntó a Héctor, y después a mí, en voz formal y cortante. A falta de ventanas, la oficina estaba iluminada por la intensa luz antinatural del techo. El oficial continuó de esta manera por un rato, haciendo preguntas de las que aparentemente ya conocía la respuesta. ¿Dónde trabajaba mi papá? ¿En qué año íbamos? ¿Mi mamá trabajaba? ¿Habíamos salido del país? ¿Habíamos cometido algún crimen? No parecía interesado en ninguna de las respuestas, como si simplemente estuviera siguiendo el guión, contando los minutos. Sostenía una pluma azul en su mano mientras nos cuestionaba y hojeaba las páginas del expediente, sin escribir nada. A veces asentía ante nuestras respuestas, murmuraba ajá, mhm y a veces simplemente pasaba a la siguiente pregunta sin siquiera hacer caso a las respuestas que mi papá le daba como soldado en su primer día de entrenamiento.

Una vez satisfecho de haber cubierto suficiente terreno con sus preguntas, sacó un formulario en blanco. Comenzó a llenarlo, empezando por nuestros nombres y fechas de nacimiento.

—¿Olivares con Z o con S? —le preguntó a mi papá. Esto jamás había sido un tema en México, donde todo mundo escribía Olivares con S y nadie se lo cuestionaba. Pero aquí, por alguna razón que desconozco, parecía escribirse más comúnmente con Z y la mayoría de las personas ni preguntaba.

—Ese —dijo mi papá, con cierto orgullo, enderezándose un poco. Fue la respuesta que dio con más seguridad en toda la entrevista.

—¿Siguen en la calle Chicago, número 2023? —preguntó el oficial, como esperando sólo confirmar.

No, respondió mi padre. Nos habíamos mudado ese verano. Ahora vivíamos en 807 South 42nd street.

—Ochocientos siete, sur Cuarenta y Dos —dijo mi papá, traduciendo nuestra dirección literalmente.

El oficial comenzó a escribir la nueva dirección en el formulario y se detuvo al llegar al número 42. Levantó la mirada, entrecerró los ojos, mirando al vacío como intentando recordar algo y, al no lograrlo, desistió y nos miró a Héctor y a mí.

—¿Is that with a T-H or an R-D? —preguntó.

Me tomó un momento entender qué nos preguntaba. Intenté evadir la mirada perpleja de Héctor, advirtiendo que él también trataba de entender[1].

Este hombre, el gobierno federal personificado, con su uniforme almidonado y con parches en el pecho, era el guardián de la residencia legal en Estados Unidos. Tenía en ese bolígrafo azul la decisión final sobre si obtendríamos nuestra green card o no, si nos podríamos llamar "residentes permanentes legales" y de si yo obtendría ese número de nueve dígitos para escribir en la primera página de mi FAFSA. Era él quien tenía la llave de la puerta que por años habíamos tratado de abrir, quien probablemente tenía más poder sobre el futuro de nuestras vidas de lo que nos dábamos cuenta en ese momento. Esta persona, con tanto po-

1 Nota del autor: Los números ordinales en inglés tienen una determinada terminación. A partir de "cuarto" (*fourth*), casi todos terminan en T-H (quinto: *fifth*, sexto: *sixth*, séptimo: *seventh*, etc.), mientas que "primero", "segundo" y "tercero" tienen su propia forma específica: *first, second* y *third*, respectivamente. Es algo que normalmente se aprende en la primaria.

der, no sabía cómo deletrear "42nd" en inglés. Y ni siquiera era el número ordinal escrito completo en letras, forty-second, eran únicamente dos números y dos letras.

—Creo que es con Ene-Dé, ¿no? —dije finalmente.

—Ah sí, cierto, cierto —dijo, escribiéndolo en el formulario como si lo hubiera recordado él mismo.

Al igual que el oficial en el consulado de Monterrey que había revisado nuestra solicitud de visa años antes, este oficial de migración en particular tenía tanto poder sobre el futuro de nuestra familia que era imposible para mí reconciliar ese nivel poder con su incapacidad para deletrear algo tan sencillo. ¿Cómo era posible? Los agentes de migración, ya sean los que están en el puente al entrar al país o los que deciden sobre una petición familiar, tienen un enorme nivel de discrecionalidad en las decisiones que toman— algunos dirían que ilimitada. A menudo toman estas decisiones basándose en gran medida en los documentos que tienen enfrente, quizás una fotografía, una declaración corta, en fin, imágenes, documentos e información que jamás podrían hacerle justicia a las vidas que están reduciendo a unas cuantas páginas. Me quedé sentado observando al agente mientras terminaba de llenar el formulario, repitiendo "no mames" una y otra vez en mi mente; ¿es en serio? ¿Cómo puede ser él quien decida si nos quedamos o no?

Pero lo era, como un Julio César moderno emitiendo un veredicto con el pulgar en este Coliseo de oficina en el que estábamos sentados. Completó el formulario, lo firmó y levantó la mirada. Le entregó a mi papá tres hojas de papel y nos dijo que eran temporales. Deberíamos esperar a recibir las green cards por correo en las próximas tres o cuatro semanas, añadió.

—Felicidades —dijo, estrechando la mano de mi papá y sonriéndole a mi madre mientras nos levantábamos para irnos. Al estrechar la mano del agente, mi papá inclinó la cabeza en una serie de reverencias a medias, como si se inclinara para reafirmar que el agente tenía todo el poder, sin importar su mala ortografía.

Cuando el director dijo mi nombre, me levanté de la silla y caminé lentamente hacia el podio para dar mi discurso de fin de año, como el mejor estudiante de la escuela. Habían pasado ya seis meses desde la entrevista para obtener la residencia y me sentía algo nervioso, pero los aplausos y las porras me dibujaron una sonrisa en la cara. Los aplausos más fuertes venían de mis compañeros del equipo de futbol, con quienes había compartido una temporada perfectamente mediocre: En el primer año de la historia del equipo de futbol soccer de la Escuela Preparatoria Valley View, habíamos empatado el 50 por ciento de los partidos y, del resto, habíamos ganado la mitad y perdido la mitad. Apenas podía distinguir a mi familia sentada en las gradas abarrotadas a lo lejos, cubriéndome los ojos del destello de las luces brillantes del estadio que iluminaban la ceremonia de graduación. La brisa veraniega del Golfo sacudió las hojas de papel en mi mano mientras las colocaba sobre el podio.

El aplauso del resto de mis compañeros era sincero también, estoy seguro, excepto por los pocos que creían que eran ellos, y no yo, quienes deberían estar dando este discurso. Más de una vez, me habían preguntado por qué asistía a esta escuela y no a la que me correspondía, en McAllen. Ese había sido el plan original, que Héctor y yo fuéramos a Valley View por unos meses nada más. Aunque no vivíamos en ese distrito, se nos permitía ir porque mi papá trabajaba para la escuela, y una vez que aprendiéramos inglés y nos instaláramos, nos trasladaríamos a la escuela correspondiente en el distrito que nos correspondía, en McAllen. Ese había sido el plan incluso a pesar de las objeciones de una de las hermanas de mi papá, quien creía que no era un buen lugar para nosotros. Había demasiados Po'Boys y otras pandillas en Las Milpas, decía, refiriéndose a la colonia en la que estaba la escuela, una zona de bajos recursos donde las calles no estaban pavimentadas. Los Po'Boys usaban pantalones Dickie's color caqui, camisetas blancas y camisas negras de manga corta abotonadas solamente en el primer botón, el de más arriba; caminaban por los pasillos de la escuela a paso desdeñoso, como desafiando a que alguien les preguntara qué estaban haciendo. Me quedé boquiabierto cuando me enteré de que "Po'" era la abreviatura de poor, "pobre", sin entender por qué habían elegido ese nombre para la pandilla. En cualquier caso, incluso a pesar de todas esas opiniones y cuestionamientos, Héctor y yo nos matriculamos en Valley View. Y para cuando aprendimos inglés, ya no quisimos volver a cambiar de escuela, prefiriendo compartir el salón de clases con pandilleros antes que tener que conocer nuevos maestros y hacer nuevos amigos.

Lo que nadie me dijo directamente, pero que escuché una vez en la clase de inglés, fue que si yo no hubiera llegado de México, algunos de mis compañeros habrían obtenido calificaciones más altas. Sentí que había un cierto resentimiento de que yo hubiera tomado lo que ellos consideraban su lugar en la lista de los diez mejores alumnos de la generación.

—Si no hubiera llegado —le dijo Jazmín a una de sus amigas— o si se hubiera ido a la escuela a la que le toca, yo estaría en un mejor lugar en la lista —. Su voz transmitía una combinación de anhelo y desesperanza, como cuando quieres que el sol no queme tanto en agosto: no te gusta, pero no hay nada que puedas hacer al respecto. Fingí no escuchar desde mi lugar, a unos cuantos bancos de distancia, mientras el maestro nos contaba sobre Frost y un cuervo y el polvo de nieve.

No sé si fue esa la razón de que su comentario me afectara tanto, pero la propia Jazmín había llegado del otro lado de la frontera unos cuantos años antes que yo. Ella y yo no éramos los únicos; muchos de nuestros compañeros de Valley View no habían empezado el kínder o incluso la primaria ahí. La mayoría de los que habíamos entrado a la escuela más tarde veníamos de México y algunos de América Central. Y de los que habían asistido a Valley View desde la primaria, la mayoría de sus padres o abuelos habían llegado de otras partes también.

Esa conversación escuchada de lejos no sería la última vez que me encontraría con el rechazo hacia los migrantes recién llegados por aquellos que habían llegado antes, aunque fuera solo un poco antes, y que se sentían con más derecho a reclamar esta tierra como suya. El comentario punzante de Jazmín me hizo sentir que estaba tomando el lugar de alguien más, un lugar que no me correspondía. Era como si el simple hecho de cruzar la frontera en determinado momento le diera a una persona una especie de legitimidad moral, un sentido especial de pertenencia a una comunidad, y quienes llegaran después ya no pudieran formar parte en los mismos términos. A veces me pregunto si aquellos cuyas familias habían llegado una década o un siglo antes veían a Jazmín de la misma manera en la que ella parecía verme a mí. ¿Qué tan lejano en el tiempo es ese reclamo, aparentemente arbitrario, sobre un pedazo de tierra? ¿Cuál es la diferencia real entre una familia centroamericana que llega hoy a Estados Unidos y los peregrinos que llegaron al Puerto de Plymouth a principios del siglo XVII? ¿Es el tiempo el factor más relevante? Los estadounidenses afrodescendientes, cuyos ancestros han estado en lo que hoy es Estados Unidos por más de cuatrocientos años, fueron traídos en su mayoría en contra de su voluntad, en barcos de esclavos, y siguen siendo tratados como ciudadanos de segunda categoría en muchos sentidos. Nunca he oído hablar de un inmigrante anglosajón de segunda o tercera generación al que le hayan dicho que se regrese al lugar de donde vino, a Inglaterra o a Noruega. Los pueblos indígenas han habitado esta tierra durante siglos, mucho antes de que llegaran los peregrinos y mucho antes de que existieran las fronteras de hoy en día. Si el tiempo es en realidad el factor decisivo, su reclamo sobre la tierra debería ser el más fuerte. Pero a menudo son los descendientes de colonos blancos quienes reclaman un derecho inescrutable sobre este país, citando a varias generaciones de antepasados en Estados Unidos como la base de su reclamo. Pero incluso sus antepasados, aunque les cueste admitirlo, fueron migrantes en algún momento.

Además del factor del tiempo, a veces quienes llegaron antes señalan la manera "ilegal" en que algunos migrantes de hoy en día entran al país como la diferencia relevante, argumentando que sus ancestros entraron al país de la manera "correcta". En 2018, algunos descendientes de inmigrantes culpaban a los padres por la separación de sus hijos: fueron ellos, decían, quienes decidieron cruzar la frontera ilegalmente; es su culpa que les hayan arrebatado a sus hijos, no es culpa del gobierno. Aún dejando de lado el hecho de que el gobierno del presidente Trump prácticamente bloqueó la posibilidad de solicitar asilo en los puertos oficiales de entrada, lo que cuenta como "legal" o "ilegal" depende enteramente de las leyes vigentes en un momento determinado, y esas leyes han cambiado una y otra vez, a veces dramáticamente. Por ejemplo, lo que en el 2018 era considerado "entrada ilegal"—cruzar el Río Bravo sin ser inspeccionado— en 1918 era perfectamente normal, y en 1818 ni siquiera hubiera tenido sentido porque la frontera se encontraba en otro lugar. Y no es necesario ir cientos de años atrás para encontrar casos de cambios radicales en las leyes migratorias. La manera en la que una persona podía migrar "legalmente" a los Estados Unidos cambió drásticamente de 1964 a 1965, cuando se promulgó la Ley de Inmigración y Nacionalidad. Lo que en 1995 habría sido una multa de tráfico intrascendente por viajar a exceso de velocidad cerca de un puesto de control de inmigración, en 1996 se convirtió en el delito grave de "fuga a alta velocidad", como parte de la Ley de Reforma de la Inmigración Ilegal y Responsabilidad de la Inmigración, promulgada ese año. Cada ley se va montando sobre la anterior y, con el tiempo, la realidad que crean se convierte en la nueva normalidad. Al igual que la rana en la olla, nos vamos acostumbrando poco a poco a una realidad cambiante, excepto que de pronto el agua ya está hirviendo.

No toqué ninguno de estos temas en mi discurso de graduación. En cambio, hablé de cómo los alumnos éramos como gotas de agua. Habíamos viajado juntos durante años, desde diminutas moléculas de monóxido de dihidrógeno hasta condensarnos completamente, acercándonos unos a otros en el proceso, haciéndonos pesados como una nube gris de abril. Y ahora era nuestro momento de llover. Lloveríamos y viajaríamos por caminos separados, algunos de nosotros fluiríamos hacia arroyos y ríos, regando cultivos y haciendo florecer los jardines, algunos desembocaríamos en el vasto océano. Francamente, me temía que algunas gotas se irían directo a una coladera, pero había editado esa parte en un primer borrador.

Desde que pronuncié ese discurso hace casi veinticinco años, me he preguntado muchas veces por qué no se me ocurrió leer al menos una parte en español. Incluí un "gracias a mi papá y a mi mamá" al principio, pero fuera de eso escribí y leí el resto completamente en inglés. Las dos personas que más me hubiera gustado que entendieran lo que estaba diciendo no entendieron ni una palabra del discurso. Lo he lamentado tanto desde entonces. Cada vez que me pregunto por qué, me digo a mí mismo que debió haber sido porque era demasiado joven para darme cuenta, que simplemente no me pasó por la cabeza, o que el público al que me estaba dirigiendo eran mis compañeros y maestros, no mi mamá y mi papá.

Sólo ahora, al escribir estas páginas, he podido reflexionar y darme cuenta de que el comentario que escuché unos meses antes en la clase de inglés probablemente tuvo algo que ver. Tal vez leí todo el discurso en inglés en un intento de demostrar que había aprendido el idioma, que sí merecía estar en ese podio y que sí pertenecía a esta comunidad. Y, al tratar de demostrar todo eso, sin darme cuenta dejé fuera a las dos personas que más me importaba que estuvieran orgullosas de mí en ese escenario. Siento que en mi intento por demostrar que sí pertenecía, dejé una parte de mí en el camino. ¿Qué más habré dejado atrás sin darme cuenta? ¿Será que todos los inmigrantes tenemos que dejar algo atrás para ser aceptados?

Una mañana de ese mismo mes, ya que los estudiantes habían salido de vacaciones de verano, fui a la oficina del director. Los pasillos vacíos estaban iluminados sólo parcialmente y parecían más amplios ahora que cuando estaban llenos del bullicio y las risas estudiantiles.

Entré en la recepción desierta y me topé con Miss VanHort que estaba a punto de salir. Había sido mi maestra de Geografía en décimo y desde ahí había subido de rango hasta convertirse en subdirectora. Había cajas de cartón esparcidas por el suelo y paquetes de papel para fotocopias apiladas en el mostrador. Como los pasillos, la recepción también estaba a medio iluminar, dándole al lugar un ambiente agradable, incluso acogedor. Miss VanHort se sorprendió al verme, pero me saludó con su característica sonrisa simpática.

—Hi, Effrin —dijo—. ¿Qué haces aquí, en qué te puedo ayudar? —no me invitó a pasar a su oficina, así que nos quedamos parados entre las cajas y las sillas de vinilo azul desordenadas.

Le conté que estaba ahí para recoger el dinero de dos becas que había recibido, una de la Sociedad Nacional de Honor (NHS) y la otra de un banco local; mil quinientos dólares en total. Le mostré los dos certificados que había recibido en la ceremonia de fin de año escolar, unas semanas antes.

—No, lo siento —me dijo muy amablemente—. No necesitamos los certificados, necesitamos el recibo.

—¿Recibo? —me pregunté en voz alta—. Esto es todo lo que tengo.

—No, el recibo de cuando gastes el dinero.

Me explicó que tenía que gastar los mil quinientos dólares *primero*— comprar libros o útiles o cualquier otra cosa que necesitara— y después traer los recibos para recoger el dinero de mi beca. Un reembolso, en realidad, más que una beca. Añadió en tono alegre que los términos de la beca eran súper flexibles y que tendría suficiente para comprar lo que necesitara. Tal vez incluso una computadora.

De dónde chingados voy a sacar mil quinientos dólares, pensé.

Le conté que estaba por salir a Filadelfia y estaría allá todo el semestre, con la esperanza de que esto le ayudara a cambiar de opinión. No volvería mínimo hasta las vacaciones de Navidad.

Dijo que no había ningún problema. Me guardarían el dinero de la beca todo el tiempo que fuera necesario. Podría recogerlo cuando yo quisiera, siempre y cuando trajera el recibo.

Yo había pensado usar ese dinero para comprar el boleto de avión a Filadelfia. Sin ese dinero, no tenía idea de cómo lo iba a comprar, y tenía que irme en unas cuantas semanas.

Antes de salir del edificio, me di la vuelta y busqué nuevamente a Miss VanHort. ¿Podría darme el dinero de por lo menos una de las becas? Quizás la de la NHS, la más pequeña de las dos, de 500 dólares. Le podría traer el recibo en unos días, pero necesitaba el dinero para comprar el boleto de avión, le dije.

—Ah, sí, ¡claro que sí! —dijo, con su sonrisa característica—. Pero tendría que comprar el boleto primero. —No te preocupes— intentó tranquilizarme— tu dinero estará aquí esperándote cuando traigas el recibo.

Salí de la escuela arrastrando los pies y con los dos certificados inservibles doblados bajo el brazo. ¿De qué servía haberme "ganado" una beca si no podía recibir el dinero? La asistencia financiera que me había ofrecido la Universidad de Pensilvania había sido la más completa. Según mis cálculos iba a ser suficiente para cubrir la colegiatura, las cuotas de matriculación, comidas y un dormitorio durante el primer año, lo cual había hecho fácil tomar la decisión de a qué universidad asistir. Si conseguía un trabajo y mantenía mis gastos bajos, estaba seguro de que me las podría arreglar. Pero ese plan dependía de poder *llegar* a Filadelfia, y ahora no tenía idea de cómo hacerlo. El semestre empezaba la primera semana de septiembre.

Cuando le conté a mi papá esa misma tarde, agachó la cabeza y la sacudió de lado a lado ligeramente. No era un gesto para decir que no exactamente, pero expresaba la misma frustración y resignación que había expresado a la hora de cobrar el cheque de mi mamá en El Globo. —Qué chulada— dijo con una mezcla de ironía y exclamación reprimida. Sentado en una silla en la cocina, empujó el tacón del zapato izquierdo con la punta del derecho, hasta que el zapato se le salió y cayó vencido en el piso. Las noches en casa se habían vuelto lentas, mi papá llegaba cada vez más cansado del trabajo. Subía los pies a una silla para ayudar a bajar la hinchazón. Mi mamá le quitaba paciente y amorosamente los calcetines y sus pies delataban la tez pálida de una circulación sanguínea cada vez más deficiente.

Deslizó un sobre hacia mí desde el centro de la mesa. —A ver de cuánto es ése— me dijo, refiriéndose a la oferta de la tarjeta de crédito adentro del sobre. La línea de crédito que Visa le ofrecía era suficiente para cubrir el costo de mi vuelo. Me pasó una pluma y me pidió que le hiciera el favor de llenar la aplicación, lo cual era en realidad un favor para mí. La tarjeta llegó por correo unas dos semanas después y casi la agotamos al comprar mi boleto de avión a Filadelfia.

13
Pro bono
(julio de 2018)

El mismo año en que mi familia volvió a ser familia en McAllen —1996— el presidente Bill Clinton firmó la Ley de Reforma de Inmigración Ilegal y Responsabilidad de los Inmigrantes (IIRIRA por sus siglas en inglés). La IIRIRA creó una amplia gama de las llamadas "barreras" penales en temas de inmigración como parte de una oleada de políticas de mano dura contra la delincuencia, las cuales dominaban la política estadounidense desde que inició la "guerra contra las drogas" en los años setenta. La creación de delitos menores relacionados al consumo de drogas durante ese período se sumaba ahora a consecuencias migratorias graves, a veces permanentes, para los condenados por esos delitos, lo cual tuvo como consecuencia miles de arrestos y deportaciones que no habrían sido posibles tan solo un año antes. Esas razones para deportar inmigrantes creadas en los noventa a menudo resultaban en separaciones familiares, incluso de sus hijos estadounidenses, y todavía suceden hoy en día.

Después de la IIRIRA, el siguiente cambio importante fue una reorganización completa de la burocracia de inmigración, a raíz de los ataques del 11 de septiembre de 2001. Con ese reordenamiento, todas las agencias de inmigración quedaron bajo el recién creado Departamento de Seguridad Nacional (DHS, por sus siglas en inglés). Desde entonces, ICE y la Patrulla Fronteriza en particular han redoblado su apuesta por una cultura interna que ve a todos los migrantes como criminales, como terroristas, como amenazas y personas inherentemente peligrosas para la seguridad nacional, lo cual de paso ignora su dignidad. Desde su fundación en el 2003, más de 215 personas han muerto bajo la custodia de ICE y los reportes de abuso físico y sexual se cuentan por miles, tanto que en los últimos años han aumentado los llamados a desmantelar la agencia por completo. Después de que un agente de la Patrulla Fronteriza en El Paso, Texas, matara a tiros a Sergio Hernández Güereca, un niño de quince años que se encontraba del lado mexicano de la frontera, en Ciudad Juárez, la Corte Suprema de los Estados Unidos dictaminó que la familia del niño no tenía derecho a presentar una demanda, en parte porque el niño no tenía suficientes vínculos con los Estados Unidos. Hasta el día de hoy, ese fallo y su justificación siguen siendo jurisprudencia vigente: un agente de la Patrulla Fronteriza puede dispararle a un niño desarmado al otro lado de la frontera con total impunidad.

Ya sea un taxista somalí o una madre sin recursos en espera de solicitar asilo, los funcionarios de estas agencias operan desde el punto de vista de que el Otro es una amenaza. En medio de esta burocracia y cultura de impunidad, el mismo departamento encargado de proteger a la nación de amenazas externas es también responsable de evaluar solicitudes de asilo y de protección humanitaria. Con dos roles tan diametralmente opuestos localizados en el mismo departamento, ¿cómo puede esa segunda función no verse afectada o distorsionada por el enfoque policial que domina la primera? Las opiniones abiertamente racistas y supremacistas han sido parte integral de las leyes y políticas de los Estados Unidos desde hace más de dos siglos. No es que, como en el cuento de Hansel y Gretel, se hayan dejado sólo algunas migajas históricas aquí y allá, difíciles de encontrar, que nos permitan rastrear un camino incierto. No. Tampoco es el caso que éstas posturas extremistas hayan sido eliminadas: fueron convertidas en ley, y estos puntos de vista son palpables en las agencias de migración de este país hoy en día.

Afirmar lo anterior no es un intento de satanizar la historia de la política migratoria de este país, por más problemática que sea. Más bien, se trata de animar a la sociedad estadounidense a ser honestos con nosotros mismos sobre la historia y sobre cómo este país ha tratado a los inmigrantes en el pasado, para que así tengamos un mejor entendimiento de por qué trata a los migrantes de hoy de la manera en que los trata. Nos toca preguntarnos, honestamente y sin rodeos, hasta dónde llega nuestra compasión y nuestro compromiso con los derechos humanos. Y cuestionarnos especialmente cuando se trata de migrantes que por su aspecto quizá no encajan en el imaginario de algunos estadounidenses. Es preferible aceptar y afrontar esta historia problemática de frente en lugar de seguir contándonos historias románticas y cuentos reconfortantes sobre el pasado de este país. Algunos dirán que no es justo juzgar a las generaciones pasadas con los valores de hoy; después de todo, el concepto de "derechos humanos" es relativamente nuevo en la historia de la humanidad. Puede ser. Pero tampoco deberíamos idealizar o maquillar la historia de quienes vinieron antes solo porque les tocó vivir en otro tiempo. Es cierto que la historia de Estados Unidos incluye muchas "historias de éxito" de personas migrantes, pero esa misma historia también está repleta de ejemplos en los que las leyes e instituciones negaron deliberadamente la entrada y los derechos a los inmigrantes que no eran considerados "blancos", desde la Ley de Nacionalidad de 1790, a la Ley de Orígenes Nacionales de 1924, hasta la política de Tolerancia Cero en 2018.

Entender esta historia es una pieza fundamental para entender quiénes somos como país, un país en el que los sollozos sin cara de niños migrantes en el interior de un centro de detención pusieron a la opinión pública en contra de una política insensible, pero donde las súplicas de sus padres poco habían cambiado antes. No somos exactamente una nación de inmigrantes, sino de hijos de inmigrantes: un país que, por un lado, se indigna ante el abuso de los hijos de inmigrantes —niños enjaulados, niños arrancados de los brazos de sus padres, niños llorando en el interior del centro de detención Úrsula—, y que, por otro lado, condena a los mismos padres porque "violaron la ley". Una y otra vez, se sataniza, criminaliza y se culpa a inmigrantes adultos por los problemas del país. En otro sentido histórico, también somos una nación en la que casi todas las personas —excepto los descendientes de sus habitantes originarios— descienden de alguien que emigró o fue traído a esta tierra desde otro lugar. Si lo pensamos bien, hasta los fanáticos antiinmigrantes más duros, por más que les duela aceptarlo, son hijos de inmigrantes.

Las semanas previas a los resultados de las pruebas de ADN de Mario y Oralia fueron abrumadoras. Mientras trabajábamos en el caso, mortificados todos los días por los resultados, se suponía que docenas, quizás cientos, de familias se reunirían antes de que terminara el mes. El tribunal del caso *Ms. L* había ordenado que todas las familias separadas fueran reunificadas a más tardar el 27 de julio. Pero como las autoridades habían sido más que deficiente en el manejo de registros, cumplir con esa orden se volvió un verdadero caos.

Durante semanas, decenas de personas alrededor del país se nos habían acercado preguntando cómo podían ayudar. Recibimos correos electrónicos, llamadas telefónicas, correo postal, mensajes en las cuentas de redes sociales de TCRP, y hasta algunos mensajes de odio. Algunas personas proponían protestar afuera de los refugios en donde estaban detenidos los niños no acompañados, otras querían hacer huelga de hambre frente al juzgado. Los abogados también empezaron a contactarnos, preguntando si alguna de las familias necesitaba ayuda legal. Y claro que la necesitaban. Habíamos entrevistado a casi cuatrocientas familias y no había forma de que pudiéramos representarlas a todas en sus casos migratorios. Comenzamos a hacer una lista de abogados interesados en ayudar, con la idea de conectarlos con las familias lo antes posible.

Una tarde especialmente ocupada, entró Roberto a mi oficina con expresión de alarma y me dijo que una de esas abogadas estaba en la ciudad. Había viajado desde California y acababa de hablar con él para preguntarle cómo podía ayudar.

—Dice que está aquí, en McAllen —añadió Roberto, preocupado—. Y no sé qué decirle.

Se me vino una idea a la cabeza.

—¿Crees que se anime a llevar uno de nuestros casos hasta el final? —le pregunté a Roberto—. Pregúntale si puede tomar un caso de inmigración completo. No sólo la preparación para la CFI o la fianza, sino *todo*: solicitud de asilo o cualquier otra solicitud y apelaciones.

Sabía que no era poca cosa lo que pedía. Los casos de migración pueden alargarse por años, pero ése era el nivel de compromiso que necesitábamos para garantizar una representación digna y completa para cada familia. Si los abogados aceptaban tomar sólo la fase inicial del caso, me preocupaba que las familias pudieran quedarse solas en el futuro, enfrentando un proceso complejo sin representación legal que los ayudara a completar su solicitud de asilo.

—Si te dice que sí, pídele que venga a la oficina. Tenemos un caso para ella.

En nuestra lista de casos y familias, habíamos empezado a marcar los que nos parecían más urgentes. Personas con discapacidad, necesidad de atención médica, los niños más chiquitos. Desde el día de la entrevista en el juzgado, casi todos los días pensaba en Patricia y su hijo Alessandro. Realmente no tenía forma de saber qué tan grave era su condición —lo único que me había dicho era que tragó líquido durante el parto—, pero estaban hasta arriba de nuestra lista. Separados desde hacía semanas, no estábamos seguros si Alessandro estaba recibiendo la atención médica que necesitaba en el albergue en el que estaba. No había manera de saber si estaba recibiendo algún medicamento o terapia, simplemente no teníamos nada de información. Todos los niños necesitaban a su mamá y a su papá, pero entre todos los menores que aún estaban separados, Alessandro destacaba. Unos minutos después, Roberto volvió a aparecer en la puerta de mi oficina, esta vez con una sonrisa.

—Ya viene en camino.

Maggy Krell llegó a nuestra oficina en menos de media hora. Había volado desde Sacramento, California, buscando cualquier forma de ayudar. Con ella iba Clara Levers, también abogada y amiga de Maggy que hablaba español con fluidez y la acompañaba principalmente para servir como intérprete, ya que Maggy hablaba muy poco español.

Maggy vestía una falda gris y una blusa blanca de botones perfectamente planchada. Tenía toda la pinta de abogada. Clara y Maggy se sentaron en mi oficina y comentaron sobre las fotografías de un mercado de flores en Guatemala colgadas en la pared de mi oficina. Eran de la vez que visité Guatemala con una delegación de la Comisión Interamericana de Derechos Humanos. Las coloridas flores contrastaban con los rostros cansados de las mujeres que las vendían, un contraste común en Guatemala: belleza natural que te deja sin aliento al lado de la miseria y la pobreza extrema.

Les dije que nuestro caso más urgente involucraba a una madre hondureña separada de su hijo de seis años.

—Es nuestro caso más urgente porque no sé si está recibiendo atención médica en el albergue. Está en San Antonio. Ella está detenida en el PIDC, así que probablemente puedan visitarla mañana.

—¿PIDC? —preguntaron al unísono.

—Ah, sí, perdón. El Centro de Detención de Puerto Isabel. Está cerca, como a una hora de aquí.

—Ok, ok —repitió Maggy, asintiendo suavemente y pareciendo cada vez más abrumada. La voz de Maggy era ahora un poco vacilante, contrastando con su entusiasmo inicial por ayudar con lo que necesitáramos. Parecía estar comprendiendo apenas lo que implicaría llevar el caso.

Aún sin saber exactamente en lo que se estaban metiendo, Maggy y Clara aceptaron tomar el caso de Patricia. Maggy era la asesora general de Planned Parenthood en California y dijo que su organización la apoyaba plenamente en este trabajo pro bono. Clara trabajaba para la Oficina del Fiscal General de California, pero estaba aquí a título personal y, aclaró que participaría sólo como intérprete, no como abogada.

Maggy y Clara necesitaban presentar documentación ante ICE con anticipación para poder visitar a Patricia en PIDC. Me comuniqué con Carlos García, quien nos había ayudado a entrevistar familias en el juzgado y a menudo tenía clientes detenidos en Puerto Isabel, para preguntarle si podía conseguirles una copia de los formularios de visita que debían enviarse por fax y en general guiar a Maggy y a Clara con el protocolo de visitas.

—Mañana tengo que ir a PIDC —respondió inmediatamente—. ¿Quizás Maggy quiera ir conmigo? ¿O seguirme? ¿O nos vemos ahí? O simplemente podríamos darle el formulario para que lo envíe por fax.

Era la disposición característica de Carlos: siempre con ganas de ayudar.

Cuando Maggy y Clara se fueron, Roberto estaba sentado en su cubículo.

—Si pudiéramos conseguir nada más trescientos abogados como ellas, dispuestos a tomar un caso… —dije, medio en broma.

—No sé si trescientos —respondió Roberto —, pero tengo un montón de correos electrónicos en mi bandeja de entrada.

Tal vez podríamos encontrar suficientes abogados dispuestos a tomar los casos de migración de las familias y llevar a cada uno de ellos hasta las últimas consecuencias, sin importar el tiempo que tomara.

También habíamos intentado llamar la atención sobre el sufrimiento humano como parte central de nuestros esfuerzos por detener las separaciones y devolver a los niños a sus padres. En una de tantas noches en las que no podía dormir, se me ocurrió que quizás si alguien famoso hacía huelga de hambre en contra de las separaciones familiares y exigía la reunión de los niños con sus padres, podríamos atraer mucho más atención de la que habíamos logrado hasta ese momento. Pero no conocía a nadie famoso. No tenía forma de hacer que eso sucediera. Alguien más sugirió organizar un concierto en uno de los puentes internacionales, una especie de concierto-protesta al estilo de los años sesenta, y se habló de realizarlo en Laredo, pero la idea nunca se materializó.

Luego, una tarde de lunes, recibí un correo electrónico de un abogado de la organización Robert F. Kennedy Human Rights. Kerry Kennedy, la hija de Bobby Kennedy (hermano del expresidente asesinado, John F.

Kennedy) y presidente de la organización, quería saber si había algo que pudieran hacer para ayudar a detener las separaciones.

La idea de la huelga de hambre volvió a mí de inmediato. ¿Estaría dispuesta a hacer una huelga de hambre hasta que todos los niños fueran reunidos con sus padres? Organizar una huelga de ese tipo y lograr que los medios la cubrieran requería muchos más recursos de los que tenía nuestro equipo. Así que nos pusimos en contacto con La Unión del Pueblo Entero (LUPE), un sindicato de trabajadores campesinos convertido en organización comunitaria en el sur de Texas. El personal de LUPE se emocionó ante la posibilidad de una huelga de hambre. Llamaron a Dolores Huerta, la reconocida activista y defensora de los derechos de los trabajadores agrícolas, los inmigrantes y los pobres, y partidaria de LUPE desde hacía mucho tiempo, para ver si quería participar. Huerta, de más de ochenta años de edad, había organizado a trabajadores agrícolas en California desde su juventud y había trabajado junto a Bobby Kennedy. De hecho, ella estuvo en el escenario con Bobby Kennedy cuando éste pronunció su discurso de victoria tras ganar las elecciones primarias de California en 1968, un día antes de su asesinato.

En los años sesenta, Bobby Kennedy se había unido a César Chávez y Dolores Huerta en una huelga de hambre en apoyo a los trabajadores agrícolas. La conexión entre Dolores Huerta y el padre de Kerry durante el movimiento por los derechos civiles hizo que la idea de una huelga de hambre fuera atractiva para Kerry y su equipo. Una huelga de hambre prolongada sería difícil de llevar a cabo, por lo que Roberto tuvo una idea genial: un ayuno secuencial. Cada individuo ayunaría durante veinticuatro horas y después le pasaría el "bastión" del ayuno a la siguiente persona. El ayuno duraría veinticuatro días, simbólicamente representando la reunificación de los 2.400 niños que según los medios habían sido separados hasta ese momento. Un ayuno secuencial de 24 horas parecía más factible que una huelga de hambre continua que podría durar semanas o meses. Además, permitiría que personas de cualquier parte del mundo pudieran sumarse virtualmente, ayunando veinticuatro horas desde donde se encontraran. A todos nos encantó el plan.

El día que me tocaba ayunar llegué a Archer Park y me estacioné en la calle Broadway. Archer Park es un parque pequeño y pintoresco en el corazón del centro de McAllen, a tres cuadras de la Torre Bentsen, que por años ha sido el punto de encuentro de protestas y manifestaciones. Los fines de semana, los niños juegan junto a la fuente seca en la parte norte del parque. Un quiosco en el centro se presta como un foro para los oradores, con unos encinos antiguos a su alrededor que dan sombra y refugio del calor en días como éstos, en pleno julio. Los carros estaban estacionados en las calles alrededor del parque mientras los ayunantes, simpatizantes y espectadores caminaban por uno de los cuatro brazos del conjunto de banquetas en forma de X que conducen desde cada esquina del parque hasta el quiosco.

"*Break bread, not families*" ("Partamos el pan, no a las familias") fue el eslogan que se le ocurrió a la gente de RFK Human Rights. Todos los días, al mediodía, una medalla con esa leyenda se pasaba de un ayunante a otro como símbolo de que se estaba ayunando por las familias. La persona que ayunaba portaría la medalla durante veinticuatro horas y después se la entregaría al siguiente.

Cuando apenas iba a salir del coche, mi celular volvió a vibrar. El "número desconocido" me miró fijamente desde la pantalla. Deslicé el botón verde con mi pulgar izquierdo y contesté mientras bajaba del carro. Presioné 1 para aceptar la llamada y, del otro lado de la línea me saludó una voz tímida de mujer.

—Buenos días, licenciado —dijo—. Habla Ana.

Había hablado con Ana un par de veces. No la entrevisté en el juzgado, pero alguien le había pasado mi número en el Centro de Detención en Pearsall, Texas, a unas tres horas de McAllen. Ana había viajado con su hija de nueve años, Juliana, desde El Salvador, esperando reunirse con su esposo e hijo en Colorado. Al cruzar la frontera, agentes de migración las detuvieron y al día siguiente un agente se llevó a Juliana, con la excusa de que se la llevaban para darle un baño. Esa había sido la última vez que la había visto y hasta ahora no sabía nada de ella. Hacía ya más de un mes.

Todas las separaciones eran crueles, pero el nivel de engaño involucrado en la separación de Ana y Juliana había sido particularmente siniestro. Los dolorosos detalles me vinieron a la mente al escuchar la voz de Ana en el celular.

—Hola, Ana, ¿cómo está? —me sentí hasta torpe al escuchar las palabras salir de mi boca. Incluso hacer la pregunta, una formalidad en la vida diaria, se sentía como un privilegio inmenso comparado con el predicamento de Ana.

—Pues aquí —me dijo.

Mientras intentábamos encontrar abogados pro bono que llevaran el caso de Ana y Juliana, Alexis había estado en contacto con la ORR, intentando gestionar una llamada entre ellas. Habíamos hecho lo mismo por decenas de familias, un pequeño destello de información y esperanza en el vacío. Al menos podían escuchar la voz del otro, pensábamos, y saber que el otro estaba siendo atendido y que estaba bien, dentro de lo que cabe.

—¿Ya pudo hablar con la niña? —pregunté.

—Bueno… —dijo Ana. Sentí que se le quebraba la voz, y al principio no supe si era la señal del teléfono; las llamadas de los centros de detención siempre eran inestables.

Pero la oí sollozar y ahí pude confirmar que no era la conexión. Estaba llorando.

—No ha podido hablar con ella —dije, medio preguntando y medio confirmando, frustrado otra vez de que ni la ORR ni el centro de detención habían podido facilitar una llamada entre otra madre desesperada y su hija. Había sido el mismo patrón todo el verano: por un lado, el personal de la ORR que afirmaba que necesitaba confirmación de que la madre era en realidad la madre de la niña, y por otro, el personal de los centros de detención haciendo apenas lo mínimo para ayudar, muchas veces con total indiferencia a las peticiones de los padres que mantenían bajo custodia. Ninguna de estas agencias estaba diseñada para facilitar la comunicación entre niños y padres detenidos que habían sido separados intencionalmente. El personal, como la mayoría de los burócratas, se mantenían firmes en sus costumbres y era toda una batalla lograr que hicieran algo que no fuera parte del "protocolo". Si no era parte de los protocolos, nos decían, no podía hacerse. Como siempre, la burocracia era una calle de un solo sentido que servía para justificar el daño, no para evitarlo. Mientras tanto, cientos de padres y niños no sabían dónde estaban sus seres queridos, si seguían en el país, si los habían liberado, deportados o si había pasado algo peor.

Intenté explicarle a Ana que tuviera paciencia, que a veces programar la llamada tomaba tiempo, que pasaría tarde o temprano y que estábamos haciendo nuestro mejor esfuerzo. Pero me interrumpió.

—No, perdón, es que sí tuvimos la llamada —dijo entre sollozos. Me confundió. Habían tenido la llamada, pero las lágrimas de Ana no sonaban a lágrimas de felicidad. Estaba caminando de un lado a otro, lentamente sobre la banqueta al lado de mi carro, preguntándome por qué estaba llorando si ya finalmente había hablado con su hija. Una pequeña multitud comenzaba a reunirse junto al quiosco para la entrega de la medalla del ayuno.

—¡Ah, qué bueno! —respondí, sintiéndome animado.

—Sí, pero… —dijo, y rompió a llorar de nuevo.

¿Cuál era el *pero*? Después de un largo rato, su respiración se hizo más lenta y pude escuchar que se calmó.

—Es que sí tuvimos la llamada, pero casi no pudimos hablar —dijo finalmente, su voz cansada de luchar por detener el llanto. Me imaginé sus ojos hinchados y su rostro enrojecido.

—¿Cómo? —no entendía a qué se refería.

—Es que nos la pasamos llorando, casi no pudimos hablar —dijo de nuevo y las lágrimas volvieron a brotar.

Un nudo me cerró la garganta y dejé de caminar. Ana ya no fue capaz de contener las lágrimas. Lloramos toda la llamada, me dijo. Lo poco que habían podido hablar, Juliana se la pasó preguntando, "¿por qué me dejaste, mami? ¿Por qué no vienes por mí? ¿Cuándo vas a venir por mí, mami?"

Habían pasado los cinco minutos permitidos para su llamada escuchándose llorar. La llamada por la que habíamos presionado a la ORR durante semanas para que organizara había resultado en cinco minutos de tormento, con Juliana preguntándole a Ana por qué la había dejado. Esta vez no tuve palabras de consuelo. Una orden ejecutiva y una orden judicial no habían sido suficientes ni para ella ni para Juliana, y la Comisión Interamericana todavía estaba valorando nuestra denuncia. Ésas eran las herramientas legales que yo tenía como abogado y habían sido incapaces de reunirlas.

Cada vez más personas caminaban por la banqueta hacia el quiosco, ajenas a la desesperación de Ana mientras pasaban casualmente junto a mí. A lo lejos, un periodista colocaba su cámara en un tripié, una ardilla corría delante de mí para treparse a uno de los encinos. El sonido de Ana llorando se sentía tan distante de la vida en el parque.

Al reflexionar sobre esa llamada, es difícil no pensar que el tiempo que Ana y Juliana pasaron llorando por teléfono había sido otra forma de tortura, otra revictimización más como resultado de la separación. Y luego, tener que contarme lo que había sucedido, luchando entre lágrimas para repetir cómo Juliana, en su inocencia y desconocimiento de la crueldad de la que somos capaces los seres humanos, había hecho esas preguntas tan agudas y punzantes.

Cuando Ana por fin pudo volver a hablar, me preguntó si tenía noticias sobre su caso. Habíamos contactado a una abogada en Denver que había ofrecido reunirse con su esposo y que iba a representarla a ella y a Juliana en sus casos de migración.

—La abogada se estará comunicando con su esposo esta semana —dije.

Me agradeció, su voz estaba un poco más serena, y nos despedimos.

Miré a mi alrededor y vi a más personas bajar de sus carros y camionetas alrededor del parque. Una de ellas me saludó con la mano y le regresé el saludo instintivamente, aunque no la reconocí en la distancia. Sin saber qué hacer, caminé de regreso al carro.

Era demasiado. Cada vez que sentíamos que habíamos logrado una pequeña victoria para una familia, otro gancho al hígado nos recordaba la realidad que ellos estaban viviendo. La sensación de no poder hacer nada era demasiado real. El dolor parecía filtrarse en cada pasito que dábamos. Se me había olvidado el ayuno, abrí la puerta del carro, me subí y me quedé ahí sentado, como suspendido en el vacío. Sentí que las lágrimas me alcanzaban y ni siquiera intenté resistirlas. No supe si lloraba por Ana, por Juliana o por mí.

Después de unos minutos, me limpié la cara. Cuando sentí que mis ojos ya no se veían tan rojos, respiré hondo, intenté recuperar la compostura y me encaminé al quiosco para recoger mi medalla de ayuno.

Unos días más tarde, entré a la sala de conferencias y encontré a Roberto visiblemente exasperado. Parecía aliviado de verme, pero no me perdonaba el retraso. No era tanto el hecho de que hubiera llegado tarde, sino el motivo. Esa mañana, la selección mexicana de futbol había jugado contra Brasil en la Copa Mundial de la FIFA Rusia 2018 y Héctor y yo habíamos visto juntos todos los partidos de México, en particular los partidos eliminatorios, desde el 2002. Era ya una tradición, algo nuestro. El Mundial se juega sólo cada cuatro años y es el evento deportivo más importante del año para millones de personas en todo del mundo, entre ellas Héctor y yo. Éste era el partido eliminatorio, de octavos de final, en Samara, Rusia, a las 6:00 p.m. hora local, lo que en Texas eran las nueve de la mañana, justo cuando iniciaba la primera capacitación de abogados pro bono.

Desde hacía unas semanas, abogados de todo el país— de despachos de abogados grandes, medianos y pequeños— se habían puesto en contacto con nosotros para ver cómo podrían ayudar. Roberto había pasado las últimas semanas pensando cómo organizarlos y qué pedirles exactamente, tratando de utilizar el caso de Maggy y Patricia como modelo. La tarea más urgente era reunificar a las familias, pero les pedíamos que también se comprometieran a llevar los casos de migración hasta su conclusión. Debido a que muchos de los padres estaban detenidos en el Centro de Detención de Puerto Isabel, decidimos que tenía sentido que los abogados viajaran hasta ahí, se reunieran con los padres en PIDC y formalizaran la relación cliente-abogado lo más pronto posible. Una vez que eso sucediera, cada abogado y su bufete serían responsables de llevar adelante el caso, con nuestro apoyo y orientación.

Roberto había programado la reunión con los abogados pro bono para ese lunes a las 10:30 a.m., en las oficinas de TCRP. Llegué como treinta minutos tarde, después de ver a Brasil hacer garras a México una vez más. Los abogados seguían maravillados con el mural en nuestra sala de conferencias, un colorido homenaje a la lucha por los derechos humanos en Texas, con retratos de Emma Tenayuca, Dolores Huerta, el Dr. Henry P. García y otros, íconos del movimiento por los derechos de los trabajadores campesinos en el Siglo XX. Como muchos visitantes que veían el mural por primera vez, tenían preguntas sobre quiénes eran las personas en los retratos y qué simbolizaban las imágenes.

Roberto tuvo que empezar la capacitación sin mí. Le había insistido en que todo iba a estar bien y que podía empezar exponiendo lo que estaba pasando, explicar el estado general de los casos y lo que sabíamos acerca de la situación de los padres, sin entrar en detalles legales. Aún así, Roberto sintió que lo estaba decepcionando al darle demasiada responsabilidad y pedirle que comenzara la capacitación de más de una docena de abogados, incluyendo muchos con más años de experiencia que yo, cuando él no era abogado, sino un voluntario que apenas había sido contratado hacía unos meses.

Antes de trabajar en TCRP, Roberto había sido maestro de matemáticas en una preparatoria como parte de la organización Teach for America, su primer trabajo después de la universidad. Estaba tan nervioso por dirigir la reunión con los abogados que me preguntó si podía perderme el partido, y quedó incrédulo cuando le dije que no podría perdérmelo. Para mí, ver ese partido con Héctor era el único descanso que había tenido en semanas, y era casi como un vestigio de la vida "normal", antes de la política de Tolerancia Cero.

Cuando entré a la sala de conferencias, noté su alivio y rápidamente me presentó a los abogados voluntarios.

—Hola a todos, una disculpa por llegar tarde —dije. Los abogados habían empezado a hacer preguntas que Roberto no podía responder.

¿Todos los padres están en proceso de deportación expedita?

¿Tiene ya orden y fecha de deportación?

¿Han solicitado todos la Entrevista de Temor Creíble?

¿Para cuándo están programadas?

¿Y qué pasa con sus hijos?

¿Sus casos de inmigración están consolidados con los de los padres?

¿Necesitamos presentar mociones para transferir sus casos de migración a otra jurisdicción?

¿Deberíamos considerar la posibilidad de presentar peticiones de habeas corpus?

Roberto y yo compartimos con ellos lo que sabíamos y lo que no sabíamos. Al igual que ellos teníamos más preguntas que respuestas. Roberto había preparado un formulario de visita para que cada abogado lo firmara y le asignó un padre o madre a cada uno.

—Deben enviar este formulario por fax a PIDC, incluyendo el nombre de su cliente y el Número A —explicó Roberto.

En los días previos a la reunión, Roberto, Laura y yo habíamos discutido qué casos deberían atenderse con prioridad. Había tantos padres separados detenidos en Puerto Isabel— más de cien en ese momento, muchos más que los abogados voluntarios en nuestra sala de conferencias— que habíamos tenido que tomar decisiones difíciles: ¿cuáles deberían ser las primeras diez familias en obtener representación legal? Comenzamos con lo que pensábamos que tenía más sentido: cualquier niño con problemas médicos o alguna discapacidad, donde parecía que la reunificación era más urgente, o cualquier padre que tuviera una solicitud de asilo particularmente convincente, donde el riesgo si volvían a su país de origen pareciera más grande que otros —algunos padres nos habían mostrado heridas de bala o puñaladas, por ejemplo, de la persecución que habían sufrido en su país.

Aun así, decidir a cuál padre o madre asignarle un abogado y a cuál no nos parecía extremadamente injusto. No sabíamos casi nada acerca de estas familias, sólo lo que habíamos podido recabar en los pocos y apresurados minutos en el juzgado, y ahora estábamos aquí, tomando decisiones que cambiarían la vida de las familias a quienes les habíamos asignado un abogado, así como a las que no. Era una responsabilidad tan importante y sentíamos el peso correspondiente. Por cada padre al que le asignábamos un abogado pro bono, había otro, igualmente merecedor de ayuda, que no tendría representación. No, más bien, por cada padre al que le asignábamos un abogado, había *tres o cuatro* que no tendrían abogado. Roberto trataba de que yo le confirmara cual familia era la opción correcta como prioridad, y sentí que lo que quería era que yo tomara la decisión. No me sentía mejor posicionado que él para tomarla. Ahí parado junto a su cubículo, viendo la pantalla de la computadora por encima de su hombro y la pila de carpetas manila organizadas con docenas de formularios en su escritorio, no me podía concentrar en la hoja de cálculo con nombres y fechas de nacimiento en la pantalla y archivadores llenos de documentos de casos apilados contra la pared, como haciendo guardia… nada de eso podía capturar la historia completa de cada familia.

Nunca nos cruzó por la mente en ese momento que la razón por la que estábamos sintiendo el peso de esta responsabilidad, la razón por la que estábamos tomando decisiones tan importantes para docenas de familias, era la existencia misma de la política de Tolerancia Cero. Tal vez no debíamos de sentir la carga tan pesada sobre los hombros, pero así la sentíamos. Sabíamos que las probabilidades de que una familia inmigrante ganara su caso de asilo o no fuera deportada aumentaban a más del doble si tenían representación legal. Sin importar a quién eligiéramos, nos quedaba claro que nuestras acciones acercarían a algunas familias al asilo y alejarían a otras de él.

En un reconocido ejercicio mental de la filosofía moral llamado el dilema del tranvía, cinco personas yacen amarradas en las vías del tren, incapaces de moverse, y un tren se acerca para aplastarlas. La persona que está haciendo el ejercicio puede tirar de una palanca y cambiar la vía por la que avanza el tren. Al tirar de la palanca, el tren cambia de vía a una en la que sólo hay una persona esperando su muerte, y por lo tanto se salva la vida de cinco personas, pero se aplasta a una que hubiera estado a salvo si no se hubiera tirado de la palanca. La pregunta es, ¿qué debe hacer uno, desde el punto de vista de lo moralmente correcto? ¿Debe tirar de la palanca? ¿Es simplemente cuestión de salvar al mayor número posible de personas, desde un enfoque utilitarista? Los profesores que imparten el ejercicio modifican el número de personas en cada vía para hacer el experimento mental más o menos difícil para los estudiantes, a veces incluso ponen el mismo número de personas en cada vía, excepto que las de un grupo están desahuciadas o son genios médicos que podrían descubrir la cura de enfermedades hasta entonces incurables, mientras que otros son prodigios artísticos como Beethoven o Miguel Ángel. ¿Tirarías de la palanca para salvar a veinte personas, sabiendo que al hacer eso matarías a Miguel Ángel y el mundo nunca conocería la Capilla Sixtina o el David?

Roberto y yo no estábamos participando en un ejercicio mental. Teníamos una sala de conferencias con un grupo de abogados trajeados esperando una lista de nombres y Números A. Habían viajado desde lejos y esperaban ansiosamente su lista de clientes asignados, ansiosos por empezar a redactar documentos y pensar en las normas de inmigración aplicables, no en dilemas filosóficos. El dilema del tranvía se enfoca únicamente en la responsabilidad moral de la persona tirando de la palanca; no postula qué puso al tren en movimiento para empezar. "Asuman que el tranvía ya está en movimiento", dicen los profesores. Para las familias en nuestra lista, en nuestra vía, el tren se había puesto en movimiento a partir de la política de Tolerancia Cero.

Pero no había manera de evitarlo. Teníamos cientos de padres en nuestra lista y apenas doce abogados en nuestra sala de conferencias.

Roberto les entregó sus formularios de visita y nadie preguntó cómo habíamos elegido a esas familias. Cada uno de los abogados recibió una hoja con un nombre y un Número A, y ése era su cliente, su misión. Se enfocaron en ella sin saber que Roberto y yo habíamos tenido que tirar de varias palancas para poder hacer esa lista. Cientos de familias, desde Brownsville hasta San Diego, seguían tendidas sobre las vías del tren.

Para finales de julio, los reportes de familias separadas a lo largo de la frontera sobrepasaban los 3,000. A medida que nos acercábamos a la fecha límite de reunificación establecida por el tribunal en el caso *Ms. L*, vimos de cerca cómo se desarrollaba ese proceso.

Nos empezaron a llegar reportes de que había mucho movimiento cerca de la iglesia católica en San Juan, un pueblito al oeste de Álamo, muy cerca de las oficinas del TCRP. Laura entró en mi oficina una tarde de ese mes, perpleja.

—Oye, parece que van a reunir a algunas de las familias en la Basílica, y no en la central de autobuses en McAllen. Se me hace muy raro. ¿Se te hace lógico? —me preguntó.

No lo era. Laura se enteró de esto por uno de los abogados pro bono, que había recibido una llamada de su cliente recién asignado. Confundida, la madre apenas pudo decirle que ella y su hijo estaban cerca de una iglesia, una basílica. No sabía exactamente en dónde estaban. El abogado llamó a Laura, para intentar comprender qué estaba ocurriendo. "La Basílica", como se le conoce en el Valle, se ubica en el corazón de San Juan. Construida en 1954, la Basílica de Nuestra Señora de San Juan del Valle es la iglesia católica más grande y la más emblemática del sur de Texas, dedicada a la Virgen de San Juan. Esta advocación mariana surgió en San Juan de los Lagos, México, después de que milagrosamente le salvara la vida a un niño moribundo en 1620, uno de tantos milagros difundidos durante los primeros años de la Conquista española del "Nuevo Mundo", parte de la difusión y propaganda del catolicismo entre la población indígena y mestiza. Actualmente, la Basílica está designada como santuario nacional y atrae a más de un millón de visitantes cada año, más de 20.000 cada fin de semana, en promedio. Miles de católicos devotos alrededor del país y otros países visitan la Basílica cada semana para cumplir una promesa o rezar por algún enfermo. La primera vez que mis papás nos llevaron a Héctor y a mí a la misa dominical en la Basílica, me sorprendió lo que vi: en lugar de un coro tradicional, un mariachi entona los cantos, como un constante recordatorio de los estrechos vínculos entre la capilla, su comunidad y la cultura mexicana.

—Qué raro —le dije a Laura—. Pero vamos a tratar de averiguar qué onda.

Lo que no sabía entonces era que, al lado de la Basílica, la diócesis operaba un hotel con alrededor de cien habitaciones, normalmente ocupadas por peregrinos y otros visitantes que desean pasar la noche cerca de la iglesia. Al final, resultó que docenas de padres detenidos en el sur de Texas fueron reunificados con sus hijos conforme a la orden judicial, y luego fueron enviados en autobuses al hotel de la Basílica. Una vez ahí, recibirían un cambio de ropa limpia, comida, y pasarían una noche o dos hasta que sus familiares pudieran comprarles un boleto de autobús para que viajaran de McAllen a su destino final.

Al principio, el personal del hotel no quería que nadie tuviera acceso a las familias hospedadas ahí. Le dijeron a Laura que tenían órdenes de no permitir la entrada a ningún miembro de la prensa, lo cual tenía algo de sentido— era concebible que periodistas y reporteros sin escrúpulos buscaran entrevistar hasta a los niños en busca de una nota que se hiciera viral— pero nosotros éramos los representantes legales de muchas de estas familias. Aun así, necesitaríamos hacer numerosas llamadas, múltiples correos electrónicos y nuestra constante insistencia para que nos permitieran visitar a nuestros clientes en ese hotel.

Unos días después, cuando finalmente obtuvimos luz verde, Laura y yo nos dirigimos al hotel con un montón de formularios de cambio de domicilio. Cuando un inmigrante es liberado, los documentos de liberación normalmente incluyen la dirección a donde se dirige y a donde las agencias migratorias le enviarán por correo documentos importantes. Para cada una de las familias trasladadas al hotel de la Basílica, su dirección de destino aparecía como: 400 N. Nebraska Ave., San Juan, Texas, 78589, la dirección del hotel.

Esto significaba que ésta sería la única dirección que tendría ICE en su sistema para los cientos de familias que pasaron por el hotel. Toda la correspondencia, incluyendo avisos importantes como citatorios judiciales, notificaciones de audiencias y demás, sería enviada a esa dirección. Estos avisos podrían llegar muchos meses después, y por supuesto para entonces las familias ya se habrían ido de la Basílica; nunca recibirían ninguna carta. Si no acudían a los citatorios, corrían el riesgo de ser deportados. Una vez que el personal de la diócesis se dio cuenta de esto, se mostraron mucho más abiertos a que fuéramos al hotel para ayudar a las familias a llenar los formularios para que pudieran notificarle a ICE y a los juzgados de migración sobre su cambio de dirección.

Cuando Laura, Alexis y yo llegamos al hotel ese viernes a finales de julio, no sabía bien qué esperar. Entramos en un gran vestíbulo lleno de personas yendo y viniendo. La recepcionista nos llamó enseguida, seguramente notando que no éramos familias de inmigrantes y nos preguntó cómo podría ayudarnos. A la derecha, unas escaleras de madera llevaban al segundo piso, mujeres y niños con mochilas o pequeños bolsos de lona subían y bajaban constantemente. Había conversaciones simultáneamente en diferentes partes del lobby. Algunas personas jóvenes, quizás estudiantes de secundaria, que parecían voluntarios, orientaban a las familias, indicándoles el camino hacia sus habitaciones o hacia los baños o hacia una camioneta en el estacionamiento que los llevaría a la central de autobuses.

—Sí, bien, ¿están aquí para ayudar con la dirección en el papeleo? —preguntó la mujer de la recepción después de que le explicáramos quiénes éramos. Ya sabía que vendríamos, le habían avisado.

—Sí —dije—. ¿Hay algún espacio donde podamos reunirnos con las familias?

Nos llevaron a una pequeña sala de conferencias en el segundo piso. Había máquinas de venta de refrescos y otras cosas en un extremo de la sala, llenas de galletas y dulces que nadie tenía dinero para comprar. Uno de los voluntarios acomodó una mesa en el otro extremo de la sala. Sacamos nuestros formularios y la lista de familias que sabíamos que habían estado detenidas en el PIDC, y nos instalamos en nuestro escritorio jurídico improvisado. A lo largo de una de las paredes largas colocaron sillas plegables para que los padres se sentaran mientras esperaban. Sobre la misma pared colgaba un sencillo reloj analógico, por encima de las sillas, y en la pared opuesta un crucifijo nos recordaba dónde estábamos.

Con tanto movimiento dentro del hotel, era casi imposible asegurarse de que todas las familias vinieran a vernos. Algunas apenas estaban llegando, cansadas, tratando de darse una ducha y ponerse ropa limpia. Algunas apenas estaban comiendo en la cafetería. Otras se apuraban a salir, tratando de subirse al autobús que finalmente los llevaría con sus familiares en Carolina del Norte o Iowa o Massachusetts. Unos cuantos niños jugaban en los pasillos con sus mamás. De vez en cuando se escuchaban sus risas y carcajadas, recordándonos que, a pesar de todo, seguían siendo niños. El aire en el hotel me recordaba al aire que había respirado una y otra vez en la sala del juzgado: un hedor a ropa que había sido usada por demasiado tiempo.

Laura y yo decidimos que daríamos un anuncio en el vestíbulo y en los pasillos, animando a las familias a venir a nuestra "oficina". Éramos abogados, teníamos documentación e información importante relacionada con sus casos de inmigración y podíamos responder sus preguntas sobre el proceso.

Madres y padres comenzaron a entrar en la habitación con todo y sus hijos. Una de las primeras en entrar se me hizo conocida, pensé que la había visto antes, pero no estaba seguro. Tenía quizás un poco más de treinta años, el cabello corto y unos hoyuelos en las mejillas que aparecieron cuando sonrió para saludarnos.

—Hola, buenas tardes —dije.

—Buenas tardes —contestó, con una leve sonrisa. Llevaba consigo un sobre amarillo que los agentes de ICE le habían dado cuando la liberaron, incluía su documentación y la de su hijo. Sacó los formularios sin dejar ir la mano de su hijo y, efectivamente, su "alien address" aparecía como 400 N. Nebraska.

—¿Recuerda si fue a un tribunal penal en McAllen? —le pregunté.

Dijo que creía que sí.

—Bueno, si así fue, estamos con la misma organización de abogados con los que habló acerca de su hijo en el juzgado, antes de que llegara el juez.

—Sí, sí, yo me acuerdo de usted —asintió.

—Ah —dije, algo desconcertado. La había entrevistado, pero no recordaba ningún detalle de su entrevista o sus antecedentes. Para ese entonces las entrevistas, las personas y sus historias comenzaban a mezclarse unas con otras en mi cabeza. Me sentí apenado de que esta señora y su historia ya se hubieran escapado a lo más recóndito de mi memoria. No recordaba ni su nombre. Su hijo parecía de seis o siete años, pero tampoco recordaba nada de él.

—¿Y cómo está? ¿Cómo está su niño? —pregunté.

Su sonrisa y sus hoyuelos desaparecieron. Bajó la mirada para ver a su hijo jugando en el suelo.

—Pues… él no está muy bien —dijo—. No quiere estar separado de mí ni un minuto —sacudió la cabeza y pareció perderse en sus pensamientos—. Hasta cuando me baño, él quiere estar dentro del baño o tengo que dejar la puerta abierta… necesita aunque sea escucharme, saber que estoy ahí, que no me voy a ir.

No encontré palabras para responder. Si bien la ansiedad de separación es típica, los niños más grandes que exhiben este síntoma por largos períodos de tiempo pueden desarrollar un Trastorno por ansiedad de separación (TAS). Es común que esta ansiedad se manifieste como una preocupación poco realista de que algo le pase al niño si el padre o cuidador se va, incluso por cortos periodos de tiempo; un miedo inexplicable de ser abandonado e incluso síntomas físicos como dolores de cabeza o de estómago y llantos frecuentes. Los expertos consideran que las causas más probables del TAS incluyen un evento significativamente estresante o traumático en la infancia temprana de los niños, como una estancia en el hospital, una situación inestable del cuidador o la muerte de un ser querido. No me cabía la menor duda de que las separaciones de muchos días o semanas que vivieron todos los niños en el hotel fueron eventos de ese nivel de estrés y trauma. Me pregunté cuántos de ellos desarrollarían ansiedad de separación o algún otro trastorno mental o emocional. Trágicamente, muchos de ellos probablemente sufrirían consecuencias a largo plazo por este trauma. Quizás jamás serían diagnosticados.

—Va a necesitar ayuda —continuó—. Probablemente ver a un psicólogo o algo así.

—Sí, estaría bien, de seguro le ayudaría —le dije, expresando lo obvio pero sin saber qué más decir.

—Yo no estoy muy bien tampoco —agregó—. Tendré que ver a alguien también.

Fruncí los labios y asentí con la cabeza. Una leve sonrisa reveló sus hoyuelos una vez más.

Laura y Alexis le explicaron lo importante que era que actualizara su dirección a la que realmente se dirigían, para así poder recibir cualquier correspondencia de ICE o del juez de inmigración. Nos dijo que entendía y que se iba a asegurar de enviar el formulario de cambio de domicilio por correo. Alexis marcó una palomita junto a su nombre en nuestra lista de padres que habíamos entrevistado en el juzgado, y le dio los nombres y la información de contacto de los abogados pro bono que estarían dispuestos a llevar su caso. Estos abogados, a su vez, se encargarían de presentar los trámites para transferir su caso de un tribunal de migración en el sur de Texas al tribunal más cercano a su nuevo destino.

Nos dio las gracias y salió de la habitación. Aún sostenía la mano de su hijo con una mano y llevaba el sobre amarillo en la otra. Nunca los volvimos a ver.

14

I DON'T WANT YOUR PARENTS TO CALL ME

(2001-2002)

Cuando llegué al campus de la Universidad de Pensilvania, "Penn", el verano estaba llegando a su fin. Locust Walk, el paseo peatonal que divide la universidad estaba bordeado de olmos, acacias y zelkovas, todos ellos árboles que nunca había visto en mi vida y a los que les quedaban escasas semanas antes de comenzar a perder sus hojas. Cuando aprendí inglés, me propuse descubrir los nombres de los árboles que me eran familiares en español, como los encinos (live oaks), nogales (pecan trees), álamos (ashes), huizaches (thorny acacia shrub), ébanos (ebonies). Siempre tenía que buscarlos en el diccionario, excepto el mezquite, por supuesto, que convenientemente se traducía al inglés casi directamente. Incluso siendo un campus urbano en el oeste de Filadelfia, Penn estaba llena de hermosos cerezos, cornejos y cedros cuyos nombres tuve que buscar al revés, del inglés a español. Durante mucho tiempo me han fascinado los árboles maduros, sobre todo los que tienen décadas y hasta siglos vivos. Siempre me intriga pensar que los árboles pueden vivir mucho más que uno y que, en su silenciosa y estática existencia, pueden ser testigos de muchas más cosas que nosotros en nuestras aceleradas vidas. En Mission, Texas, justo al oeste de McAllen, un ahuehuete de novecientos años se mantiene firme en las riberas del río Bravo. Los lugareños le apodan "Monty" de cariño, por su nombre en inglés— Montezuma bald cypress— y ha estado ahí desde antes de que se fundara el país, antes de cualquier frontera, antes de que Cristóbal Colón cruzara el Atlántico, incluso antes del Renacimiento y de la Peste Negra. Y después de *todo* eso, ahora está siendo amenazado por un muro fronterizo sin sentido. Me maravilla pensar en la perspectiva intergeneracional y milenaria de un árbol como Monty, si tuviera conciencia.

La primera clase universitaria a la que asistí fue una clase de ciencias políticas, un jueves por la tarde. Debemos haber sido unos trescientos estudiantes en ese auditorio, un contraste fuerte con mi generación de la prepa, donde habíamos sido apenas ciento dos alumnos. Los estudiantes sentados al frente constantemente levantaban la mano haciendo preguntas, mientras yo observaba en silencio desde el centro del auditorio, tratando de pasar desapercibido.

Hacia el final de la clase, el profesor bajó las luces y sacó un proyector. Nos dijo que quería compartir con nosotros una cita sobre la que había reflexionado a menudo durante sus años en el mundo académico, un antiguo proverbio chino. Cuando encendió la máquina, aparecieron unas grandes letras negras en el pizarrón: May you live in interesting times. Que vivas en tiempos interesantes.

Los nuestros no eran tiempos muy interesantes, se lamentó, pero le daba gusto que estuviéramos interesados en estudiar ciencias políticas y esperaba tener un excelente semestre con nosotros.

La semana siguiente, al salir a clase una mañana, me encontré con una conmoción en el vestíbulo del edificio de mi dormitorio. El día anterior, todos habían salido del edificio en un flujo constante de entusiasmo, tanto estudiantes de primer año como estudiantes que regresaban, todos se dirigían a sus clases el primer lunes del semestre. Pero hoy martes, nadie parecía preocuparse por llegar a tiempo a clase. Al principio no entendí qué estaba pasando. Había estudiantes y personal universitario que todavía no conocía reunidos frente a la televisión y los pocos cuyos rostros no estaban pegados a ella estaban abrazándose entre ellos, sollozando, algunos lloraban a grito abierto. No había nadie sentado, las mochilas y bolsos ocupaban su lugar en los dos viejos sofás y otros en el piso, pues todos se habían detenido ahí al salir y sus planes del día habían cambiado drásticamente. Todo el lugar irradiaba confusión, incertidumbre, crisis. Un estudiante que parecía mayor, quizás de posgrado, servía vasos de agua por si alguien quería, y casi todos querían. Fue entonces que, por fin, entre la multitud de estudiantes amontonados en el vestíbulo, alcancé a ver la pantalla de la televisión: las Torres Gemelas en la ciudad de Nueva York estaban envueltas en humo.

Cancelaron todas las clases ese día y varios días más. La próxima vez que nos reunimos para la clase de ciencias políticas, el profe se disculpó sinceramente por haber citado aquel proverbio chino. Los tiempos interesantes, afirmó, no siempre son los mejores. El auditorio, todavía medio vacío, cayó en un largo e incómodo silencio.

Más tarde ese semestre, cuando el otoño ya se sentía casi como invierno, me encontré con un grupo de amigos frente a High Rise East, una de las residencias estudiantiles más grandes de la universidad, en la esquina de las calles Locust y 39. Dos de ellos, Agustina y Guillermo, eran estudiantes de México y se habían convertido en parte de mi nuevo círculo de amigos. Agus y yo en particular nos habíamos vuelto cercanos, los dos éramos de primer año. Reconocí a ambos a lo lejos, pero no a la persona que los acompañaba. Saludé a Agus y a Memo, y su amigo extendió el brazo para presentarse y saludarme. Los tres edificios localizados en esta intersección crean una especie de túnel de viento que a menudo produce un vendaval, y sentí el aire frío golpear mi mano cuando la extendí.

—Hola, mucho gusto —dije—I'm Effrin.

Agus y Memo soltaron la carcajada como si se hubieran puesto de acuerdo. No era una risa burlona, sino más bien les salió por la curiosidad que les provocaba el que hubiera machacado mi propio nombre. Su amigo estaba totalmente confundido.

—Güey, ¿qué pedo? Te llamas Efrén —dijo Agus entre risas, aún recuperándose de la carcajada anterior.

—Yeah, his name is Efrén —dijo Memo, traduciéndole a su amigo, agregando que era chistoso oírme decir mi propio nombre en inglés de esa manera. Memo continuó la explicación en su característico estilo académico, como si fuera una disertación, salpicando una conversación mundana con todo tipo de datos arcanos, interesantes y completamente innecesarios. Años después, Memo obtendría su doctorado en Historia de China con un enfoque en comercio marítimo durante el siglo XVIII, lo cual por alguna razón extraña le va a la perfección. Antes de venir a Penn, él y Agus habían estudiado en la American School Foundation of Guadalajara, el Colegio Americano, una escuela privada cuyo plan de estudios era principalmente en inglés, y por lo tanto ambos lo hablaban con fluidez y con menos acento que yo. Venían de familias con más recursos que la mía, habían obtenido visas de estudiante, y nos conocimos en Mex@ Penn, la organización estudiantil conformada en su mayoría por estudiantes internacionales de México. Resultó que, después de todo, yo no era estudiante internacional, pero de igual forma encajé bien con ellos, supongo que por razones de afinidad cultural. La banda de Mex@Penn, tanto estudiantes de licenciatura como de posgrado, se sabía las letras de todos los clásicos de JuanGa, de Maná y de José Alfredo Jiménez. Los norteños hasta conocían a Ramón Ayala y a Los Cadetes y estaban acostumbrados a desayunar machaca los fines de semana. Veíamos los partidos de fútbol de la liga mexicana los fines de semana sin falta. Me sentía como en casa.

Me inventé algo sobre por qué había dicho "Effrin", disque para no incomodar a este amigo angloparlante, pues asumí que no sería capaz de pronunciar mi nombre bien en español. Sí, eso había sido, eso les dije, para que no se molestara, pero por supuesto que yo sabía que mi nombre era Efrén.

Después de que nos separamos, ya a solas con mis pensamientos, seguí dándole vueltas. ¿Por qué había hecho eso? ¿Cuántas veces lo había hecho sin darme cuenta, sin que nadie me dijera nada? Incapaz de identificar de dónde venía "Effrin" y sin saber cuándo y por qué lo había internalizado, no pensé en ese primer momento en el salón de matemáticas en Valley View. Tampoco hice la conexión con mi discurso de graduación y si esto podría ser otro intento más de demostrar que pertenecía. Lo que sí identifiqué ese día fue la cuestión de mi identidad como inmigrante. ¿Seguía siendo el mismo niño que creció en Allende, ahora viviendo en Filadelfia, y mi nombre simplemente se había acoplado con una traducción? ¿O me había convertido en una persona completamente diferente? Por una parte estaba convencido de que sí era Efrén; no había ninguna duda, tenía muchas ganas de que así fuera. Pero esa tarde no sería la última vez que me haría estas preguntas, ni que me presentaría con alguien como "Effrin".

Un día, hacia finales del segundo semestre, subí los escalones centrales para entrar a uno de los edificios más emblemáticos del campus, Logan Hall. Era la primera vez que tenía necesidad de entrar a ese imponente recinto color olivo; su fachada de piedra, sus pesadas puertas de madera y sus columnas y ventanas color óxido impresionaban a cualquiera, y yo no fui la excepción. Aunque su arquitectura lo hacía parecer mucho más antiguo para mi ojo inexperto, el Logan Hall fue construido a principios de la década de 1870 y originalmente albergó a la facultad de medicina. A principios del siglo XX fue reutilizado como sede de la Facultad de Artes y Ciencias y algunas oficinas administrativas que todavía estaban ahí la tarde que lo visité. (Tres años después de graduarme, el edificio fue renombrado, con algo de controversia, Claudia Cohen Hall, en honor a la editora de la columna de chismes del "Page Six" del New York Post, cuyo exmarido había donado veinte millones de dólares a la universidad y decidió honrar la memoria de su exesposa poniéndole su nombre a un edificio.)

Estaba ahí para ver a mi asesor académico. Como estudiante de primer año, sólo tenía permitido matricularme en cuatro clases por semestre y, después de haber salido bien en todas las clases hasta ahora, quería tomar cinco el otoño siguiente. El sistema en línea no me permitía matricularme para esa quinta clase, una materia optativa de literatura española, a menos que mi asesor lo aprobara. Así que a eso venía esta tarde, a pedirle que me dejara registrarme para esa quinta clase.

El mostrador de información dentro de Logan Hall era de madera pulida y refinada, lo que me convenció aún más de que todo el edificio debía pertenecer a una época de antaño. Una enorme escalera y el penetrante silencio en el interior hacían que el lugar pareciera más grande de lo que era en realidad, hasta palaciego diría, y me hizo sentir tan pequeño que me cuestioné si realmente necesitaba tomar la clase de literatura.

Con el cabello rizado y entrecano, unas gafas redondas que contrastaban con su rostro escuálido y afilado y vestido con traje y corbata, mi asesor me dio la bienvenida. Su oficina, como la entrada del Logan Hall, estaba equipada con muebles de madera reluciente: un escritorio de madera sólida y pesadas sillas de madera con cojines bastante cómodos, tan distantes de aquéllos de la oficina de Miss Hernández. Me senté y puse mi mochila en la otra silla. Le conté el motivo de mi visita y él me escuchó atento, dejándome exponer mi caso.

—Veo que te ha ido bien en tus clases hasta ahora. ¿Cuál es la prisa? —me preguntó, aparentando curiosidad genuina.

Había tantas clases interesantes, le conté. Ya estaba acostumbrado al ritmo del trabajo académico y no creía que una clase más fuera a darme problemas. Además, la clase que quería tomar era en español, mi lengua materna; no la veía como una carga adicional.

Se reacomodó en su silla. Gesticulando con algo de incomodidad, me explicó que había visto a muchos alumnos cometer ese mismo error. Antes de adaptarse por completo a las rigurosas exigencias de la vida académica en Penn, querían comerse el mundo y sus calificaciones se veían afectadas. No quería que eso me pasara a mí también. Me recomendó que me lo tomara con calma.

—Pero eso no me va a pasar a mí —insistí—. Y menos con esta clase, en español.

Ya conocía el idioma, así que tendría esa ventaja sobre mis compañeros de clase. No me parecía que fuera un gran riesgo y, si lo era, estaba dispuesto a asumirlo.

Sonrió condescendientemente, como diciendo, te estoy diciendo, yo sé lo que digo.

—Lo que pasa —agregó, haciendo su mejor esfuerzo por permanecer amable— es que he visto esto muchas veces. Y cuando las calificaciones de los alumnos comienzan a bajar, recibo llamadas telefónicas de padres enojados. No quiero que tus papás me llamen. I don't want your parents to call me.

Me senté en silencio por unos segundos, mirándolo, sin nada que decir. No había notado el aroma artificial en el ambiente hasta ese momento. Seguro provenía de uno de esos aromatizantes que se conectan. Él también me sostuvo la mirada, con una sonrisa satisfecha, como si pensara que lo que dijo finalmente me había descifrado un código, que me había hecho entender y desistir de mi inmadura petición.

Le dije que entendía, me levanté para irme y le di las gracias al tiempo que me colgaba la mochila sobre el hombro. Nos dimos la mano y salí de su oficina. Al salir del edificio, traté de imaginar quiénes eran esos padres que llamaban a los asesores académicos de sus hijos.

Me sentí completamente ajeno, fuera de lugar por el comentario del profesor, sacado de onda por el grado de desconexión. ¿Era mi desconexión? ¿O la suya? Sentí que veníamos de mundos diferentes, tan distantes y alejados el uno del otro que ni siquiera sabía por dónde empezar a conectar con él. Ahí me quedé sin palabras en su oficina, sin poder articular una respuesta. Al caminar por Locust Walk de regreso a mi dormitorio, seguía dándole vueltas a su comentario, lo que más me molestaba no era tanto que el profesor no entendiera el mundo de donde venía yo, sino que diera por hecho que venía de un mundo como el de los otros estudiantes a los que asesoraba, quizás un mundo como el suyo. Claro, él no sabía nada sobre mí, ni sobre mi vida, pero ése era precisamente el problema: no sabía nada sobre mí ni sobre mi vida. ¿Cómo podía aconsejarme sobre mi rendimiento académico o mis aspiraciones? Cuando hizo ese comentario fue como si en realidad él creyera que algún día mi mamá lo llamaría para preguntarle por qué me había permitido tomar una clase sobre Don Quijote.

Para mí era inconcebible, por supuesto. Mis padres no tenían idea de cuántas clases llevaba. No sabían que la había pasado de lo peor en Cálculo I durante el primer semestre o que seguía indeciso sobre si especializarme en ciencias políticas o filosofía. Mi vida en Penn era simple y completamente ajena a ellos. Ese día en Logan Hall me sentí, por primera vez desde que llegué a Filadelfia, absolutamente diferente a mis compañeros. ¿En serio había papás que llamaban?

Cuando volví a McAllen al final del semestre, mi mamá me recogió en el aeropuerto en su Pontiac LeMans, color azul claro. Un amigo le había apodado "Las pistas de Blue", porque en los lados tenía unas manchas azul oscuro de bondo, el yeso que se usa para reparar abolladuras, que hacían que se pareciera al perrito de la caricatura. Aún no me había quitado el suéter que me puse esa misma mañana en Filadelfia antes de abordar el avión, pero ya en McAllen me recibió una calurosa tarde de mayo cuando salí del aeropuerto. Me lo quité al subir al carro y en diez minutos estábamos en la casa.

No me sorprendió que no fuera mi papá quien me recogiera: lo habían operado del corazón unas semanas antes. El cirujano le había dicho que la válvula mitral estaba fallando otra vez y le recomendó reparala. La operación que había tenido en Monterrey más de treinta años antes había cumplido su función, pero ya no daba para más. A mi papá le preocupaba volverse a operar; tenía miedo, no podía quitarse de la cabeza que la vez anterior había despertado antes de que se completara la cirugía, y temía que volviera a suceder lo mismo. El cardiólogo le explicó que la ciencia y la tecnología médica habían mejorado muchísimo desde entonces. Le aseguró que el procedimiento, aunque serio, sería muy diferente en 2002 de lo que había sido en 1968. Además, era absolutamente necesario. Mi papá accedió a operarse a regañadientes.

Cuando abrió la puerta para recibirme esa tarde, me quedé boquiabierto. Lo había visto por última vez unos cuantos meses antes, durante las vacaciones de Navidad, y seguramente me había pasado por la mente que perdería algo de peso luego de la operación, pero nunca me imaginé que sería tanto. Estaba no nada más flaco, sino bastante demacrado, con un semblante desganado, se podría decir que emaciado. Una máscara de oxígeno le cubría el rostro sin afeitar en uno o dos días, y su tez morena había dado paso a una barba color ceniza. No me quedaba claro si la pérdida de color se debía a la cara sin afeitar, a la pérdida de peso, o si su piel simplemente se había vuelto más pizarrosa desde la última vez que presté atención. Un par de mangueritas de plástico transparente bajaban desde la mascarilla de oxígeno, recorrían todo su cuerpo por un costado y se conectaban a un tanque de oxígeno que le llegaba al muslo. Hizo un intento por sonreír y abrazarme, pero le costaba arrastrar el tanque y la máscara se desacomodó cuando nos dimos ese medio abrazo. Hasta sus brazos se sintieron débiles, como si quisieran apretarme fuerte pero no tuvieran las fuerzas para hacerlo. Pude sentir los huesos picudos y afilados en su espalda cuando lo envolví en mis brazos.

Quise voltear hacia donde estaba mi mamá y reclamarle por qué no me habían dicho nada. Pero supongo que así pasa con las enfermedades: para los que están ahí a diario, los cambios no parecen tan drásticos o severos de un día para otro. Tal vez, en algún momento, las cosas incluso parezcan mejorar, como parte de esos altibajos que acompañan la lenta y silenciosa progresión de una enfermedad. Tantas cosas— como esa mascarilla y esas mangueras— no son más que intentos por recuperarse, una mejora con respecto al día anterior cuando ni siquiera había oxígeno adicional que ayudara a respirar. Pero para quienes no están presentes para ver los cambios día a día, el salto de la salud a la enfermedad parece abrupto, súbito, inesperado, como una tormenta de verano que llega en plena noche.

Mi papá me preguntó cómo me había ido en el semestre, mientras se ajustaba la banda elástica verde que le rodeaba la nuca y sostenía su máscara de oxígeno.

—Bien —le respondí, seco, sin mucho interés en la pregunta. Lo que quería saber era cómo estaba él—. ¿Y tú cómo vas, pa?

—Bien —dijo, también sin mucho entusiasmo.

No les conté mi experiencia en Logan Hall, pero estoy seguro de que lo último que tenía en mente era cuántas clases planeaba tomar el siguiente semestre.

Tampoco les compartí el costo completo de mi primer año de universidad. La matrícula y las cuotas, más el alojamiento y comida, rebasaban los $44,000 dólares, y eso ni siquiera incluía otros gastos de manutención, como ropa y otras necesidades. No es que lo estuviera ocultando, pero no era algo de lo que habláramos. La primera vez que vi los formularios del IRS de mi papá —el incám, como le llamábamos entonces— el año antes de que nos mudáramos a McAllen, su ingreso anual apenas superaba los $24,000 dólares y eso era mucho para alguien proveniente de Allende. Y aquí estaba yo, a mis diecinueve años, gastándome el doble cada año en mi aventura universitaria.

No es que usara parte de los ingresos de mi papá para financiar mis gastos universitarios, pero aún así me parecía de cierta manera "mal" que lo que estaba haciendo costaba el doble de lo que mi papá ganaba en un año entero. Me sentía como el prototipo de becario, un modelo a seguir para otros estudiantes en Valley View, pero no pasaba por alto que muchos de esos estudiantes todavía vivían en colonias con calles sin pavimentar, las colonias olvidadas de la frontera.

Desde entonces, muchos otros graduados de esa prepa han asistido a universidades prestigiosas, con paquetes de ayuda financiera incluso mejores que el mío, y algunas calles ya están pavimentadas. No sé si los Po'Boys sigan activos. Pero con un ingreso anual promedio de menos de $20,000 por familia, los condados del sur de Texas todavía se encuentran entre los más pobres del país y más de uno de cada cuatro residentes viven en situación de pobreza. Incluso dentro de estas historias escasas y atípicas de superación, tal vez entre ellas la mía, las comunidades fronterizas siguen existiendo desde los márgenes.

Una tarde del año siguiente, entré a las oficinas del Centro Intercultural Greenfield (GIC por sus siglas en inglés) y me dirigí directamente al tercer piso. Fundado en 1984, el GIC era una joya de tres pisos no tan conocida y localizada en la calle Chestnut, donde estudiantes, en su mayoría de color, solían reunirse para asistir a pláticas culturales, comidas gratuitas o simplemente para pasar el rato y desahogarse de su experiencia en la universidad. Al final resultó que esta joya sí era bastante conocida entre los grupos de estudiantes "minoritarios", aunque nunca había oído hablar del lugar en las reuniones en Mex@Penn. Nunca supe cómo conseguí un trabajo estudiantil en el GIC. Un día durante mi primer semestre, recibí una llamada a mi dormitorio de la ahora fallecida Tiffany Anderson, la directora del GIC, quien me dijo que había recibido mi solicitud de trabajo y que le gustaría entrevistarme. No recordaba haber mandado una solicitud al GIC y no sabía lo que implicaba el trabajo, pero como me urgía desesperadamente encontrar uno, dije que sí, iría a la entrevista. Y así fue. Trabajé ahí los cuatro años que estuve en Penn.

Me sorprendió encontrar a alguien más en el tercer piso del GIC. Era bien sabido que si alguien más estaba en el tercer piso era porque necesitaba un momento de tranquilidad para concentrarse, tal vez para estudiar para un examen. En el primer piso había una gran sala donde se realizaban la mayoría de los eventos, una cocina y una pequeña sala de reuniones: siempre con movimiento de gente yendo y viniendo. El segundo piso tenía la mayoría de las oficinas y era más tranquilo que el primero, pero aun así era difícil encontrar un lugar privado para enfocarse en la tarea. El tercero era el más callado, mi favorito. Había una pequeña sala de estudio hacia el extremo norte del edificio—que en realidad era una casa adaptada como centro estudiantil— con un escritorio y dos pequeñas ventanas: una daba hacia la calle Chestnut y la otra a una iglesia con enormes y coloridos ventanales y, más allá, hasta donde llegaba la vista, el horizonte que formaba el centro de la ciudad de Filadelfia. Las ardillas se asomaban seguido por esas ventanas, corriendo y saltando de rama en rama en lo más alto de los arces rojos. El resto del tercer piso se usaba principalmente como almacén, había cajas de cartón medio vacías tiradas en el pasillo, por lo que casi nunca había nadie ahí. Excepto hoy.

No conocía a la chava que estaba sentada en la oficina y me decepcioné cuando me di cuenta de que no tendría el silencio que buscaba en el tercer piso. Supuse que debía ser alguien que trabajaba ahí, como yo, pues el tercer piso sólo estaba abierto al personal del GIC. Ella también parecía decepcionada de verme.

—Hola —dijo—, soy Yulia —la escuché decir. Me llevaría semanas y muchos intentos lograr escuchar bien su nombre y aún hoy a veces lo pronuncio mal.

Empezamos a platicar y ninguno de los dos hizo la lectura que traía pendiente para ese día. Julija (pronunciado *Yiuliya*) era estudiante de segundo año como yo, de Los Ángeles. Más tarde ese día me compartió que en realidad era de Mostar, un pequeño pero conocido pueblito en Bosnia y Herzegovina, y aún más tarde me contó que también se sentía, de alguna manera, de Cerdeña, una isla en el Mar Mediterráneo en la costa italiana. Nunca había oído de Mostar, pero pronto aprendí de sus orígenes medievales y el mundialmente reconocido "Puente Viejo". Una maravilla de la ingeniería y la arquitectura de su tiempo, el "Stari Most" fue originalmente construido en el siglo dieciséis durante el Imperio Otomano, destruido durante la guerra croata-bosnia, y reconstruido en la primera década del siglo XXI.

A principios de la década de los noventa, cuando Héctor y yo aún vivíamos en Allende y esperábamos que mi papá nos visitara el fin de semana, se desató un conflicto armado en lo que aún era Yugoslavia, y Mostar quedó sitiada. Meses después de que nos conociéramos, Julija me contó que una noche en la que no cesaban los bombardeos, se acurrucó en un rincón lejos de la ventana, se cubrió los oídos con las manos, y rezó en silencio: "Diosito, si existes, por favor haz que paren las bombas". Repitió su plegaria una y otra vez, pero las bombas no dejaron de caer. Debió haber tenido unos siete años.

Cuando estalló el conflicto, los padres de Julija la enviaron a ella y a su hermana a vivir con familias adoptivas temporales en Cerdeña. Sus padres llegaron a Italia unos meses después y la familia eventualmente se reunificó y llegó a California a mediados de los noventa, más o menos al mismo tiempo en que Héctor y yo nos subimos a un carro para irnos a McAllen.

Julija fue la primera persona que conocí que era mi contemporánea, con quien podía identificarme y que había sobrevivido una guerra. Según el derecho internacional de los derechos humanos, un refugiado es una persona que ha dejado su país de origen y que no puede regresar debido a la persecución basada en su raza, religión, origen nacional, opinión política o pertenencia a un grupo social particular. La Convención sobre el Estatuto de Refugiados de 1951 y su Protocolo de 1967, instrumento al que Estados Unidos se ha adherido, establece que los gobiernos no impondrán sanciones a los refugiados por su entrada o presencia no autorizada en el país, siempre y cuando se presenten oportunamente ante las autoridades. La legislación nacional de Estados Unidos adoptó en gran medida la misma definición de refugiado con la aprobación de la Ley de Refugiados de 1980. Yo no conocía nada de esto ni los detalles de la solicitud de inmigración de Julija, pero ella y su familia cumplían con los criterios.

En términos generales, un asilado o solicitante de asilo es una persona que cumple con la misma definición de refugiado, pero que ya está en el país o está intentando entrar. Lo notable es que la legislación migratoria estadounidense establece que una persona que está físicamente presente en los Estados Unidos puede solicitar asilo, sin importar su estatus migratorio ni si entró por un puerto oficial de entrada. Incluso si la persona ingresó "ilegalmente" puede solicitar asilo si cumple con los criterios de elegibilidad y presenta su solicitud dentro del primer año después de haber entrado al país.

Mi primera reacción cuando escuché la historia de Julija fue minimizar la mía. Sobrevivió a una guerra, vivió con una familia de extraños que la acogieron siendo apenas una niña, aprendió dos idiomas en el proceso, cruzó tierra, mares y todo un océano, y le tomó años lograr llegar a Estados Unidos. Yo, en comparación, y a pesar de las dificultades de los años anteriores, me subí a un carro en Allende, viajé tres horas por carretera, me bajé en McAllen, y listo. Me parecía hasta tonto pensar que nuestras experiencias como migrantes pudieran ser comparables o similares en algún sentido. Su familia fue desplazada por la guerra; yo consideraba a la mía como una familia de inmigrantes promedio, una entre tantas. Y por "promedio", me refería, supongo, a algo que se parecía a lo que yo había vivido.

Pero con el tiempo logré notar más cosas en común que diferencias entre nosotros. Dejar la vida que conoces a una temprana edad, mudarte a un país con cuyo idioma y cultura no estás familiarizado y estar lejos de tus familiares en el proceso, tiende a crear una conciencia particular sobre qué significa ser parte de una "nación". Existe un vínculo con quienes comparten tu país de origen, sí, pero no está por encima de la humanidad común que compartes con los ciudadanos de otros países. La identidad nacional, el sentido de una nacionalidad específica, deja de depender del *ius soli,* porque has abandonado el suelo en el que naciste. Tampoco se define por una bandera o un himno o una historia compartida. Algunos dirán que el sentido de nación proviene de una aspiración común y compromiso con ciertos ideales: justicia, igualdad, libertad, ideales que trascienden cualquier historia o religión. Eso es, de hecho, lo que muchos argumentan que hace de la nación estadounidense (o "americana") una nación distinta, basada en principios y no en razas o credos. Según esta versión, estos principios se aplican por igual a cualquier persona, sin importar su raza, su lugar de nacimiento, su estatus migratorio o situación económica. La adherencia a estos principios es lo que hace que Estados Unidos sea Estados Unidos, dicen. Si estos principios dejan de aplicarse, la nación también deja de existir. O por lo menos así va ese argumento.

Un día, años después de haberme encontrado por primera vez con Julija en el GIC, me encontraba recorriendo las ruinas mayas en Tulúm, México. Si bien estas ruinas no son las más imponentes ni las más emblemáticas en términos arqueológicos, su ubicación—al borde de un acantilado con vista al mar Caribe— ofrece una vista espectacular. El sitio arqueológico termina en un borde natural que cae sobre la arena blanca y aguas cristalinas y poco profundas. Es una imponente combinación de naturaleza, historia y patrimonio. Paseando por uno de los senderos que rodean las estructuras a medio desmoronar, me encontré con una placa informativa. "Imagina que es octubre de 1492", decía, "y estás parado en este mismo punto. A lo lejos, ves tres naves extrañas acercándose lentamente. Tienen velas grandes y a bordo vienen unos hombres rubios y barbudos como nunca antes habías visto. Te imaginas que son dioses." Miré hacia el océano y sentí escalofríos en la espalda, el agua tranquila color turquesa se extendía hasta el horizonte mientras intentaba imaginar la escena.

"Ahora imagina que eres un explorador español en una de esas naves", continuaba el texto en la placa. "Llevas semanas viajando sin saber si sobrevivirás este viaje. Cuando ves tierra frente a ti por primera vez en más de un mes, tu emoción se torna en preocupación al ver personas en la playa, apenas vestidas, corriendo y agitando los brazos. Te preguntas si serán peligrosos."

Me estremecí al pensarlo, tal vez porque eran los españoles quienes representaban el mayor peligro. Fueron los españoles y otros colonizadores quienes asesinaron, torturaron y violaron a todo un continente, y los pueblos que sobrevivieron aún no se han recuperado del saqueo. La placa también me recordó que los seres humanos nos hemos desplazado a lo largo y ancho del planeta, unas veces por tierra y otras veces cruzando océanos y montañas, durante miles de años. A veces en busca de un mejor futuro, a veces persiguiendo oro y riquezas como pioneros idealizados, otras huyendo de guerras y hambruna en un intento desesperado por sobrevivir; pero el ímpetu por migrar siempre ha sido parte de nosotros. Es una característica que define a nuestra especie y ni los muros fronterizos más altos ni las políticas de Tolerancia Cero más crueles han contenido, ni contendrán jamás, ese impulso humano tan fundamental.

La diferencia, sin embargo, es que mientras los libros de historia idealizan a los conquistadores españoles y a los peregrinos del Mayflower que llegaron a lo que hoy se conoce como Massachussets, las leyes actuales demonizan a quienes emprenden esos mismos viajes hoy en día. Ponemos a los inmigrantes del pasado en un pedestal de valentía, perseverancia, la personificación misma del espíritu humano, mientras que a los inmigrantes de hoy en día los metemos en jaulas.

Un año después de conocernos, Julija pasó el verano en San Luis Potosí, en el centro de México, donde aprendió español. A partir de sus propias experiencias como sobreviviente de guerra ahora trabaja para llevar prácticas de justicia restaurativa a las escuelas públicas en el sur de California. Ella y Agus, quien es ejecutiva de marketing en San Francisco, también se hicieron buenas amigas, y cuando Karla y yo nos casamos en 2016, ambas estuvieron presentes en nuestra boda.

15

En el margen

(julio-agosto de 2018)

No todas las familias pasaron por el hotel de la Basílica. Poco después de que el tribunal ordenara la reunificación de las familias separadas, supimos que la Patrulla Fronteriza estaba llevando a algunas de las familias— las que no habían sido deportadas, claro— directamente a la estación de autobuses de McAllen. Ahí pasaban horas, a veces incluso toda la noche, esperando a que sus familiares les compraran el boleto para que pudieran abordar el autobús que finalmente los llevaría a su destino.

Un grupo de voluntarias motivadas y de gran corazón que se hacían llamar Angry Tías and Abuelas se habían organizado para brindar asistencia a las familias que llegaban a la estación. Les daban una mochila con un sándwich, una o dos manzanas envueltas en celofán y una botella de agua y les explicaban cómo cambiar de autobús en la estación de Greyhound de Houston o San Antonio. Con marcadores negros y letra grande y gruesa, las Angry Tías escribían en los sobres amarillos: "I DO NOT SPEAK ENGLISH, CAN YOU PLEASE HELP ME FIND MY BUS?" Me preocupaba que esto pudiera alertar a la gente de que estas familias eran vulnerables y que alguien tratara de aprovecharse de ellas, pero aun así me pareció lo más útil que se podía hacer en ese momento.

Tan pronto como supimos lo que estaba pasando, Alexis y Georgina acudieron a la estación de autobuses, donde rápidamente confirmaron que muchas de las madres y padres que habíamos entrevistado en el juzgado estaban pasando por ahí. A diferencia de las familias enviadas al hotel, éstas no habían recibido una comida caliente, un baño o un cambio de ropa limpia.

—Nombre, algunos no traen nada —me dijo Georgina, preocupada, cuando regresó a la oficina—. No sé ni cómo le van a hacer para comer en el camino.

Para este punto, nuestra organización había comenzado a recibir donaciones de todo el país para apoyar nuestro trabajo en pro de las familias migrantes. En ese momento no lo sabía, pero en el transcurso de ese verano recibimos donaciones equivalentes a más del doble de nuestro presupuesto anual, un flujo de donaciones sin precedentes en los treinta años de historia de la organización.

Zenén Jaimes Pérez, nuestro director de comunicación, estaba en la oficina cuando Georgina entró y explicó lo que había visto en la estación de McAllen.

—No manches, deberíamos darles efectivo —sugirió, sirviéndose una taza de café en la cocina de la oficina. Las tazas sucias del día ya comenzaban a apilarse en el fregadero.

—No sé si podamos —dije, dubitativo.

Lo que me preocupaba era la norma de ética que prohíbe que los abogados de Texas brinden asistencia financiera directa a sus clientes. Un abogado no debe brindar asistencia financiera a un cliente que tenga litigio o procesos administrativos pendientes o contemplados, según la Norma No. 1.08 de las Normas Disciplinarias de Conducta Profesional de Texas.

No estoy seguro por qué me sentí limitado por dicha norma. Las leyes, normas y políticas no son más que construcciones humanas. Estos preceptos están supuestamente diseñados para guiar el comportamiento y prevenir abusos, pero no son más que el producto de la imaginación de hombres y mujeres— en su mayoría hombres, en su mayoría blancos— que pasaron antes que nosotros. Ciertamente tienen consecuencias reales en las vidas de muchas personas, pero son, indudablemente, una ficción. Las normas de ética no son la excepción. En este sentido, la

Norma 1.08 no era tan diferente a la política de Tolerancia Cero. ¿Cuál era mi preocupación? ¿que alguien presentara una queja ante la Barra de Abogados del Estado de Texas por haber incumplido con mis obligaciones éticas? ¿O era simplemente una inclinación jurídica a "seguir las reglas"? No lo sabía, pero sentí que no podía simplemente retirar efectivo del cajero y dárselo a las familias. Y al mismo tiempo, sabía que lo necesitaban desesperadamente. Muchos no tenían absolutamente nada encima más que la ropa que traían puesta y ese sobre amarillo inconfundible que ICE les había entregado. Los que tuvieron la suerte de toparse con las voluntarias de las Angry Tías probablemente habían recibido un sándwich o algún snack. Algunos de sus viajes en autobús durarían días antes de llegar a su destino.

—¡Pues qué bueno que yo no soy abogado! —declaró Zenén.

—Tampoco puedo pedirte que lo hagas —dije, entre risas nerviosas. Hacerlo probablemente también significaría incumplir la norma, pues estaría utilizando a Zenén como mi "agente". Levanté las manos en señal de inocencia y como diciendo, no me miren a mí, y me fui a mi oficina. Zenén y Georgina se quedaron platicando en la cocina.

Me senté en la silla del escritorio y, antes de prender la compu, pensé: *¿qué estoy haciendo?* Los viajes de las familias podían durar días. Necesitaban dinero para comprar comida en el camino, hacer llamadas telefónicas, conseguir agua para ellos y para sus hijos. Algunos padres incluso viajaban con dos o tres niños. Mi deseo de evitarles a las familias más sufrimiento o incomodidad después de todo lo que habían pasado superó mi preocupación por las normas éticas. Me levanté y regresé a la cocina, donde Roberto se había unido a la plática.

—Necesitan el dinero —les dije—. Tenemos que encontrar la manera de dárselo.

Zenén soltó su carcajada característica. Era la misma risa con la que meses antes me había contado que, siendo estudiante universitario en Georgetown, él y otros estudiantes habían organizado una manifestación en Washington, DC, frente a la casa de Jeh Johnson, el entonces Secretario de Seguridad Nacional, para protestar contra las medidas adoptadas por DHS de usar drones asesinos en el Medio Oriente.

—Ok —dijo—. Déjame voy al cajero a retirar efectivo.

Unas semanas más tarde, Zenén presentó la solicitud de reembolso por $750.00 a TCRP. Georgina logró repartir $50 dólares a cada una de las quince familias que se encontró en la estación de autobuses.

Una de esas tardes de julio, estaba a punto de salir de la oficina cuando sonó el teléfono. Acerqué el auricular a mi oído y puse el portafolios en el suelo mientras me volvía a sentar. Era Maggy Krell. Durante semanas, la pila de documentos en mi escritorio había ido creciendo, un recordatorio diario de tantos casos que había desatendido por tanto tiempo. Desde mayo, la política de Tolerancia Cero se había apoderado de nuestra agenda y todos los demás casos parecían mucho menos urgentes.

Maggy tenía buenas noticias sobre sus clientes, Patricia y su hijo Alessandro, de seis años: Patricia había sido liberada después de la orden en *Ms. L* y ella y Alessandro habían hablado por teléfono. Todavía estaba en un albergue en San Antonio, a unas cuatro horas de distancia, y Maggy había hablado con el administrador de casos de la ORR para intentar coordinar la liberación y su reunificación con Patricia. Me preguntaba si había recibido la atención médica que necesitaba en el refugio.

—Pero la trabajadora social me está diciendo que tiene que pasar por el mismo proceso que los menores no acompañados —dijo Maggy, la preocupación palpable en su voz—. No es cierto, ¿verdad?

Estaba claro que Alessandro nunca había sido un menor "no acompañado". Había viajado con su madre todo ese tiempo, cuando cruzaron la frontera y cuando fueron detenidos, pero la ORR adoptó la postura de que todos los niños bajo su custodia debían pasar por el mismo proceso para poder ser entregados a un "patrocinador". Desde la absurda posición de la ORR, no importaba que el "patrocinador" fuera la misma mamá, de quien lo habían separado los agentes de la Patrulla Fronteriza.

Le habíamos insistido a los trabajadores sociales de la ORR una y otra vez, alegando que no era justo, y de hecho era doblemente punitivo, exigir a los padres separados que proporcionaran la misma información que otros patrocinadores. Después de que una agencia gubernamental les había quitado a sus hijos, ahora otra les exigía una gran cantidad de información que apenas tenían para poder volver a verlos: prueba de residencia, prueba de apoyo financiero, huellas dactilares y una prueba de antecedentes penales del FBI.

El sistema que había prácticamente secuestrado a sus hijos ahora establecía las condiciones bajo las cuales los devolverían a los padres victimizados. Algunos trabajadores sociales incluso afirmaban que los padres tenían que "aprobar" la evaluación del hogar—home study—, la cual sería llevada a cabo por los trabajadores sociales de la ORR y cual implicaba una revisión exhaustiva para determinar si el hogar donde viviría Alessandro era adecuado y apropiado para él. Este requisito nos pareció especialmente absurdo y perturbador: después de que el gobierno lo había separado de su madre a la fuerza, lo había enviado a un refugio con extraños y encarcelado a su madre, ahora su reunificación podría depender de si su futuro alojamiento cumplía con los estándares de esta agencia. Una cosa kafkiana. Pero nuestras súplicas fueron en vano. Incluso con una orden judicial federal vigente, los funcionarios de la ORR insistieron en que Patricia y Alessandro debían seguir el proceso. Era el protocolo, nos volvieron a decir.

Mientras tanto, Patricia estaba desesperada por ver a su hijo. Después de que Maggy logró obtener su liberación del PIDC, tras múltiples intentos, se fueron directamente a San Antonio a visitarlo en el albergue. Fue ahí que Maggy y Patricia enfrentaron el primer dilema, que era el motivo de la llamada de Maggy: ¿deberían intentar que Alessandro fuera entregado a Patricia en ese momento, cuando ella estaba todavía en

San Antonio— donde no tenía ni hogar ni casa estable— pero estaba literalmente a las puertas del albergue? ¿O era mejor estrategia recorrer medio país hasta llegar a Maryland, donde vivían los familiares de Patricia, y entonces solicitar la liberación de Alessandro, donde sí hubiera un hogar estable, pero a miles de kilómetros de distancia? Un chaperón de la ORR lo tendría que acompañar. La preocupación era que, si Patricia lo intentaba desde San Antonio, corría el riesgo de no aprobar el home study y que no le devolvieran a su hijo, ya que se hospedaba en un hotel con Maggy. Viajar a Maryland y continuar el proceso una vez que tuviera una vivienda más estable parecía la opción más segura, aunque llevaría más tiempo.

Cualquiera de las opciones parecía injusta, y las limitaciones de las leyes y las políticas para hacer justicia se volvieron nuevamente evidentes. Los agentes federales y los fiscales habían permitido la separación de los familiares y ahora una orden judicial, la indignación pública y un equipo de abogados no podíamos lograr su reunificación con la rapidez necesaria. Los protocolos de la ORR se interponían, invocando, por increíble que parezca, "el interés superior del niño". ¿Dónde estaba el interés superior del niño cuando Alessandro fue separado de su mamá en contravención de las normas y leyes de derechos humanos? ¿Dónde estaba ese principio cuando la entrevisté en el tribunal? Su separación fue muy injusta y, sin embargo, sucedió con sorprendente facilidad y rapidez, persona tras persona facilitando cada uno de los pasos. La reunificación era lo justo, pero estaba atorada en la burocracia, como si el aparato gubernamental tuviera como fin no la justicia sino la obstrucción; esta vez, persona tras persona poniendo obstáculos en el camino. Maggy y yo repasamos los pros y los contras de cada opción una y otra vez por teléfono, tratando de racionalizar nuestro asesoramiento legal a Patricia. Prolongar la separación parecía, por mucho que nos doliera decirlo, lo mejor para ella y Alessandro.

Pero Patricia no aceptó. Insistió en que no se iba a ir de Texas sin su hijo y, a final de cuentas, era su caso, su hijo y su decisión. Su fuerza de voluntad y determinación siempre me sorprendieron: desde el momento en el que nos conocimos en el juzgado y me contó sobre su decisión desesperada de huir de Honduras hasta ahora, ver su perseverancia para estar con su hijo cueste lo que cueste, a pesar de todo y sin importar cuán precarias fueran las posibilidades. Su valentía era difícil de concebir y a la vez una fuente de inspiración. Nada de esto salió a la luz en su audiencia bajo la política de Tolerancia Cero, ni cuando el juez le leyó sus cargos, ni cuando se puso de pie y dijo "culpable" mientras miraba tímidamente al juez, declarándose culpable de un delito federal sin sentido a través de un intérprete. Nada de esto salió a la luz cuando estaba en el PIDC, encarcelada por semanas sin saber nada de Alessandro. Pero su valor había perdurado dentro de ella todo este tiempo como una llama inquebrantable, que siempre fue parte de ella. Y ahora Maggy y yo vislumbrábamos destellos de esa llama en su determinación por reunirse con Alessandro a como diera lugar.

Una semana más tarde, después de que Patricia y Maggy estuvieron llamando todos los días a la ORR en San Antonio y presentándose en la casa hogar para visitar a Alessandro, la ORR finalmente accedió a liberarlo. Ahora me doy cuenta de que las cosas no podían haber sido de otra manera. Después de salir de Honduras con él, pasar por Guatemala y cruzar todo México, más de mil kilómetros por tierra sin separarse nunca de su lado, lidiar con una trabajadora social obstinada e intransigente de la ORR realmente no era ningún reto para Patricia.

Cuando Maggy me envió la fotografía de Patricia y Alessandro, finalmente juntos, pensé en aquel día a principios de junio en que la conocí en la Torre Bentsen. Habían pasado más de un mes separados y su rostro en la fotografía mostraba la misma combinación de esperanza juvenil y serenidad madura. Nunca sabré lo que debió haber pasado por su mente durante los días y noches que estuvo separada de su hijo, enjaulada y sola con sus pensamientos y emociones en el frío de una celda. A pesar de la frustración que debió haber sentido en las noches sin dormir, mirando al techo y las barras de metal de su celda, en algún lugar encontró la fuerza para persistir hasta que volvió a tener a Alessandro a su lado.

En la fotografía en blanco y negro que envió Maggy, Patricia apoya su brazo derecho sobre el hombro de Alessandro, de cerca pero no demasiado fuerte. Él, por otro lado, presiona su rostro con entusiasmo contra el cuerpo de su mamá, como queriendo estar lo más cerca posible y nunca dejarla ir. Su sonrisa revela ligeros hoyuelos y una etiqueta con su nombre cuelga de su camisa, señal innegable de que él también había estado bajo custodia.

Créditos: Maggy Krell.

Muchos meses después, en la semana previa a su juicio de asilo, Maggy, en un acto que iba mucho más allá del alcance de su representación legal, se ofreció a cuidar de Alessandro si Patricia era deportada y él no. El juez no había accedido a consolidar sus casos migratorios, por lo que existía la posibilidad de que un casos fuera concedido y el otro no. La relación entre Patricia y Maggy se había vuelto tan fuerte que Patricia estaba dispuesta a confiarle a su hijo a Maggy, de ser necesario. Después de la ebullición de emociones durante los días previos a la audiencia, preparar los argumentos legales y considerar todas las alternativas posibles, siempre con el peso de los acontecimientos del último año y medio, el juez de migración a final de cuentas decidió concederles el asilo a ambos. El calvario jurídico de Patricia y Alessandro había llegado a su fin hasta cierto punto, pero lo que el gobierno les hizo pasar permanecerá con ellos por el resto de sus vidas.

Otras reunificaciones fueron igualmente problemáticas. Después de que un donante anónimo pagara los trece mil dólares de su fianza, Viviana pudo por fin salir de la prisión que había compartido con unas noventa madres separadas en Seattle. Mientras tanto, su hijo Sandro seguía en un albergue en el sur de Texas, donde había estado desde mayo.

Viviana y Sandro buscaban llegar a Houston, donde vivía un pariente lejano, pero la política de Tolerancia Cero la había obligado a recorrer todo el país mientras que a Sandro lo dejaron cerca de la frontera. Nada explicaba por qué ICE decidió enviarla al estado de Washington, tan lejos de su hijo y de su destino previsto, pero ese traslado hizo que coordinar su reencuentro con Sandro fuera mucho más complicado.

Al igual que Patricia, Viviana se enfrentaba al dilema de decidir si debía viajar al sur de Texas, donde no tendría un lugar donde alojarse, e intentar que desde ahí le entregaran a Sandro; o irse a Houston, donde tendría vivienda estable, y luego esperar a que la ORR liberara a su hijo y lo enviara a Houston con un acompañante. Sus abogados pro bono de la organización Kids in Need of Defense (KIND), radicaban en Houston, lo cual inclinaba la balanza a favor de esa opción. Laura y yo analizamos la decisión con Viviana y sus abogados: volar a Houston nos pareció a todos la opción más prudente.

Ante la presión del plazo inminente de reunificación fijado por el tribunal del litigio de *Ms. L*, la ORR accedió a liberar a Sandro y mandarlo en avión a Houston. Sus propios protocolos parecían importar cada vez menos conforme se acercaba la fecha límite. Otra organización sin fines de lucro, FWD.us, se ofreció a pagar el vuelo de Viviana de Seattle a Houston, y nos pidieron coordinar la reunificación. Priscilla Mendoza, una de nuestras pasantes en Houston, se ofreció a recoger a Viviana en el aeropuerto la noche de su llegada.

Al igual que Alexis, Priscilla había cursado el primer año de la facultad de derecho. Originaria de El Paso, hablaba muy bien el español y, a pesar de que había sido asignada a nuestra oficina de Houston, le habíamos pedido que se mudara a la frontera por unas semanas para ayudar durante el período más álgido de la crisis. Ahora estaba de regreso en Houston. Sandro llegaría temprano a la mañana siguiente y Priscilla se ofreció también a acompañar a Viviana al aeropuerto para recibirlo.

Una vez más, como en casi todas las reunificaciones, la coordinación de la logística recayó en organizaciones no gubernamentales y voluntarios. Las agencias y agentes gubernamentales responsables de la separación se lavaban las manos y continuaban con sus rutinas de trabajo como si nada, luego de haber traumatizado a padres y a hijos desde Washington hasta McAllen. Ahora, al reflexionar al respecto con el paso de los años y a pesar de lo cruel y arbitrario que fueron los procesos, no me puedo imaginar que en TCRP hubiéramos hecho las cosas de otra manera. Las circunstancias de nuestro trabajo, aquellas entrevistas en los juzgados y la política de Tolerancia Cero nos colocaron en una posición única para defender y representar a estas familias. A pesar de lo injusto de la situación, si hubiéramos podido hacer cualquier cosa para ayudar a acelerar la reunificación de Viviana y Sandro, estoy seguro de que lo volveríamos a hacer sin dudar.

Esa mañana de sábado, Julián había despertado muy temprano, como se le estaba haciendo costumbre. A veces dormía un poco más entre semana, pero los fines de semana se despertaba mucho antes de las siete, sin falta. Bostecé y me tallé los ojos en la cocina, y cuando estaba poniendo el café molido en la cafetera, sonó una notificación en mi teléfono. Volteé a varios lados, pero no lo vi . Antes de seguir buscando, eché una cucharada extra de café, por si las dudas, y prendí la cafetera.

En la pantalla del celular apareció un mensaje de Priscilla al grupo de WhatsApp de la oficina.

"Viviana y Sandro reunidos al fin ❤ " —decía.

Incluía una fotografía: Viviana y Sandro abrazados en el aeropuerto junto a un cartel en la zona donde se recoge el equipaje. Sandro, a escasos dos meses de cumplir doce años, estaba casi igual de alto que Viviana. La mochila de Viviana se interpuso en el camino para que él la abrazara más fuerte. Llevaba jeans oscuros, una sudadera azul marino, seguramente para mantenerse abrigado durante el frío de su vuelo matutino. En otra foto se apreciaba que llevaba un largo rosario plateado con un crucifijo colgado del cuello, que me recordó al crucifijo del hotel de la Basílica. Sus rostros estaban ocultos, fundidos en ese abrazo, pero me imaginé lágrimas de alegría.

Unos minutos más tarde, Priscilla envió otra foto: una selfie de ella sonriendo junto a Viviana y Sandro. Ya no hacía falta imaginar sus expresiones. Priscilla sonreía efusivamente mientras tomaba la foto, con el rostro lleno de alegría por haber logrado y presenciado otra reunificación, poniendo fin al agudo sufrimiento de una familia más. Pero los rostros de Viviana y Sandro delataban otra versión: ninguno de los dos sonreía. Simplemente miraban a la cámara con la cara en blanco. No había sonrisas en esos rostros sin expresión, ni una gota de alegría. Su sufrimiento parecía no tener fin.

Créditos: Texas Civil rights Project.

Era la primera vez que veía la cara de Sandro. No se parecía a su mamá. Era un poco más moreno que ella, de rostro menos redondo. ¿Se parecía a su difunto padre? Sus ojos reflejaban una madurez que rebasaba su edad, como si su infancia se hubiera extinguido. Mientras que otros niños de su edad por todo el país estaban ansiosos por entrar a sexto año el mes siguiente, Sandro había pasado casi dos meses preguntándose si alguna vez volvería a ver a su mamá. Después de haber perdido a su padre a principios de ese año, asesinado en medio de un campo en los altos de Guatemala, había vivido con la angustia de preguntarse si también había perdido a su madre. "Para hacer frente a las sensaciones insoportables de impotencia y desesperanza", escribió ese mismo verano un experto en trauma de la Escuela de Psiquiatría de Washington, "las víctimas de trauma suelen pensar que hay algo que pudieron haber hecho para prevenir dicha catástrofe. Esta creencia a menudo conduce a la culpa, el pánico y la vergüenza." El rostro estoico de Sandro me devolvía la mirada desde la pantalla del celular.

Los ojos vacíos de Viviana también parecían privados de sueño, tal vez por la anticipación de ver a Sandro después de ocho largas semanas, quizás por las noches que pasó en prisión. Parecía como si intentara fingir una sonrisa para la foto, pero no lo lograba. Su mirada directa a la cámara me hizo preguntarme si le habría molestado que le pidieran posar para una fotografía después de todo lo que había pasado. De cierto modo, aquella mañana en el aeropuerto era sólo el comienzo de su intento por permanecer en este país.

—Esta historia —diría Viviana meses después en una entrevista—, este problema que nos ha pasado, se queda como una historia en la vida que no es borrable. ... Voy a luchar por mis niños para sacarlos adelante, porque algún día van a tener un buen futuro, mis niños.

Al igual que Patricia y Viviana, Mario Pérez Domingo había esperado semanas para reencontrarse con su hija, preguntándose día tras día si la volvería a ver. Después de los resultados positivos de la prueba de ADN, la

HSI simplemente cerró la investigación, y fue entonces que ICE y la ORR se encargaron de la reunificación. Al día siguiente de recibir la noticia de los resultados, nuestro contacto en la ORR confirmó que Oralia volaría desde El Paso a Harlingen para reencontrarse con su padre.

Con la investigación de la HSI cerrada, Mario ya no estaba en prisión preventiva penal y, aunque tenía nuestros números personales —los de Laura y míos— no habíamos tenido noticias suyas. Al día siguiente, un viernes, Alexis se ofreció a ir a buscarlo al hotel de la Basílica. Si Mario y Oralia se habían reencontrado, supusimos que podrían estar ahí.

"LO ENCONTRAMOS", leía el mensaje de WhatsApp de Alexis, cuando eran casi las 11 de la noche. Julián ya llevaba rato dormido, pero Karla y yo seguíamos despiertos. Tratábamos de pasar ratos juntos por las noches de fin de semana, cuando Julián ya dormía y el trabajo se calmaba. Esa noche, sin embargo, el trabajo interrumpió de nuevo, y abrí el mensaje emocionado.

Además del mensaje, Alexis también mandó una foto. Ella aparecía sonriente en primer plano, y al fondo Mario y Oralia. Mario sonreía con entusiasmo, mirando directamente a la cámara, y Oralia sonreía tímidamente mientras metía la mano a una bolsita de Cheetos. Traía una blusa floreada y un moño rosa le ataba el cabello; Mario estaba en lo que parecía ser un cambio limpio de ropa, jeans azules y camiseta blanca, lo que me recordó lo lejos que estaba de su comunidad en Colotenango. Nunca había visto a Mario sonreír de esta manera. La alegría en el rostro de Oralia era difícil de describir con palabras. Sus caras felices ocultaban el tormento que habían pasado durante el último mes, a cientos de kilómetros de distancia uno del otro. Me permití compartir su felicidad por un instante.

Créditos: Gabriel Cárdenas, Texas Civil Rights Project.

Al día siguiente, Georgina acompañó a Mario y a Oralia a la estación de autobuses en el centro de McAllen. Los acompañó hasta que abordaron el autobús que, finalmente, después de semanas de tormento, los llevaría a su destino.

Cuando el agente de la HSI le dijo a Laura que la prueba de ADN había sido positiva, agregó que eso concluía su investigación. El caso estaba cerrado. Mario no fue condenado por ningún delito, después de que el gobierno retirara inexplicablemente todos los cargos en su contra por haber cruzado la frontera sin autorización. Y, sin embargo, había pasado un mes separado de Oralia, no sólo sin estar seguro de volver a verla alguna vez, sino también enfrentando amenazas de cargos penales por trata de personas y la posibilidad de pasar años en prisión. A pesar de la falta de evidencia que justificara la separación o respaldara la acusación de trata de personas —y, de hecho, a pesar de las pruebas que demostraban lo contrario, como el acta de nacimiento de Oralia y el certificado consular de autenticidad—, el gobierno lo encarceló y envió a su hija a una familia adoptiva durante un mes. Sin duda, pensé, alguien tendría que rendir cuentas por esto. Alguien perdería su trabajo por esto.

Pero no. Nadie se disculpó con Mario. Hasta donde supimos, nadie fue siquiera reprendido. Ni el agente de la Patrulla Fronteriza que obligó a

Mario a decir que Oralia no era su hija, ni los agentes que se llevaron a Oralia, mucho menos los arquitectos de la política de Tolerancia Cero en el Departamento de Justicia y las decenas de agentes que llevaron a cabo las separaciones familiares en la Patrulla Fronteriza, ICE y otras agencias.

Hasta hoy, me cuesta mucho aceptar la falta de rendición de cuentas por lo que sólo puedo describir como secuestro sistemático de menores, separaciones como la de Mario y Oralia y miles de familias más. La secretaria del DHS, Kirstjen Nielsen, y el fiscal general Jeff Sessions eventualmente perdieron sus empleos, pero no fue por el papel que jugaron en las separaciones. De hecho, la razón aparente por la que perdieron el trabajo fue que no hicieron *más* para respaldar al presidente Trump e implementar sus políticas. Cuando testificó bajo juramento ante el Congreso, la secretaria Nielsen incluso negó que existiera alguna política de separación familiar dentro del DHS. "No tenemos una política de separación familiar en la frontera. Punto", escribió en Twitter a mediados de junio.

Pero un memorando filtrado reveló que en realidad ella misma había aprobado directa y explícitamente la política de separación de entre varias opciones que le presentaron sus subordinados. A pesar de la evidencia ahora ampliamente difundida, ningún funcionario ha rendido cuentas por lo que ha sido una de las violaciones sistemáticas de derechos humanos más crueles en este país en los últimos años. Junto con la tortura de cientos de detenidos en la Bahía de Guantánamo, la política de separación familiar fue una de las políticas más aborrecibles implementadas por el gobierno de los Estados Unidos en el siglo veintiuno. Se estima que el número total de familias separadas en la frontera superó las cinco mil, casi una quinta parte de ellas en McAllen. Algunas fueron reunificadas ese verano, pero otras permanecieron separadas por meses. El gobierno del presidente Joe Biden creó un grupo de trabajo para reunificar a las familias, pero decenas de padres y madres que fueron deportados sin sus hijos siguen desaparecidos. Es posible que jamás vuelvan a verse. Mientras escribo estas páginas, decenas de demandas que buscan compensación económica para las familias separadas siguen su curso en los tribunales; sólo el tiempo dirá si alguna de ellas logrará responsabilizar a algún funcionario. Algunos países han creado comisiones de la verdad y reconciliación tras guerras civiles u otras atrocidades de derechos humanos, en un intento por alcanzar justicia y rendición de cuentas años después de lo sucedido. Hasta la fecha, en Estados Unidos no ha habido propuestas serias para algo semejante.

¿Por qué? ¿Por qué no ha habido un clamor nacional por la justicia? Como si las nociones del debido proceso, la justicia y la igualdad ante la ley— principios supuestamente fundamentales de las instituciones de este país— se desvanecieran en la frontera. En los márgenes de la sociedad, los preceptos que tanto se enfatizan en el resto del país no se aplican igual.

En su opus magnum, *Comunidades imaginarias*, Benedict Anderson examina el surgimiento y la expansión del nacionalismo en todo el mundo, mostrando cómo el nacionalismo une a grandes grupos de personas de maneras que la religión, la raza e incluso la historia compartida por sí solas no son capaces. En Estados Unidos, esa "comunidad imaginaria" no está unida por una sola religión, una raza o una nacionalidad. En las escuelas estadounidenses se enseña que lo que hace "estadounidense" a un estadounidense[1] es la adherencia a las leyes y a los ideales de justicia, respeto a la Constitución y a sus instituciones, y un compromiso inquebrantable de respetar principios como la libertad, el Estado de Derecho y el debido proceso. Eso es lo que define la nacionalidad estadounidense y, se dice, lo que la distingue de otras naciones que se agrupan en torno a una religión o un origen étnico en común.

Pero esa comunidad imaginaria se desmorona en los márgenes, donde las leyes no se aplican de la misma manera. La frontera geográfica se convierte en una frontera jurídica y quienes habitan en los márgenes del país terminan también al margen de la ley. En el caso *Estados Unidos vs. Martínez-Fuerte* (1976), la Suprema Corte autorizó que los agentes de la Patrulla Fronteriza detuvieran e interrogaran a los conductores—inmigrantes o ciudadanos estadounidenses— en los puntos de control permanentes de migración incluso sin tener causa probable, la cual es necesaria para jus-

1 En inglés se autodenominan "*American*".

tificar una detención e interrogación similar en el resto del país. Incluso el derecho a la inviolabilidad en el hogar se diluye cerca de la frontera. A diferencia del interior del país, en las primeras veinticinco millas a lo largo de la frontera, los agentes del DHS pueden ingresar a un terreno privado sin orden judicial ni causa probable "con el propósito de patrullar la frontera y prevenir la entrada ilegal de extranjeros a los Estados Unidos". Es casi como si esas primeras veinticinco millas ni siquiera fueran parte de los Estados Unidos, ya que la ley contempla prevenir la "entrada" aún en toda esa franja. Ciudades enteras se encuentran dentro de esas veinticinco millas: la Torre Bentsen, con el juzgado federal en su interior, está a menos de diez millas del río Bravo.

En los confines del país, la validez de éstos y tantos otros principios se desvanece y, con ellos, la línea que divide lo permitido de lo prohibido. Lo que alguna vez fue impensable se convierte en la norma. Incluso la empatía y la compasión empiezan a erosionarse. En los márgenes, resulta más fácil justificar separar a un niño de dos años de su padre. Incluso después de escuchar a los niños llorar en ese audio viral, algunas personas se esforzaban por justificar la política en el nombre de los llamados "valores americanos". Partiendo desde un punto de vista de respeto por el Estado de Derecho—insistirán algunos— estas familias violaron la ley; sus padres debieron haber pensado en sus hijos antes de traerlos aquí ilegalmente. Pero si se tratara de niños blancos, ciudadanos estadounidenses, siendo separados de sus padres en el interior del país, esos mismos individuos estarían clamando por el debido proceso y el interés superior del niño.

Pero no así en la frontera. No así cuando se trata de padres y niños de piel morena.

16
Órale mijito
(2006)

Cuatro meses antes de la muerte de mi padre, yo esperaba que viviera unos treinta años más. Después de todo, mi abuelo y abuela paternos habían vivido hasta los noventa y dos y noventa y cuatro, respectivamente, por lo que esperaba que mi papá viviera por lo menos hasta esa edad. Supuse que tenía el gen de la longevidad. Cuando asistió a mi graduación de Penn, en mayo de 2005, se había rehabilitado de la segunda cirugía de válvula mitral y había recuperado casi todo el color de piel y el ánimo. Un marcapasos colocado en una cirugía posterior también le había ayudado a recobrar fuerza y resistencia. Me gustaría pensar que ver a uno de sus hijos graduarse de la universidad, por primera vez, también le dio razones para seguir adelante.

Durante el mes de mayo, unos meses antes de fallecer, intentó ir al doctor varias veces. Todos los intentos fracasaron porque lo necesitaban en el trabajo. Más de una vez había llamado a la escuela a primera hora para avisar que estaba enfermo y no iría a trabajar, pero su jefe le suplicaba cada vez, que si podía fuera sólo ese día y fuera al doctor al día siguiente, porque no tenían suficientes choferes. Y así lo hizo una y otra vez. Hasta que un día ya no pudo. Sus pies estaban tan hinchados que le costaba hasta ponerse los zapatos, ya no podía caminar sin dolor. Mi mamá me contaría después, entre sollozos, que tenía los testículos tan inflamados por la retención de líquidos que parecían deformes y, como consecuencia, le costaba mucho incluso vestirse.

—Me daba tanta lástima con él—me dijo, incapaz de contener las lágrimas, una infinita tristeza que todavía la invade cada vez que recuerda esos momentos.

Cuando ya no pudo ni manejar hasta el trabajo debido a la inflamación, llamó otra vez a su jefe y se disculpó; esa mañana no podría manejar el autobús escolar, pero esperaba volver en uno o dos días, tan pronto el doctor lo diera de alta. ¿Podría venir sólo ese día?, insistió el jefe. Pero esa vez le fue imposible. Llevaba trabajando en Valley View más de trece años.

Desde que me atrasaron un año en la secundaria cuando llegué a este país he sentido una necesidad constante de ponerme al corriente, de recuperar el tiempo perdido. Quizás por eso sentí que no podía darme el lujo de hacer cualquier otra cosa que no fuera ir directamente de la universidad a la facultad de derecho. Ese mes, mientras mi padre se disculpaba con su jefe, yo terminaba mi primer año en la facultad de derecho.

Los árboles de New Haven no me impresionaron tanto como los de West Philly, o tal vez ya me había acostumbrado. Pero los edificios del campus de Yale eran mucho más majestuosos de lo que jamás me había parecido Logan Hall. Las estructuras góticas con sus monstruosas gárgolas, los comedores con sus interiores de madera, la imponente biblioteca y el gimnasio (que desde afuera parecía cualquier cosa menos gimnasio), y especialmente la facultad de derecho, todo parecía de otra era. Me desilusioné al enterarme de que el edificio de la facultad de derecho había sido construido apenas en 1930, y cuenta la leyenda que le vertieron ácido en las paredes exteriores para hacerlas parecer más antiguas de lo que realmente son. Perdió gran parte del encanto. Pero cuando entré a la biblioteca de derecho por primera vez, nuevamente quedé hipnotizado: enormes ventanas arqueadas, una docena de candelabros colgando del techo vertiginosamente alto y miles de libros alineados en las estanterías interminables de la sala de lectura principal, silenciosa y solemne como las basílicas más imponentes del Renacimiento.

Ese verano, mi mamá se preguntó en voz alta si mi papá volvería a visitar Allende algún día. Tenía diálisis dos veces a la semana y siempre se sentía muy débil después. Yo había regresado de una pasantía en el Frayba, una ONG de derechos humanos en Chiapas, y estaba preparándome para volver a Yale, sin imaginarme que mi padre sólo estaría entre nosotros unas cuantas semanas más.

En particular, me preparaba para las entrevistas de trabajo en el campus, el proceso anual en el que los despachos de abogados y otros empleadores potenciales visitan el campus para entrevistar a los codiciados estudiantes de derecho y ofrecerles pasantías de verano. Todavía conservaba el traje negro—el único que tenía— que había conseguido en una venta de remate de JC Penney en Filadelfia, y encontré unas corbatas de diferentes colores en la tienda Burlington Coat Factory de McAllen, las cuales pude mezclar para que no se notara demasiado que llevaba el mismo traje en días consecutivos. Cuando vi a mis compañeros pasar de gris carbón el lunes, a azul marino el martes, a negro de rayas con pañuelo de bolsillo el miércoles, pensé que debí haber comprado uno de esos en lugar del negro liso y aburrido que había comprado.

A principios de septiembre, antes de las entrevistas, la facultad nos ofreció prácticas con entrevistadores voluntarios. Algunos abogados y otros profesionistas locales se ofrecían de voluntarios para venir al campus una tarde y ayudarnos a preparar nuestras respuestas para que así practicáramos y calmáramos los nervios. Estoy seguro de que ninguno de ustedes lo necesita, nos dijo uno de los voluntarios.

Las sesiones de práctica se llevaban a cabo en el ala de la facultad de derecho donde se impartían los cursos clínicos, unas aulas más pequeñas diseñadas para clases estilo seminario. Las clases más pequeñas eran más propicias para el enfoque de las clínicas, que son cursos prácticos en los que los estudiantes interponen y defienden demandas y representan a clientes típicamente indigentes bajo la supervisión de un profesor. Cuando llegó mi turno, mi "entrevistador" se sentó erguido y me saludó con más seriedad y formalidad de la que yo esperaba para una sesión de práctica. Llevaba un traje café oscuro de propósito indescifrable. ¿Era por su trabajo habitual o se lo había puesto específicamente para esta práctica? Debieron haber sido las seis de la tarde; aunque el horario de verano no había cambiado todavía, ya era de noche y las aulas clínicas, sin la luz natural que las iluminaba por la mañana, se sentían aún más estrechas.

—Y dime, ¿por qué querrías trabajar con nosotros? —me preguntó el entrevistador, asumiendo completamente su rol y sin soltar ni siquiera un saludo.

La verdad es que no lo había pensado mucho.

—Pues —comencé—, mi familia vive en Texas y estaría muy interesado en trabajar en una de sus oficinas en Texas, tal vez la de Houston o San Antonio.

Había elegido únicamente despachos de abogados que tuvieran oficinas en Texas. Pensando que un toque personal podía jugar a mi favor— y confundiendo, tal vez, la entrevista de trabajo con una conexión personal—agregué que mi papá se había enfermado recientemente y que esperaba estar cerca de mi familia para poder brindarles el apoyo necesario, y que veía este trabajo como una oportunidad para regresar a Texas. Me sentí orgulloso de haber dado una respuesta tan completa.

—Déjame decirte lo que estoy escuchando —me dijo el entrevistador, saliéndose del personaje. —Lo que escucho es que, una vez que tu padre se muera, ya no estarás interesado en trabajar con nosotros. Que podrías dejar el despacho en el momento en el que se muera. Y no estoy seguro de que esa sea la mejor manera de responder a la pregunta. Sé que puede sonar algo duro —mientras abría las manos con las palmas hacia arriba—, pero te digo, eso es lo que yo escucho con tu respuesta.

Lo dijo de una forma tan casual, como si hablara del clima o de cualquier otro tema sin importancia, que me sorprendió. Intenté permanecer serio y mostrarme agradecido por su consejo, pero pasé saliva y sentí cómo mi estómago se encogía instintivamente. No había pensado en lo que podría pasar si mi papá se moría, mucho menos en que podría morir pronto. Escuchar al entrevistador decirlo con esa certeza, como una ecuación matemática, si X entonces Y, me obligó a imaginar la posibilidad. Pero no pude, ya sea porque no podía o no quería considerar ese escenario. Estar tan lejos de McAllen me hacía sentir una falsa sensación de seguridad, casi de comodidad, al pensar que, aunque no podía ver a mi familia todos los días, siempre estarían ahí en la casa, tal y como los había dejado. Me costaba mucho imaginar que algo pudiera cambiar. En retrospectiva, el deterioro de la salud de mi padre debió haber sido una verdad evidente para cualquiera —incluido mi entrevistador —pero para mí no era ni verdad ni evidente. *Este güey no tiene ni idea,* pensé.

Pero su comentario me hizo ajustar mi respuesta. Unas semanas después, cuando uno de los primeros entrevistadores reales me preguntó por qué quería trabajar en su despacho, en lugar de decir la verdad, me senté recto y con voz firme respondí que estaba muy interesado en el litigio mercantil y que me fascinaban las disputas contractuales.

Más tarde ese septiembre, hablaba por teléfono con mi hermana Silvia, caminando sin rumbo por el patio de la facultad de derecho. Los estudiantes iban y venían de sus clases y alguien comía un sándwich frío en la mesa de picnic. El otoño aún no llegaba del todo y el jardín era de un verdor abundante, agradable y lleno de vida. Silvia había visitado a mi papá en el centro de rehabilitación de largo plazo al que lo habían trasladado ese día. Había estado yendo y viniendo entre el Hospital Regional Río Grande y Lifecare desde hacía un tiempo, dependiendo de si su condición mejoraba o empeoraba. Me preguntaba si tanto traslado no le haría más daño.

—¿Y tú cómo lo ves? —le pregunté a Silvia.

—Pues no sé, manito —su voz se apagó, como si tuviera algo más que decir, pero no pudiera o no quisiera.

Rompí el silencio luego de unos segundos y le pregunté si pensaba que debería volver a casa. Tenía clases y entrevistas esa semana, pero le dije que podía saltarme clases algunos días e intentar reagendar un par de entrevistas. El depósito de la beca del semestre ya había llegado, así que tenía el dinero en mi cuenta para pagar por el vuelo. En realidad sí podía ir a casa, le dije a Silvia, si ella creía que era necesario.

Vaciló un poco, como si quisiera dejarme la decisión a mí, que al final era mía.

—Si puedes —dijo al cabo de un rato—, yo diría que deberías tratar de venir.

Un día y dos vuelos de Southwest después, estaba de regreso en McAllen. Cuando llegué a ver a mi papá en Lifecare esa misma tarde, lo encontré en el patio sentado en una silla de ruedas. El patiecito ubicado al centro de las instalaciones se sentía estéril, al igual que los pocos pacientes que estaban ahí sentados en silencio, como él. Algunos caminaban lentamente, como deprimidos, apoyándose en sus andaderas o del brazo de una enfermera o de un familiar, que de vez en cuando les ofrecían alguna palabra de aliento. El lugar parecía tan sombrío que me pregunté si le pedían a las personas que no hicieran ningún ruido. Casi no había viento, algo inusual en esta época del año, así que las pocas plantas y arbustos parecían inmóviles en el suelo seco e inerte.

El cuerpo de mi papá se encogía en la silla. Tenía la mirada clavada en el suelo de cemento gris. Sonrió cuando me vio, pero no pareció darse cuenta de que era extraño que yo estuviera de vuelta a medio semestre. Parecía haber perdido esa conexión con lo que sucedía en el exterior, encerrado en lo que se había convertido en su nuevo mundo.

—¿Sabes dónde estamos? —le pregunté después de un rato, tratando de hacerle plática. Podíamos mirar hacia arriba y ver el cielo y unas cuantas nubes, tal vez algunas palomas volando hacia el sur, pero no había un punto de referencia real para identificar dónde estábamos.

Sacudió la cabeza y siguió mirando hacia abajo. Parecía desinteresado.

Intenté explicarle que estábamos en la calle Ridge Road, cerca de la gasolinera de la esquina con la Jackson, la ruta por la que había manejado al trabajo todas las mañanas durante años. Asintió un poco con la cabeza, un par de inclinaciones suaves, pero no estuve seguro de si realmente sabía dónde estábamos o simplemente me estaba siguiendo la corriente.

Unos días después, mi papá estaba de regreso en el hospital. Mi mamá estaba con él cuando entré a su cuarto. Héctor, que trabajaba en una tienda de ropa por ahí cerca y estudiaba en la universidad por las mañanas, lo visitaba incluso durante la hora de la comida, pero no estaba ahí en ese rato. Como todas las habitaciones de hospital en las que había estado, el lugar estaba demasiado frío; las máquinas conectadas a los brazos y al pecho de mi papá hacían su característico bip y vibraban con una cadencia interminable. Las enfermeras tenían que cambiar las sábanas blancas seguido, pues a mi papá le empezaban a salir llagas en la espalda y en las piernas por estar acostado tanto tiempo. Dormitaba a ratos, entrando y saliendo de la conciencia a lo largo del día.

—Los doctores dicen que ya se estabilizó—dijo mi mamá, sin dirigirse a nadie en particular.

Le toqué el antebrazo y abrió los ojos, ligeramente exaltado. Giró su cuerpo un poco a la derecha y el lado inferior de su muslo izquierdo expuso una llaga rojiza, el tejido expuesto ante las rupturas de su piel.

—Le arde ahí, pero si le soplas tantito le ayuda —me dijo mi mamá.

—¿Quieres que te sople en la pierna, pa? —le pregunté y asintió con la cabeza, sus ojos cerrados otra vez.

Miré a mi alrededor buscando una silla para acercarla a la cama. La única estaba del otro lado de la cama, así que le di la vuelta y me llevó un momento arrastrarla por el angosto espacio entre la cama y la pared. La acomodé cerca de la cama y me senté a unos centímetros de su pierna.

—Órale mijito —dijo. No fue una orden, ni si quiera una petición impaciente, sino más bien una súplica buscando alivio del dolor. Órale, mijito.

Acerqué la cara a su pierna y soplé suavemente sobre la llaga. No dijo nada. Yo en realidad no sabía si estaba ayudando. Pero seguí haciéndolo por un rato, meciendo la cabeza lentamente de un lado a otro para cubrir la llaga completa, manteniendo los labios cerca uno del otro para que el aire de mi boca saliera fresco sobre la carne viva de su pierna. Respiré hondo y lo volví a hacer, exhalando hasta que vacié mis pulmones sobre su carne rosa e inflamada. Otra vez no dijo nada. Luego se quedó dormido.

Ese fue el último día que vi a mi papá con vida. Ésas fueron las últimas palabras que me dijo. Es sorprendente cómo dos palabras tan aparentemente mundanas adquieren un significado y dimensión completamente nuevos cuando se convierten en las dos últimas palabras que te dijo tu padre. "Mijito" es una contracción de "mi hijito" ampliamente usada en México. "Órale" es un mexicanismo informal y versátil que puede denotar sorpresa, o un llamado a la motivación a hacer algo o para apurarse, o también puede significar "mira, qué cosas". Con el tiempo, esas palabras se han convertido en palabras de aliento a las que vuelvo en tiempos de adversidad. Cada vez que me pongo de pie ante el tribunal para dirigirme a un jurado o para alegar un caso difícil, escucho esas palabras, que son las de mi padre instándome a perseverar. Me gustaría pensar que, incluso en ese momento de dolor e incomodidad, él quería animarme y levantarme los ánimos, sabiendo que el final estaba cerca, sabiendo que tendría que seguir adelante sin él.

Los días que siguieron a esa tarde son un recuerdo borroso en mi mente. Me acuerdo a grandes rasgos del calvario que fue obtener la autorización y papelería para transportar su cuerpo a México, el velorio en la única funeraria de Allende en ese entonces y el emotivo entierro en el cementerio más viejo del pueblo. Pero muchos detalles y el orden en el que sucedieron las cosas están mezclados en un revoltijo de vagas recolecciones y, francamente, espacios vacíos. Los efectos del trauma en el cerebro y sus habilidades para almacenar ordenadamente las memorias no son poca cosa. Y, sin embargo, a pesar de que estos efectos son bien conocidos y científicamente comprobados, las leyes estadounidenses exigen que los solicitantes de asilo cuenten sus traumas más profundos de una manera concisa, coherente y cronológica, a menudo pocas horas después de ser aprehendidos y en condiciones precarias en una estación fronteriza, para siquiera ser considerados para recibir ayuda. La falta de compasión es parte integral del sistema.

El mes siguiente, ya de regreso en New Haven, Marilyn Drees me invitó a tomar un café. Estaba a cargo de la vida estudiantil en la facultad de derecho y tenía una de esas sonrisas que parecen nunca desaparecer. Le había comentado que estaba considerando abandonar el semestre, pues se me estaba dificultando mucho concentrarme en las clases desde que regresé.

Entramos al café y buscamos un espacio tranquilo. El lugar estaba lleno a esa hora de la tarde, así que fuimos al segundo piso y encontramos una mesa recluida cerca de un rincón en la esquina. Le dije que lo había estado pensando, y que ahora me inclinaba por seguir adelante. Me había salido de una de las clases y eso había hecho la carga un poco más manejable.

—Además —dije, dando un sorbo de mi taza de porcelana hirviendo—, eso es lo que mi papá hubiera querido.

Sonrió y asintió en lo que entendí como una señal de apoyo y aprobación.

Después de unos segundos, se inclinó un poco hacia adelante y me preguntó, casi susurrando:

—¿Y no has pensado en lo que *tú* quieres?

Fue una pregunta tan básica y a la vez tan reveladora que simplemente no había considerado. Por varias semanas después de que mi padre murió, había estado pensando en que salirme de estudiar ese semestre era lo que mi mamá y mis hermanos querían, para que pudiera estar con ellos más seguido. Ahora que estaba considerando seguir con la carrera, pensaba que eso era lo que mi papá hubiera querido. Pero nunca me pasó por la cabeza detenerme un momento para considerar que era lo que *yo* quería; o mejor dicho, había mezclado lo que yo quería con lo que pensé que mis seres queridos querían.

No me había sentido tan desconcertado en años, desde aquella tarde en la clase de escritura en mi primer año de universidad en Filadelfia. Después de leer *Una habitación propia* de Virginia Woolf, discutíamos en clase la elección que algunas mujeres hacían, y siguen haciendo, entre tener hijos y seguir una carrera profesional. En algún punto levanté la mano y comenté, orgullosamente, que para la mayoría de las mujeres, seguramente sería más importante tener hijos que una carrera profesional. La profesora me miró con amable desconcierto, casi con ternura, y me preguntó:

—¿Pero has considerado que los hombres no tienen que tomar esa decisión?— Me dejó sin palabras ante mi propia arrogancia y desinformación juvenil. Años después volví a sentir lo mismo frente a Marilyn en ese café. No dije nada en ese momento, sólo seguí reflexionando sobre su pregunta.

Al igual que mi asesor universitario en Penn, Marilyn sabía muy poco acerca de mi vida o de mi padre, pero su pregunta me obligó a considerar cuidadosamente esta nueva perspectiva. En ese momento, me costó mucho distinguir lo que yo quería de lo que otros querían o hubieran querido. Le di otro trago al café, todavía pensándolo. Me preguntó cuántos años tenía mi padre al fallecer, y me extendió otra vez sus condolencias cuando le dije que sesenta y tres.

Cuando pienso en los sacrificios que hacen los padres y madres inmigrantes para que sus hijos puedan aspirar a una vida mejor, pienso en los míos propios. ¿Tuve éxito porque asistí a la Facultad de Derecho de Yale después de haber crecido en la pobreza en México? ¿Mi padre migrante tuvo éxito porque su hijo lo logró, a pesar de que nunca obtuvo estabilidad económica o disfruto de un solo día de jubilación, pasando literalmente de conducir un autobús escolar un día al hospital al siguiente? Nunca sabré si eso es parte de la definición del éxito. Nunca le pregunté. ¿Es el "éxito" de un hijo de inmigrantes también el éxito de sus padres? ¿Quién lo define?

Desde los padres migrantes que he representado hasta los míos propios, veo familias que pasan por distintos niveles de adversidad. Algunos lo sacrifican todo y literalmente pierden su vida en el proceso. Cada año docenas de personas migrantes pierden la vida al intentar cruzar el desierto de Arizona; otros mueren suplicando les brinden atención médica en una celda de la Patrulla Fronteriza. Algunos mueren lentamente tras décadas de trabajar bajo el sol abrasador en los campos del sur de Texas; otros mueren súbitamente de asfixia después de inhalar nitrógeno líquido en una "pollera", como se conocen las plantas avícolas. ¿Entregaron su vida o acaso fue el país el que se las arrebató? ¿Los inmigrantes dan su vida por este país o es el país el que les exprime la vida? ¿Es ése el precio que hay que pagar para estar aquí?

No estaba pensando en nada de esto la mañana de mi graduación. En su discurso de apertura, el profesor Kenji Yoshino nos animó a buscar no un trabajo, sino una carrera; a buscar no una carrera, sino una vocación; a buscar no una vocación, sino un llamado. Escuchábamos con atención desde nuestras sillas cuidadosamente ordenadas en el patio, de toga y birrete adornados con las capuchas de terciopelo púrpura características de las insignias del doctorado en derecho. La magnolia en el rincón más alejado del patio había perdido sus flores primaverales, pero el imponente pino blanco americano cerca del centro se mantenía alto y firme como siempre.

Mi mamá miraba desde algún lugar en la parte de atrás, junto con Héctor, Leoba y Tania, quienes habían logrado hacer el viaje hasta ahí. Cuando terminó la ceremonia, aventamos los birretes al aire y nos levantamos para recogerlos mientras buscábamos a nuestras familias entre la multitud que se dispersaba. Los graduandos y sus familias se movían en todas direcciones mientras yo buscaba a la mía. Después de un rato, encontré a mi mamá al pie de las escaleras en el pasillo que conectaba el patio con el edificio principal, justo afuera del salón número 124. En ese salón, los lunes por la tarde, varias veces me rasqué la cabeza en la clase de "Igualdad, ciudadanía y soberanía", frustrado ante la discusión teórica de estos temas que rara vez se ocupaba de las realidades que enfrentaban las personas diariamente.

Cuando vi a mi mamá, me le acerqué e instintivamente la rodeé entre mis brazos. No me lo esperaba, pero los dos empezamos a llorar. Me sorprendió lo incontrolablemente que me brotaba el llanto. Ni ella ni yo pudimos decir nada. Sólo nos abrazamos sin palabras, con lágrimas escurriéndonos mientras otras familias pasaban a nuestro lado, entrando y saliendo del edificio. Sentí que mi mamá se estremeció y la escuché sollozar mientras estuvimos ahí parados por lo que pareció mucho tiempo, el tiempo que fuera necesario. Yo me estremecía también. No había anticipado este momento, ni pensado en lo que le diría a mi mamá, ni cómo reaccionaría una vez que llegara el día de mi graduación. No estaba acostumbrado a sentirme tan rebasado por las emociones, y el momento me tomó desprevenido.

He pensado muchas veces en ese efusivo encuentro con mi mamá aquella mañana de mayo. No he vuelto a llorar con tal abandono desde entonces y quizá nunca en mi vida me ha sobrepasado de esa manera una mezcla tan incontrolable de emociones. Perdí la noción del tiempo mientras nos abrazábamos, y no exagero cuando digo que entré brevemente en una especie de trance. No dijimos— ni en ese momento ni desde entonces— por qué llorábamos, pero yo sabía, y creo que ella también, que los dos pensábamos lo mismo. Por una parte estaba el hecho de que mi padre no estuviera ahí para verme graduar. Por otra, la irremediable realidad de que esto era lo que había sido necesario para que yo, para que nosotros, llegáramos hasta aquí: que mi padre sacrificara su vida de por medio. Si fue felicidad o tristeza, no lo sé. Fue una especie de nostalgia instantánea, un luto presente por la pérdida de una felicidad ya pasada, ya extinta y que nunca más será, que quizás nunca fue, todo resumido en ese instante fugaz.

Cada uno de mis hermanos ha trazado su propia historia de éxito y progreso, pero para mí ese día también representó una especie de cierre. No sólo la culminación de mis estudios, sino también la conclusión de la travesía de mi padre como migrante, parcialmente expresada a través de mí en este día de logros y celebraciones. Y descubrí que ya no era necesario mantener las emociones más fuertes atrapadas dentro de mí. Finalmente pude liberarlas, y liberarme a mí mismo.

Como cada diciembre desde que obtuvimos la residencia permanente, me encontraba manejando de regreso a McAllen después de haber pasado unos días en México con mi familia durante las vacaciones de Navidad.

Faltaban sólo unos días para que terminara el 2019 y, con Julián e Inés, nuestra hija de dos meses, en sus asientitos en la parte trasera del carro, Karla y yo nos alegramos de encontrar poca fila para cruzar el Puente Internacional Reynosa-Hidalgo. En esta época, sobre todo por las noches, no era raro encontrar cientos de vehículos regresando a Estados Unidos y tener que esperar horas en la fila para cruzar la frontera.

Mientras avanzábamos lentamente por el puente, a unos cincuenta metros a nuestra izquierda, en los carriles con dirección a México, pude distinguir unas cuantas siluetas oscuras de personas sentadas en el suelo, amontonadas en el puente. Esos carriles también eran para el cruce peatonal hacia Estados Unidos y esas sombras eran seguramente familias intentando "presentarse" en el puerto de entrada para solicitar asilo. Pero en lugar de recibirlos y procesarlos, los agentes de migración ahora los detenían justo en el punto medio del puente, donde se encuentra el límite exacto entre los dos países, sobre una línea imaginaria a la mitad del río.

Unos días antes, de camino a México, habíamos pasado junto a un grupo de no menos de veinte personas sentadas en esa parte del puente, esperando. Llevaban bebés en brazos. Algunos esperaban semanas, dependiendo de la caridad de los transeúntes para subsistir, sólo para ser rechazados tarde o temprano. Otros, especialmente quienes tenían hijos muy pequeños, intentaban cruzar varias veces y después de ser rechazados repetidamente, intentaban cruzar nadando y entregarse a un agente de la Patrulla Fronteriza, si lo lograban. Muchos eran víctimas de tratantes y contrabandistas del lado mexicano. Era una denegación del asilo por desgaste. Esta práctica de detener a los solicitantes de asilo a la mitad del puente, conocida como "metering", fue impugnada en los tribunales, pero miles de personas fueron rechazadas de este modo.

Qué suerte teníamos nosotros, sentados en el carro con aire acondicionado, con los pasaportes en mano para mostrárselos al oficial en la ventanilla. Esas familias y la mía tenían tanto en común y a la vez vivíamos en mundos tan distantes. Sus hijos, al igual que los míos, eran hijos de migrantes. Pero la suya era una situación terrible, la nuestra privilegiada. Ellos habían dejado todo atrás; nosotros simplemente regresábamos a casa. Al igual que mis padres años antes, ellos solo buscaban lo mejor para sus hijos y sólo ellos sabían qué circunstancias desesperadas los habían llevado hasta este punto.

Cuando llegamos a la caseta de inspección, bajé la ventana y detuve el carro. El oficial echó un vistazo rápido al interior y me hizo la misma pregunta que me han hecho tantas veces.

—¿U.S. citizen?

Nota del Autor

Los relatos compartidos en este libro están basados en mis recuerdos. En la medida de lo posible, comparé mi memoria con documentos, expedientes judiciales y correspondencia para corroborar fechas, nombres, lugares y otros detalles puntuales. Como sabemos, los recuerdos son subjetivos por naturaleza, y muchas veces, incompletos o imprecisos, especialmente cuando provienen de momentos caóticos y traumáticos. Por esto, es posible que otras personas recuerden los mismos hechos de manera distinta; esa es, creo yo, la naturaleza de la memoria. Para facilitar el ritmo de la narrativa, en algunos casos recurrí a recursos literarios como la compresión del tiempo, procurando siempre mantenerme fiel a los eventos.

Algunos nombres propios, en especial si se trataba de menores de edad, fueron reemplazados por seudónimos con el fin de proteger la identidad y privacidad de los involucrados, a menos de que su identidad haya sido de dominio público o hayan dado su consentimiento informado.

En cuanto a los casos específicos, Viviana y Sandro se reencontraron y su caso continúa en proceso ante las agencias de migración, incluyendo su solicitud de asilo. Patricia y Alessandro obtuvieron asilo político y ahora viven juntos en la costa este de Estados Unidos. Mario y Oralia se reunieron y sus casos siguen pendientes. Arturo se reencontró con su hija Miriam en California. Leonel se reunió con su hijo Daniel y su proceso de deportación aún está pendiente. Dagoberto y su hijo Jorge se reencontraron en California; un juez de inmigración ordenó la deportación de Dagoberto y su apelación está en curso. María fue liberada y se reunió con sus hijos, y sus casos de inmigración siguen pendientes. Antonio fue deportado sin su hijo, quien permaneció en Estados Unidos. Al momento de escribir estas líneas, no había logrado volver a localizar a Antonio. Juliana se reunió con su familia en Colorado. Cindy y Jimena también se reencontraron.

La Comisión Interamericana de Derechos Humanos otorgó nuestra solicitud de medidas cautelares y solicitó al gobierno de Estados Unidos que cesara la separación de familias y reunificara a nuestros cinco peticionarios. Fue la primera determinación de derechos humanos en la materia en el continente americano, pero el gobierno del presidente Trump se negó a cumplir con la solicitud.

Una parte del Capítulo 5 fue publicada anteriormente en el *New York Times* en otro formato.

El extracto del poema "Búho" (*Owl*), de José Antonio Rodríguez, fue reproducido con autorización del autor.

Apéndice: Cómo ayudar

En el momento en que estas páginas se enviaron a impresión, la situación de las personas migrantes y solicitantes de asilo en la frontera entre México y Estados Unidos sigue siendo precaria, y en algunos casos es aún peor. Quienes deseen apoyar a organizaciones que trabajan día a día en pro de las personas migrantes y sus familias, pueden considerar las siguientes:

Texas Civil Rights Project (TCRP), www.txcivilrights.org

El Proyecto de Justicia de Texas (TCRP, por sus siglas en inglés) es un grupo de abogados que brindan servicios a comunidades en Texas como parte de un movimiento a favor de la equidad y la justicia dentro y fuera de los tribunales. TCRP lucha por crear en Texas un espacio en el que todas las comunidades puedan prosperar con dignidad y justicia y sin miedo. TCRP cree que la abogacía y el litigio son herramientas claves para proteger y defender los derechos de todos y todas en Texas, en particular las poblaciones en situación de vulnerabilidad, y para lograr cambios positivos duraderos en las políticas y las leyes. TCRP apuesta por brindar representación legal de excelente calidad al creciente movimiento en pro de la justicia social en el estado, así como una propuesta retadora de estrategias para responder a las necesidades de sus comunidades constituyentes.

Texas RioGrande Legal Aid (TRLA), www.trla.org

Fundada en 1970 para brindar representación legal a trabajadores campesinos en Texas, la organización Servicios Legales del Río Grande de Texas (TRLA, por sus siglas en inglés) se ha convertido en la segunda organización de servicios legales más grande del país y la más grande en Texas. TRLA ofrece servicios legales a los residentes de sesenta y ocho condados en el suroeste de Texas, y a trabajadores agrícolas migrantes y temporales en Texas y seis estados más. También opera el programa de defensores de oficio en un gran número de condados en Texas, a través del cual ofrece servicios de defensa penal a personas acusadas de delitos graves, delitos menores, así como delitos juveniles, y a quienes no tienen los medios para pagar su propio abogado.

***La Unión del Pueblo Entero (LUPE),* www.lupenet.org**

LUPE se esfuerza para construir comunidades fuertes y sanas en las que los residentes de las colonias puedan utilizar el poder de la participación cívica para lograr un verdadero cambio social. Desde la lucha contra las deportaciones, la extensión de servicios sociales y clases de inglés, hasta el trabajo organizativo con el pueblo y las comunidades para exigir alumbrado público y servicios de drenaje, LUPE responde a las necesidades de la comunidad y toma acciones que buscan una vida mejor. La fuerza de LUPE viene de sus más de 8.000 miembros en todo el Valle del Río Grande.

***South Texas Pro Bono Asylum Representation Project (ProBAR),* www.americanbar.org/probar**

El Proyecto del Sur de Texas de Representación ProBono para el Asilo (ProBAR, por sus siglas en inglés) empodera a las personas migrantes mediante educación y representación legal de la más alta calidad y conectándolas con los servicios que necesitan. ProBAR ofrece sus servicios a personas migrantes en la región fronteriza del Valle del Río Grande, enfocados particularmente en las necesidades legales de los adultos y menores de edad bajo la custodia del gobierno federal.

***Angry Tías and Abuelas of the RGV,* www.angrytiasandabuelas.com**

La misión de las Abuelas y Tías Enojadas del RGV es cubrir las necesidades básicas de salud y seguridad y brindar apoyo para que las familias e individuos solicitantes de asilo en la frontera tengan dignidad y justicia. También los apoya para que puedan continuar su camino hacia su destino final dentro de los Estados Unidos.

***Las Americas Immigrant Advocacy Center*, www.las-americas.org**

El Centro de Defensa de los Inmigrantes de Las Américas es una organización sin fines de lucro con sede en El Paso, Texas, que presta servicios jurídicos gratuitos y de bajo costo a personas inmigrantes y refugiadas en el oeste de Texas y Nuevo México. Las Américas ofrece representación legal tanto a través de abogados como de representantes acreditados por el Departamento de Justicia.

***Florence Immigrant & Refugee Rights Project*, www.firrp.org**

El Proyecto Florence es una organización sin fines de lucro que proporciona servicios legales y sociales, aboga por un cambio sistémico a través de asociaciones fronterizas, casos en tribunales de apelación y de distrito, y defensa de políticas. Son reconocidos a nivel nacional por ser defensores innovadores y tenaces que enfocan su trabajo en la dignidad humana y la resiliencia de sus clientes.

***Al Otro Lado*, www.alotrolado.org**

Al Otro Lado brinda apoyo jurídico holístico y apoyo humanitario a personas refugiadas, deportadas, y otros migrantes en los Estados Unidos y Tijuana, México, con un enfoque multidisciplinario, enfocado en los clientes, y orientado en minimizar cualquier daño. Ofrece servicios jurídicos directos y sin costo en ambos lados de la frontera, así como en otras partes. Realizan una representación legal implacable, crean sociedades médico-jurídicas, así como proyectos de litigio de impacto para proteger los derechos de las personas migrantes y solicitantes de asilo.

***Justice in Motion*, www.justiceinmotion.org**

Para lograr que la lucha por la justicia atraviese las fronteras, la organización "Justicia en Movimiento" ha conformado una red de abogados y defensores de derechos humanos en México, Guatemala, El Salvador, Honduras y Nicaragua. Las y los abogados y defensores colaboran con contrapartes en los Estados Unidos en casos concretos a favor de personas migrantes, así como proyectos de abogacía y educación comunitaria en la región. Justice in Motion defiende los derechos de miles de personas migrantes en la región cada año—desde padres de familia separados de sus hijos en la frontera entre México y Estados Unidos, hasta trabajadores temporales explotados a manos de empleadores estadounidenses abusivos y menores de edad en busca de asilo y protección.

Agradecimientos

Este libro no habría sido posible sin el invaluable apoyo, orientación e inspiración de José Antonio Rodríguez. Tu guía y claridad de pensamiento fueron esenciales para que este libro llegara a ser algo que jamás habría sido sin ti. Ya te lo he dicho, pero no puedo repetirlo lo suficiente: Gracias. Siempre estaré en deuda contigo.

Gracias a mi familia, en especial a mi esposa, Karla, sin cuyo amor y paciencia incansable no habría logrado escribir este libro durante los meses en que pasamos de ser una familia de tres a cuatro. Te amo. Estaré eternamente agradecido con mi mamá y mi papá por los sacrificios que hicieron, cada uno a su manera, para que mis hermanos y yo tuviéramos la oportunidad de tener un futuro mejor.

A mis agentes literarios, Amy y Peter Bernstein: gracias por creer en la idea de este libro y animarme a pulirla y convertirla en la mejor versión posible de sí misma. Gracias a mi editora, Lauren Marino, por creer en este proyecto desde el principio y por tu mirada aguda, reflexiva y siempre clara.

Gracias también a todos mis colegas del Proyecto de Derechos Civiles de Texas, cuyo apoyo firme y constante hizo posible la labor en defensa de nuestros clientes. Gracias a todas las y los abogados que ofrecieron su tiempo y talento y aceptaron tomar uno o más casos pro bono, tanto los que se mencionan aquí así como los que no. Sepan que su trabajo marcó una enorme diferencia en la vida de las familias que representaron. Agradezco también a todas las personas que apoyaron al TCRP, organizaciones aliadas y donantes en el movimiento por la justicia migratoria, por su trabajo y apoyo en pro de las personas migrantes, no solo durante el verano de 2018, sino hasta la fecha. Agradezco al Profesor Jim Silk, mentor y amigo, por sus consejos y orientación a través de los años, así como por su entusiasmo para confirmar y verificar detalles fácticos. Gracias a

Valerie De Cruz, también amiga y mentora, por ser la primera persona en preguntarme si pensaba plasmar estas vivencias en un libro.

Gracias a Adrián de la Garza, queridísimo amigo casi hermano, por su lectura meticulosa de un borrador del manuscrito.

Un gran agradecimiento a Rossy Lima, por la atinada y esmerada edición de la traducción de este libro.

Y sobre todo, gracias a nuestros clientes, las personas migrantes. Siguen siendo una fuente de inspiración; me motiva su resiliencia, valentía y perseverancia, incluso frente al terrible sufrimiento al que los subyugó el gobierno de este país.

Sobre el Autor

Efrén es inmigrante, abogado de derechos humanos y escritor. Emigró de México a Estados Unidos a los trece años y fue el primer miembro de su familia en asistir a la universidad. Actualmente es Vicepresidente de Litigo y Estrategia Legal en Centro Nacional de Derecho Migratorio (*National Immigration Law Center*). Tiene experiencia en tribunales federales y estatales y ha representado a peticionarios ante organismos internacionales. Lideró una solicitud de medidas cautelares ante la Comisión Interamericana de Derechos Humanos en representación de las familias separadas en la frontera, la primera en su tipo en ser otorgada. También ha escrito sobre temas fronterizos y de política migratoria para el New York Times, USA Today y Newsweek.

Efrén es licenciado por la Universidad de Pensilvania y doctor en derecho por la Universidad de Yale. Vive en la frontera de Texas con su familia.

Títulos Destacados en Español de Westphalia Press

Una brújula para la crisis: México: Lecciones derivadas del COVID-19

Daniel Tapia Quintana, Compilador

La pandemia COVID-19 ha implicado grandes cambios para las sociedades y los países a nivel mundial. México no ha sido la excepción. Los desafíos que tendrá que enfrentar son múltiples y complejos.

Contra-amor, poliamor, relaciones abiertas y sexo casual: Reflexiones de lesbianas del Abya Yala

Norma Mogrovejo, Compilador

Desde la voz, pensamiento y experiencias de lesbianas contra amorosas y poliamorosas, Norma Mogrovejo reflexiona sobre la insurgencia a normas que controlan y privatizan el cuerpo y la sexualidad de las mujeres.

Los Dibujos de Heriberto Juarez

Paul J. Rich, Editor

Que los dibujos sean de la vida en Mexico no es sorprendente porque Juarez esta con stante y a veces traviesamente poniendo arte en la vida y obteniendo arte de la vida. No piensa que el arte sea algo que se produzca solamente en un estudio, o para tal caso, que deba ser mantenido en un museo y visto los domingos.

Mexico y sus luchas internas: resena sintetica de los movimientos revolucionarios de 1910 a 1920

por Luis F. Seoane

La decada de 1910 a 1920 es un periodo de increible agitacion politica conocido como la Revolucion Mexicana. En 1911, Porfirio Diaz, quien habia sido Presidente de Mexico por 35 anos, fue quitado finalmente del poder.

www.ingramcontent.com/pod-product-compliance
Lightning Source LLC
LaVergne TN
LVHW010602100826
845148LV00014B/2808
9781637235959